「企業社会」の形成・成熟・変容

高橋祐吉 [著]
Yukichi Takahashi

専修大学出版局

はじめに―本書の問題関心と構成をめぐって―

　わが国における民間大企業の労使関係は、企業が圧倒的に優位な関係にある労使関係、あるいはまた、労働者と労働組合が企業に包摂、統合された労使関係、さらに言えば、労使関係が「労」と「使」の関係として成立しているのかどうかさえも疑われかねないような労使関係としてある、こう言っては言い過ぎであろうか。本書では、そうした労使関係を基礎にして成立した日本社会を「企業社会」として捉え、こうした「企業社会」がどのような歴史的経緯を辿って1980年代に成立したのか、そしてまた1990年代における「企業社会」の成熟によって、それまでのわが国の働き方や雇用、賃金、労使関係がどのような特徴を帯びてきたのか、更には、その後の新自由主義の改革の展開が、「企業社会」をどのように変容させてきたのか、こうした問題に関して、著者なりの「解答」を示そうとしたものである。

　もっとも、その「解答」なるものは、この間さまざまな場所に発表してきた過去のいくつかの論文をテーマに沿って編集し、加筆、削除、修正して、読みやすく整理しただけのものに留まっているので、おそらくや不十分さを多々残していることであろう。定年も間近となった身では、この程度の努力が精一杯のところである。あらかじめ読者の寛恕を乞うておかなければならない。

　今日のわが国の労働をめぐる状況が、一段と厳しさを増していることについては、今更あれこれとこと改めて言う必要もないのかもしれない。正社員と非正社員との間の身分と見紛うばかりの分断によって（森岡孝二『雇用身分社会』、岩波書店、2015年）、正社員の間には、「過労死ライン」（一か月当たり80時間の時間外労働）を超えるような長時間労働の危機が広がり、非正社員の間には、ワーキングプア（年収200万円以下の働く貧困層）のままで生きていかなければならないといった、何ともうんざりした日常が広がっている。ともに、ディーセントならぬインディーセントな事態である。

　一方にはエンドレス・ワーク（小倉一哉『エンドレス・ワーカーズ』、日本経

済新聞出版社、2007年）が、他方にはホープレス・ワーク（増田明利『ホープレス労働』、労働開発研究会、2016年）が広がってきたとでも言えようか。こうした、インディーセントな労働の蔓延こそが、今日の「企業社会」の岩盤をなしているようにも思われる。このエンドレス・ワークとホープレス・ワークは、実はそれぞれ別個に存在しているのではない。脱法あるいは脱法すれすれの企業で働かなければならない正社員もまたホープレスなのであり、不本意な非正社員から容易には抜け出すことのできない非正社員もまた、非正社員という身分をエンドレスに受け止めざるを得ないような状況にあるからである。

　日本の企業は、これまで性別役割分業がもたらす二重のフレキシビリティーによって支えられていると言われてきたのであるが、その役割分業が性を超えることによって、森岡孝二の言う雇用身分社会が生み出されているようにも思われる。その意味では、「企業社会」の変容は、行き着くところまで行き着いたとさえ言えるのかもしれない。その内容にさまざまな問題が存在するにせよ、今日「働き方改革」なるものが提唱されるに至ったのは、上記のような現実と無関係ではなかろう。

　では、こうした事態は一体いつ頃から生まれてきたのであろうか。この間、著者を含め多くの論者が注目してきたのは、1995年に当時の日経連によって纏められた『新時代の「日本的経営」―挑戦すべき方向とその具体策―』である。この報告が、大きな分水嶺をなすものとして捉えられてきたのである。ではどのような意味においてそれは分水嶺だったのであろうか。このあたりのことについては、本書の第6章および補論2で詳しく論じているので、是非とも参照していただきたいのだが、端的に言えば、日経連の報告は、1980年代初頭に形成された「企業社会」から、疑似共同体としての側面を徐々に剥離して、形式としての包摂や統合のための装置や様式から、実質としての管理や支配のための装置や様式へと転化したようにも考えられるからである。まさに「企業社会」の変容である。

　本書では、企業社会ではなく「企業社会」として、あえて括弧付きで表記している。その理由は、企業中心の社会を「企業社会」と捉えたり、日本の

はじめに

労使関係の特徴を「企業社会」として捉えるだけではなく、この間その実質を露わにしてきた管理と支配のための装置や様式としての「企業社会」を、あえて強調したいがためである。先の日経連の報告において、年功賃金と長期雇用慣行は解体を宣告されたのであるが、そのことによって「企業社会」までもが解体することはなかった。大方の予想に反する事態が生じたのである。包摂や統合のための装置や様式が後景に退くなかで、管理と支配のための装置や様式としての「企業社会」が前面に迫り出してきたからである。そうした「企業社会」の成熟と変容は、わが国における労働の世界を大きく揺るがせてきたように思われる。当時の様相については、第Ⅱ部においてさまざまな領域から取り上げているので、参照していただきたい。

　言うまでもないが、日経連の宣告通りに年功賃金と長期雇用慣行が解体され尽した訳ではない。そのことを無視してはならないが、やはり宣告されたこと自体はきわめて重要な出来事であったと言うべきだろう。日本的経営が曲がりなりにも標榜していた「長期」の視点や「人間重視」の視点が、更なる形骸化を遂げたからである。今日の時点に立って、当時の労働の世界の様相を改めて検証し確認しようとしているのも、そのためである。報告を巡る当時の著者自身の認識を改めて振り返ってみると、今日われわれが目にしているような事態が既にあらかた予想されているようにも感じられて、いささか陰鬱な気分にさえなってくる。

　本書は、タイトルそのままに、「企業社会」の形成と成熟、そして変容を明らかにしようとした三部から構成されている。今ここで各部の狙いを簡単に整理して紹介しておこう。「『企業社会』の歴史的位置」と題した第Ⅰ部では、本書の分析視角となる「企業社会」概念のアウトラインが包括的に示され（第1章）、そのうえで、こうした「企業社会」がどのような歴史的経過を辿って形成されてきたのかが、戦後の労使関係の展開過程を踏まえつつ描かれている（第2章）。ここでは、「企業社会」の形成に焦点を当てて、戦後の労使関係を四期に時期区分して整理している。1981年から1994年に至る第四期、すなわち「臨調・行革」の展開と連合の成立を踏まえたうえで、「企業社会」は形成され成熟していったのである。1995年以降の「企業社会」の

変容期については、第7章で詳しく触れているので、参照していただきたい。

「企業社会」は、日本的労使関係における企業優位の構造を徹底させたところに生まれてきたわけであるが、その際に忘れてはならないのは、今日に至る労働組合運動の再編成がきわめて重要な役割を果たしたことであろう。日本的労使関係や日本的経営においては、労働組合は曲がりなりにも労使関係のアクターとして想定されて、協調的労使関係として描き出されていたはずであるが（そのことをよく示しているのが、年功賃金、終身雇用、企業別組合に代表される日本的経営の「三種の神器」であった）、「企業社会」においてはその協調性さえ乗り越えられているのであり、そこにこそ注目しておかなければならないだろう。

続く第Ⅱ部では、先の日経連の報告を大きな分水嶺としながら、そこに至るまでの間に「企業社会」がどのような内容のものとして成熟を遂げ、その後どのような変容の兆しを見せつつあったのかが、1980年代後半から1990年代後半の資料や文献をもとに、描き出されている。データなどは既に過去のものとなってしまったが、もしかしたら当時の状況を示す歴史的な価値が少しばかりはあるかもしれない。言い換えれば、現在の状況を生み出した「原像」や「深層」を探ることができるかもしれない。そのようなものとして読んでいただければ幸いである。

日本的経営の「三種の神器」の動向について触れておくならば、長期雇用については、そのカバーする範囲が一段と狭まり、更には慣行としての性格が薄められたし、年功賃金については、職能給の広がりや成果主義的賃金制度への転換が注目されたし、企業別組合については、その組織力と闘争力の劇的ともいうべき衰退に見舞われて、企業別組合の限りなき変質が問われることになったのである。

この第Ⅱ部で取り上げた領域は、労働問題の基本をなす雇用、労働時間、賃金、労使関係の諸側面である。まずは長期雇用慣行の変容とその行方が問題とされ（第3章）、併せて「企業社会」の変容と深い関わりを持ったホワイトカラーのリストラ問題が取り上げられている（補論1）。次いで、今日

の働き方あるいは働きぶりと深い関わりを持つことになる、長時間労働と過労死問題が検討されている（第4章）。

そして賃金問題に関しては、職能給の導入による賃金・昇進管理の展開が、どのような矛盾を内包することになったのかが取り上げられ（第5章）、併せて先の日経連報告で注目を集めた職能・業績反映型賃金管理システムの意味するものが検討されている（補論2）。最後に、労使関係の領域では、「企業社会」の変容の過程で労使関係の溶解と労働組合の危機が深く進行したことが描き出されている（第6章）。ここから浮かび上がってくるのは、この時期の「企業社会」の成熟と変容こそが、今日の労働問題の「原像」や「深層」をなしているという事実である。

そして最後の第Ⅲ部では、日経連の報告を分水嶺として大きく変容し始めた「企業社会」に、新自由主義の改革が重なり合うなかで、今日のような深刻な労働問題が現出したことが明らかにされている。注目されることは、「企業社会」が新自由主義の改革を大きな軋轢無しに受け入れるための装置と様式になったことであろう。主に1995年以降の事態を念頭に置きながら、「企業社会」と新自由主義の改革の関連が論じられるとともに（第7章）、きわめて今日的なテーマである「働き方改革」の全貌が、「企業社会」批判の視点から整理されている（第8章）。加えて、非正社員問題についても、その問題たる由縁が改めて検討されている（補論3）。第Ⅲ部を読んでいただければ、今日の事態を包括的に把握するための一助となるかもしれない。

既に時代遅れとなった感のある過去の論文を並べただけの本書が、読者にとってそれほど意味のある著作となっているようにも思われないが、これまで触れてきたような著者の狙いが、少しでも伝わることを願っている。言うまでもないことではあるが、「企業社会」への埋没や市場における競争と効率のみで、働く人々が生きるに値する良質な社会が形成されるはずもなかろう。息苦しさを強めた「企業社会」や剥き出しの「市場社会」を漂流するだけの現状から離脱しなければ、「時代閉塞」の現状を打ち破っていくことは難しい。人間らしく働くことを基軸に据えた「市民社会」に転換していくた

めには、働くことを人生そのものとして捉え直していく他はない。そして、希望はそうした営みの持続にこそあるのではなかろうか。

　2017年12月

　　　　　　　　　　　　　　　　　　　　　　　　　　　　高橋　祐吉

カバーの表紙と裏表紙及び各部の扉に挿入した絵は、著者と同じ団地に住む水彩画家・森寛さんの作品である。

目　次

はじめに

第Ⅰ部　「企業社会」の歴史的位置　13

第1章　日本の労使関係と「企業社会」　15
　　第1節　「企業社会」をなぜ論ずるのか　15
　　第2節　成熟した「企業社会」の位相　18
　　第3節　労使関係からみた「企業社会」　22
　　第4節　「企業社会」の内包する課題　30

第2章　「企業社会」の形成過程　34
　　第1節　「企業社会」はどのように形成されたのか　34
　　第2節　戦後的労資関係の形成と崩壊（1945年～1950年）　36
　　第3節　日本的労使関係の成立と雇用慣行の定着（1950年～1965年）　40
　　第4節　日本的労使関係から日本的経営へ（1965年～1980年）　43
　　第5節　「臨調・行革」の展開と「企業社会」の成立（1980年～）　48

第Ⅱ部　「企業社会」の成熟と労働の変容　63

第3章　雇用慣行の変容と「企業社会」　65
　　第1節　雇用慣行はどう変わったのか　65
　　第2節　長期雇用の位相　69

第3節　長期雇用の動揺　77
　　第4節　長期雇用の行方　80

[補論1]　ホワイトカラー問題と「企業社会」　89
　　第1節　リストラの進行とホワイトカラー　89
　　第2節　ホワイトカラー問題の位相　100
　　第3節　ホワイトカラー問題の行方　111

第4章　働き方の変容と「企業社会」　118
　　第1節　働き方はどう変わったのか　118
　　第2節　働き過ぎの社会はなぜ生まれたのか　125
　　第3節　働き過ぎの社会はなぜ変わらないのか　130
　　第4節　働き過ぎの社会はどこに向かうのか　137

第5章　賃金・昇進管理の変容と「企業社会」　145
　　第1節　賃金・昇進管理はどう変わったのか　145
　　第2節　賃金・昇進管理の位相　152
　　第3節　賃金・昇進管理の行方　158

[補論2]　新たな賃金管理システムと「企業社会」　163
　　第1節　新たな賃金管理システムとは何か　164
　　第2節　新たな賃金管理システムの位相　166
　　第3節　新たな賃金管理システムの行方　170

第6章　労使関係の変容と「企業社会」　173
　　第1節　労使関係はどう変わったのか　173
　　第2節　日本的経営はどう見直されたのか　177
　　第3節　労働組合はどこに向かうのか　188

第Ⅲ部 「企業社会」と新自由主義の改革　*205*

第7章　新自由主義と「企業社会」　*207*
　　第1節　「企業社会」をなぜ再論するのか　*207*
　　第2節　「企業社会」はどう変容したのか　*213*
　　第3節　「企業社会」と新自由主義　*219*
　　第4節　「企業社会」はどこに向かうのか　*227*

第8章　「働き方改革」と「企業社会」　*235*
　　第1節　「働き方改革」はなぜ登場したのか　*235*
　　第2節　働き方はどう変わったのか　*241*
　　第3節　正社員の「働き方改革」の行方　*248*
　　第4節　非正社員の「働き方改革」の行方　*266*

［補論3］　非正社員問題と「企業社会」　*288*
　　第1節　非正社員問題はなぜ生まれたのか　*288*
　　第2節　非正社員問題の位相　*296*
　　第3節　非正社員問題の行方　*305*

おわりに

第 I 部
「企業社会」の歴史的位置

第1章　日本の労使関係と「企業社会」

第1節　「企業社会」をなぜ論ずるのか

　わが国においては、何故に日本の労使関係とは別個にこと改めて「企業社会」なるものが問題とされなければならなかったのであろうか。端的に言えば、これが本書全体を貫くメインテーマである。その理由を考えてみると、それは恐らく、企業内の社会である「企業社会」と企業外の社会である「市民社会」の関係が、わが国においてはかなり特異な様相を示しており、前者が後者よりも圧倒的に優位な位置を占めているという認識が、広く社会に共有されてきたからであろう。更に言えば、その結果、労使関係とはにわかには言い難いような関係が、深く企業内に定着していたからではないかと思われる。

　ほとんどの労働者は、一方では賃労働者として「企業社会」に生きる存在であるが、また同時に他方では一人の市民として「市民社会」に生きる存在でもあって、その意味では二重の社会的な存在であると言えるだろう。しかしながら、この二つの社会の関係、すなわち両者がどのように断絶しまたどのように連続しているのか、あるいはまたその結果としてどちらの社会がどの程度優位な位置を占めるのかという問題は、きわめてナショナルな性格を帯びており、その関係性を明らかにすることが「企業社会」なるものを解く重要な鍵になるのではないかと思われる。

　では、わが国におけるその関係性とはどのようなものであろうか。まず第一に問題とされなければならないのは、「市民社会」がどこまで「企業社会」を規制し得ており、わが国の労働者は、「企業社会」において一体どの程度まで市民として存在し得ているのかという点である。職場における憲法の不在状況に対する告発が行われ、あるいはまた「大企業黒書」運動等によって

第Ⅰ部　「企業社会」の歴史的位置

現行労働法に違反する事実が摘発されたのは、かなり昔のことになるが、そうした事態は果たしてどこまで改善されつつあると言えるのであろうか。後に詳しく触れるように、事態は改善されるどころか更に悪化しつつあり、労働組合による告発や摘発も数少なくなって（不払い残業の横行に対する告発や摘発は、匿名の個人によるものである）、わが国の労働者の多くは、「企業社会」において市民として存在することを断念させられているかのようにさえ見える。

　第二に問題とされなければならないのは、「企業社会」がどこまで「市民社会」を侵触し変容させているのかという点である。過労死・過労自殺をも生み出すような「企業社会」への労働者の過剰な包摂は、企業外における労働者の市民としての存立を物理的にも不可能にし、更には、家族や地域社会の空洞化をも招いて、「市民社会」の成熟を困難に陥れているのではないかと思われる。

　結論を先取りして言えば、わが国の社会は、「市民社会」の「企業社会」に対する規制が弱く（微温的な法的規制と協調型労使自治の優位）、「企業社会」の「市民社会」に対する侵触が深い（その象徴としての企業献金と企業ぐるみ選挙）という特徴を持っており、その結果として、「市民社会」を母胎として成立しているはずの「企業社会」が、自立しかつまた「市民社会」を支配しているかのようなのである。本書では、こうした特徴を持ったわが国における社会全体のありよう（それは奥村宏の言う「会社本位社会」ということでもあるが）を、ひとまずは「企業社会」として理解しておくことにしたい。

　ところで、国内においては「企業社会」に対して「市民社会」の側から懐疑や批判や怨嗟の眼が向けられもしたし、政府サイドからも「企業中心社会」の克服が謳われたりもしたのであるが、他方で国際的には、わが国の「企業社会」のありようが、ポスト・フォーディズムの一モデル＝ジャパン・モデルとして関心を集め、その世界的な先進性が論じられたりもして、きわめて対照的な事態も生まれた。

　国際的に高い評価の対象となってきたのは、「企業社会」のキーワードとしての日本的生産システムにおけるフレキシビリティーの高さ（およびそれ

を支える労働者の企業と労働へのコミットメントの深さ）であり、また国内において批判に曝されてきたのは、「市民社会」のキーワードとしてのフリーダムの欠如である。つまり、「企業社会」は効率的で柔軟な生産システムを実現する一方で、そうしたシステムを支えている労働者の市民としてのフリーダムを抑制するという構造的な特徴を有していると見ることができるだろう。

いまジャパン・モデルを下部構造としての効率的で柔軟な生産システムとしてのみ捉えるならば、それが現象的にはフォーディズムを超えた側面をもつ（多能工化やQC活動の展開）ことは否定できないが、それを上部構造としての権威的で厳格な支配システムとワンセットのものとして捉えるならば、そうしたモデルを島田晴雄のように「日本型ヒューマンウェア・モデル」と呼び、その先進性を主張することはきわめて難しいのではないか。ジャパン・モデルは、その総体として見る限り、依然として特殊日本的で局地的な存在に過ぎない可能性が高く、世界の労働者が、そうしたものを先進的なモデルとして受容しなければならないかどうかは疑わしい。

これまで、ジャパン・モデルの「適用」と「適応」という視角から日本的生産システムの国際的な移転可能性が論じられ、さまざまな実証研究が進められてきた。そうした研究から学ぶべきことは数多かったが、唯一不満な点があるとすれば、そうした視角からの研究が、ジャパン・モデルを相対化していくような問題関心を欠落させており、ある種の日本中心主義に陥っているのではないかと思われたことである。

「適用」と「適応」の違いを明らかにするだけでは、日本的生産システムを国際的に移転するにあたって、経営サイドが用いているタクティクスとしての二重基準を指摘したに留まるのであって、それだけでは、ジャパン・モデルそれ自体を労働者や市民の側から「相対化」し、国際的に普遍性を主張しうるものに改革していくことはできない。ジャパン・モデルを「相対化」していくためには、下部構造と上部構造の関連を明らかにしながら、その全体像を明らかにしていく必要があったのだろう。

第2節　成熟した「企業社会」の位相

「企業社会」なるものの確立は、「煮詰められた」「純粋な」「社会主義的」資本主義が、わが国社会を制覇したことを意味していると言えるだろう。「煮詰められた」ということは、経営効率の極大化のために株式会社制度を超えるような徹底した組織化が行われ、わが国社会が奥村宏の言うように「法人資本主義」化したということであり、「純粋な」ということは、蓄積規制的なさまざまな夾雑物、とりわけその中核となる自立的な労働運動が徹底して排除され、その結果職場における労働者の権利のみならず市民としての権利が極小化されているということである。

こうした社会では、企業の担う経済的な価値が最優先され、しかも労働市場の内部化を通じていわゆる階級関係が不透明化されていくために、その表層をみる限り、従業員管理的で共同体的な「社会主義的」資本主義が成立したかのような観を呈することになる。その結果、会社のためであることが社会のためででもあるかのような、あるいはまた、「企業人」であることが市民でででもあるかのような倒錯した理解が社会全体を覆うことになる。

しかしながらこうした社会は、経済的な価値をきわめて効率的に追求したことの必然的な結果として、過労死（＝人間）と環境（＝自然）の緩慢な解体をもたらさざるを得ない。何故ならば、普遍的な富としての人間と自然を前提とした経済は、もともと一定の制約の下でしか成立し得ないものだからである。こうして、経済的な富の過剰な蓄積と「普遍的な富」の過剰な貧困が生まれ、先に指摘したような「企業社会」と「市民社会」の関係、すなわち、「企業社会」に侵触され衰退し解体する「市民社会」が出現することになる。しかも、「煮詰められた」「純粋な」「社会主義的」資本主義の成功は、危機を回避しうるフィードバック機構を有していないという真の危機を内蔵しているために、危機の回避が難しくなっているようにも見える。

ところで、ジャパン・モデルにおける下部構造と上部構造、すなわち効率的で柔軟な生産システムと権威的で厳格な支配システムとは、どのような関

連の下にあるのだろうか。今日的な問題関心に引き付けて言い換えるならば、両者の分離による効率的で柔軟な生産システムの移転は、果たしてどこまで可能なのであろうか。たしかに下部構造にはインターナショナル＝ユニバーサルなものがより広く分布し、上部構造にはナショナル＝ローカルなものがより広く分布している。そのために、ジャパン・モデルの移転は、下部構造をひとまずは分離してしかもそれを現地に適応可能なものに修正したうえで行われることになる。

　つまり、ジャパン・モデルの移転は長期のグラジュアルな過程を経て行われるために、初期段階の状況のみでジャパン・モデルの移転に関してそのすべてを語ることはできないのである。そしてまた言うまでもないが、現地に適応可能なものに修正された日本的生産システムは、わが国における生産システムのありようとはいささか異なっており、われわれから見るならば理想化されたモデルとなっている可能性がかなり高いように思われる。

　後に触れるように、「企業社会」の基底には、労使関係に対する経営サイドのきわめて神経質な姿勢が存在しているが、そうした姿勢はこれまでのジャパン・モデルの移転においてさえも貫かれている。つまり、ジャパン・モデルは労働組合による「威嚇効果」が作用する限りで修正され、理想化されることになるが、その効果が小さなものになれば、ノン・ユニオニズムまたはアンチ・ユニオニズムの傾向を強め、本来のジャパン・モデルに近付いて行くのではないかと思われる。その意味では、ジャパン・モデルが内包している労使関係の構造を明らかにすることなくして、その全体像を語ることはできないのである。いま問われているのは、われわれのジャパン・モデル認識それ自体なのではなかろうか。

　ジャパン・モデルとしての「企業社会」をその総体として論ずるためには、フレキシビリティーとフリーダムの関連を検討し直してみる必要があるだろう。下部構造におけるフレキシビリティーの高さと上部構造におけるフリーダムの欠如については先に指摘したところであるが、問題はこの二つがどのような関係にあるのかということである。その関係性を明らかにするためには、「企業社会」における労働をめぐる「自由」のありようを問うて見

なければならないだろう。まず第一に指摘できることは、フリーダムの前提となるべき物理的な「自由」が決定的に欠落していることである。生活のための時間と空間の選択の「自由」が奪われ、わが国の労働者は生活者としての主権を失っているかのように見える。

　無限定的な残業や休日出勤、あるいは配転や出向・転籍、単身赴任の常態化、更には必要に応じての希望退職募集や早期退職優遇制度の実施は、そうした主権喪失状況を端的に示すものであろう。長期雇用慣行は、正社員の活用を硬直化させるどころか、その維持を名目として物理的な「自由」の欠落をかれらに受容させ、その結果、内部労働市場が流動化されて正社員自体がきわめてフレキシブルな働き方を余儀なくされるのである。

　第二に、いわゆるサービス経済化の下で、パートタイム労働者や派遣労働者に代表されるようなさまざまな「自由」な労働形態が出現していることである。「フロー型の経営」における多様な雇用形態の出現は、組織に対する非拘束性を特徴としており、それは労働者サイドの「自由」な労働に対するニーズと共鳴しあう側面を部分的には持っているが、しかしそうした組織に対する非拘束性は、他面では企業による労働者の「自由」な吸引とともに、「自由」な反発をも可能にしているのである。非正社員の使い捨てに現れたフレキシビリティーの高さは、こうした「自由」な労働形態の出現と不可分離である。「企業社会」における適正雇用量の維持メカニズムは、先の正社員のフレキシブルな活用と併せて、きわめて強力に作動していると言わなければならないだろう。

　こうした物理的な「自由」の欠落と、「自由」な労働形態の出現は、第三に、労働組合からの「自由」の蔓延をもたらすことになる。組合組織率の趨勢的な低下あるいは組織された未組織状態は、一方では、あらゆる面で官僚化され形式化された伝統的ユニオニズムによる労働条件の集団的取引が無力化し衰退しつつあることを、他方では、労働者サイドにおける労働内容や労働能力を重視した個人主義化の流れが強まりつつあることを示すものである。しかもわが国の場合には、そうした一般的な指摘に加えて、企業に協調し癒着した労働組合の存在意義自体が、労働者にとっては曖昧になってきて

おり、その点で問題はより一層深刻化しているようにも思われるのである。

　既存の労働組合からの「自由」は、新たな労働組合を創造する「自由」に結びついてもおかしくはないが、現実の選択肢は主に「組合離れ」としてのみ表面化しており、オルタナティブ・ユニオニズムの可能性は未だ明確ではない。労働組合からの「自由」の蔓延は、結果として企業の「自由」裁量の余地を広げるために、労働者の権利は抑制され義務は更に無限定なものになる。企業の「自由」裁量は、労働者の「発言」（＝労働組合）によってではなく「退出」（＝転職）によってしか制約を加えられていないために、企業内の空間は独特の「聖域」と化している。しかも、労働協約自体が「紳士協定」化して具体的な権利が協約上も明文化されていないために、それがまた職場におけるフレキシブルな働き方を労働者に「受容」させる一要因となる。わが国の労働者は、働くことに関する基準をまったくと言っていいほど持っていないのである。

　こうした労働組合からの「自由」の蔓延は、第四に企業内における労働者の精神の「自由」の極小化をもたらすことになる。企業の「自由」裁量の余地の拡大は、市民的な権利としての人権に抵触するようなコンフォーミズムと、それを維持するための過剰なまでの抑圧を生み出していく。その今日的な様相は、これまでに表面化した日立田中裁判（ここでは、「残業を拒否することができる」という思想が問題とされた）や東芝上野裁判（ここでは、企業外のサークルへの参加が執拗ないじめの発端となった）、東電人権裁判（ここでは、共産党員であることがあからさまな差別の根拠とされた）にみるような労働者の精神世界への侵犯となって現れることになった。

　そうした侵犯が、密室化された企業内において日常的に繰り返されるなかで、労働者は、社会ではなく会社が何を許容して何を許容しないのかという境界線を忖度して内面化し、会社の「掟」に従って自己を律する術を身につけていく。まさに会社が社会へと変換されていくのである。熊沢誠がいう「強制された自発性」とそれがもたらすフレキシブルな働き方は、企業内における精神の「自由」の極小化の下で可能になっていると言わなければならないだろう。

第Ⅰ部 「企業社会」の歴史的位置

第3節　労使関係からみた「企業社会」

　これまで、「企業社会」のポジとネガを、フレキシビリティーとフリーダムという労働における二つの「自由」の関連を通して概観してきたが、ここではそれを踏まえて、視点を労使関係に限定して「企業社会」の構造をもう少し立ち入って検討してみたい。「企業社会」における労使関係が問題とされる場合、企業別組合の企業協調的な性格が論じられたりすることが多いが、注目すべきは、企業に対して自立的な労働組合運動が衰退させられ、そしてまた、先のような性格が生み出され強められていく根拠であろう。以下では、わが国労使関係の特質を規定している諸要因に沿いながら、「企業社会」の何が問題点として問われているのかを明らかにしてみよう。

（1）人的資源管理とチームワーク

　わが国企業の経営スタイルをもしも一言で言い表すとすれば、人的資源管理（＝HRM）を徹底して追求した経営だと言うことになるだろう。国際的にもこれまでの人事管理は人的資源管理へと発展してきているが（フォーディズムの下では、ブルーカラー・ワーカーに関する限りこうした発想はなかったと言ってよい）、わが国の場合はそうした経営スタイルが先行的に定着し、人間「中心」や人間「尊重」の経営が謳われたりもしてきた。勿論そのことは、わが国企業が労働者の権利や利益を重視したソフトな経営であることを意味しているわけではまったくない。労働者を人的な資源として捉えて、それを効率的に開発し活用し尽くすことを意味していると言うべきだろう。

　わが国の企業は、労働者のもつ人間としての顕在的なエネルギーは勿論のことその潜在的なエネルギーをも、企業に動員して無駄なく吸収していくことに腐心しているように思われる。言い換えるならば、労働者と労働者集団によって生み出されるアウトプットは、管理のありよう次第できわめて可変的であるというリアルな認識に立って、人間関係論的アプローチによる労務管理を通じて、そのアウトプットを極大化しようとしてきたのである。

人的資源の管理が経営戦略上きわめて重要であるということになれば、労働者を採用する場合に入念な選抜が不可欠となる。個人のプライバシーにまで踏み込むようなスクリーニングによって、労働者はチームワークに対する適合性の有無を判定されることになる。雇用契約の詳細を明示されることもないままほぼ白紙委任の形で採用されるために、かれらの「内部化」は徹底され、長期にわたって顕在的・潜在的な能力の開発と活用が試みられることになる。勿論労働市場の「内部化」一般が、今日のようなわが国の労働者のハードな働きぶりを可能にするわけではない。その意味では、わが国における「内部化」の特徴が問題とされなければならないだろう。

　わが国の「内部化」は、経営サイドの需要独占と労働サイドの供給独占からなる双方独占的な「内部化」なのではなく、経営サイドの一方独占的な「内部化」として成立している可能性が高い。中高年層がきわめて安易に排除の対象とされており、「内部化」がセニオリティーを重視した雇用保障と結びついていないというわが国の現実は、そのことを端的に示すものであろう。こうした一方独占的な「内部化」は、労働者の企業への定着というよりも、岩田龍子が指摘するように、かれらの出口のない「高圧釜」的経営への統合をもたらし、その結果高い労働意欲が引き出されることになる。

　こうして、労働者は言わばミクロコスモスとしてのカプセル的な経営に閉じ込められ、企業という組織への忠誠を要請されることになる。まず求められるのはチームへの同化である。わが国における集団主義は、職制の指導の下でのチームワークとして具体化されることになるが、そこにはポジとしての相互支援とネガとしての相互監視が絡まりあっている。チームワークを可能にしているのは、正社員に関する限り、階層間や個人の能力の違いによる格差を比較的小さなものにする平等主義の思想であり、また現実にそうした格差を小さなものにする労働者の不断のたゆまぬ「努力」である。

　またチームワークの成果を持続的に高めているのは、チーム内とチーム間における持続的な競争の組織化である。一つひとつの格差は小さい多段階の格差構造の下で、やる気がそしてまたその裏返しとしての落ちこぼれに対する不安が、持続的に刺激されることになる。その意味では、チームワーク

は、分業による不利益（労働の単純化によるモラールダウンや組織間の隙間の発生）を極小化するとともに、協業による利益（競争関係の下での絶えざる刺激の喚起）を極大化させる方向で作用しているのである。

（2）情報の共有と集団主義

こうした形で人間が重視される経営においては、労働意欲を支える情報の共有が不可欠となる。命令のみでは、労働者が自らの役割を自覚することはないし、自らの役割を自覚しない労働者から、労働意欲を持続的に引き出すこともできないからである。チームワークを重視した「有機的組織」においては、情報の共有がなければ組織はうまく機能し得ないと言えよう。しかもこの情報の共有は、組織への所属意識や疑似的な参加意識を刺激することにもなり、それはまた経営環境の変化に対する敏速で的確な対応をも可能にするのである。

勿論共有される情報のレベルはさまざまであり、あるいはまた、意図的に情報が操作される危機も十分にあり得るであろう。一方の方向から発信される情報の共有には、そうした限界があることを忘れるべきではない。そしてまた、企業内における情報の共有だけではなく、今日では「市民社会」に対する情報の公開が必要となっていることも指摘しておかなければならないだろう。

ただ、ここでより重要であると思われることは、職場レベルでの経営参加の日本的な形態であるQCや、職場で繰り広げられているさまざまな人間関係諸活動を通じて、日々の仕事に関する情報が共有され労働者の自発性が喚起されていることである。こうした営みが、労働の単調感を和らげたり、職場の人間関係を円滑にしたり、あるいはまた仕事の「やりがい」をもたらしたりしていることは否定できない。このような経営努力を通じて、労働者の日常の世界である企業と労働への深いコミットメントが、持続的に引き出されているのである。

その結果、わが国の労働者は、松本厚治の指摘するように「企業リスク」を負わされた企業人へと改鋳され、かれらの間に経営主導の集団主義的な心

性が埋め込まれることになる。わが国の企業が一見労働者管理企業的な色彩さえ帯びるのは、企業と労働への深いコミットメントが現場の労働者にまで及び、かれらもまた集団主義的心性を保持しているからに他ならない。

(3) 査定と経営秩序

　わが国の経営は、上記のような意味合いにおいて人間を重視した経営であると言っていいが、そうした経営は、人的資源管理の一環として、アウトプットを極大化しうるような経営秩序を必然的に求めることになる。しかもそうした秩序が、「市民社会」の側からの規制をほとんど受けることなく経済的な効率性を重視して形成されていくために、現実には労働者の市民としての「自由」と齟齬をきたし、そうした「自由」を直接的にまた間接的に侵犯していくことにもなる。労働者の抱く思想・信条や所属する労働組合や政党、あるいはまた性による差別が日常化していることは、そこで要請されている経営秩序が、労働者の人権を犯すほどのものになっていることを、紛れもなく示しているのではあるまいか。

　職場における自由と民主主義の現実をみるならば、労働者は市民として企業に定着することを断念させられ、「企業社会」の掟に全面的に服従することを求められていると言えるだろう。その意味では、わが国の経営は労働者の人権（＝異質性や多様性の承認）を極小化した、あるいはまたいつでも極小化しうる経営であると言うこともできる。労働者の人権が極小化されるならば、企業にとって異質物であると認定された労働者は意識的に排除され、労働者は同質化した経営に囲い込まれて行くことになる。組織目標の達成に向けての大衆動員と、そのためのマインド・コントロールまがいの多種多様なキャンペーンの展開は、同質化した経営において大いにその威力を発揮することになる。

　労働者の人権を極小化した経営が持続可能なのは、そうした経営が無規定的な査定を内包した経営でもあるからだろう。わが国の査定は、単純な実績や業績評価のための手段としてのみ機能しているわけではない。無規定的な能力なるものを評価の対象としているために、それは全人格が評価の対象と

されることと同義となり、人間存在そのものを秩序化していく手段として機能しているのである。このようにして、労働者は企業という組織に統合されるだけではなく、その結果として経営内に秩序化された労働者としての「企業人」へと脱皮していくのである。

しかもこうした秩序重視の経営は、長期にわたる査定を繰り返すことによって、労働者のライフサイクル自体を一定の秩序の下に置くことになる。労働者の生活構造は、企業内福利厚生を組み込み、そしてまた標準的な昇進を経ること無しには安定し得ないものに改造され、企業への依存は生活レベルにおいても強められていくのである。労働者が経営秩序からはみ出した場合には、ノーマルなライフサイクルを描くことが不可能となり、それどころか、生活の破綻をさえ覚悟しなければならなくなる。

わが国における査定の機能を検討する場合に注目しておかなければならないことは、それが二重基準を内包しているために、見方によってはかなり違ったものに見えることである。査定は、まず第一に、特定の労働者を差別するためのハードな手法として機能している。異質物に対する徹底した排除の意図が、査定というスクリーンを通ずることによって、一見合理的ででもあるかのような粉飾を施され、短期的には賃金差別を通じて、また中長期的には賃金差別の累積の結果としての昇進・昇格差別を通じて、組合活動家や政党メンバーの人格を否定しまたかれらの生活を脅かし、結果としてかれらの多くを「転向」させたり企業外にパージしていくのである。こうした差別は、市民社会における「自由」と能力主義的平等の理念からも断絶しているが故に、裁判闘争でその是非が争われることにもなる。

また第二に、査定は能力評価のためのソフトな手法として機能し、職務遂行能力に応じた処遇＝格差を生み出している。こうした格差は、市民社会における平等が能力に応じた平等であるが故に、それと連続したものとして「受容」されていくことになる。このようにして、査定は異質物に対する差別と同質物に対する格差を同時に生み出しているのである。いま仮に前者の側面に着目すると、わが国の査定はきわめて無規定的で規定幅もむやみに大きく、かなり粗野なものに見えることになる。しかし逆に後者の側面に着目

すると、わが国の査定は、長期にわたり多数の人間がさまざまな側面から評価するきわめて緻密なシステムであり、しかも査定幅はそれほど大きくなく、かなりリファインされたもののように見えることになる。そのいずれも事の一面でしかないのであって、こうした二重基準の融通無碍な使い分けこそが本質であるとも考えられるのではあるまいか。

　「企業社会」の強さやしたたかさはこのようなところにも潜んでおり、それはまた、「企業社会」に対する評価を分岐させていく根拠ともなっている。しかしながら、こうした二重基準が存在することによって、労働者は自らが企業にとって同質物であることを証明する必要に迫られることになる。その必要は、労働者の側からの内発的な衝動にまで高められてもおかしくはない。そうした衝動の持続こそが、熊沢誠の言うところの「強制された自発性」に他ならない。

（４）労働組合とミクロ・コーポラティズム

　秩序を重視した経営は、そうした秩序の形成過程におけるアクターとして登場してくる労働組合に対して、多大の関心を示すことになる。勿論たとえどのような経営であろうとも、労使関係が重視されるのはある意味では当然であるが、わが国の場合は、そうした一般的な指摘に留まらずに、組合権力を統合した経営に向かうところに大きな特徴があるように思われる。つまり、労働組合をマイナー・パートナー化するだけではなく、そうした労働組合を、組合としての形態を維持させつつ企業に包摂してミクロ・コーポラティズムを実現しようとしてきたのであり、民間大企業においてはそのことに「成功」してきたのである。

　この結果、企業意思は労働組合を経由することによって正統化され、労働者に対する企業の支配力は更に強められることになる。こうしたミクロ・コーポラティズムを定着させるためには、組合を内面から支配しそれを通じて組合のリーダーシップを奪取しなければならない。それを可能にするのが、職制層と組合内の「良識派」からなるインフォーマル組織である。企業権力を背景としたインフォーマル組織が、組合員を選別しつつ多数派を結集した

第Ⅰ部 「企業社会」の歴史的位置

場合には、そのメンバーが容易に組合のリーダーシップを掌握でき、その結果、労働組合自体が企業に丸抱えにされて変質を遂げることになる。

こうした現状を踏まえるならば、わが国の労使関係は、一般的に指摘されるような協調関係を超えて癒着へと向かい、その関係性はきわめて曖昧なものになっていると言えるだろう。今日では、労働組合が企業と締結するユニオンショップ協定は、集団主義的に団結を強制する（その限りで個人の「自由」は抑圧される）ものから、支配のための「統制」を強めるものへと変質してきており、西谷敏が強調するように労働組合がランク・アンド・ファイルを支配するための手段として機能していると言えるだろう。

組合員のフリーダムが組合によって抑圧されて、労働組合は労務管理機構の一部に組み込まれていくことになる。企業権力は組合権力をも吸収して加重化され、組合員の企業に対する「発言」は勿論のこと、組合員の組合に対する「発言」までもが断念されることになる。労使二重の支配の下で、大状況の改革に対する諦念が広がり、それがまた集団主義の歯止めなき進行をもたらしているのではなかろうか。

（5）労働者の心性と「大衆動員」

これまでの指摘から浮かび上がってくるのは、労働者の企業と労働への深いコミットメントは、企業の側からの労働者の心性に対する深いコミットメントによってもたらされているという事実である。たしかに、わが国の労働者の間には諦念が広がってはいる。しかしながら、諦念によって引き出される労働意欲には、やはり限界があると言うべきだろう。労働者の自発性無しに持続的に労働意欲を喚起し続けることはできないからである。そうした欠陥を補うものが、労働者の心性に共鳴しようとする企業の側のさまざまな実践である。

微に入り細にわたった多様な形態での「大衆動員」は、一面では過剰な管理によって労働者の「自由」を侵食するものではあるが、他面では労働者の心性に共鳴しようとするかれらなりの労務管理の実践と見ることができるだろう。ではわが国の企業は、労働者の心性をどのようなものとして認識し、

それを「企業社会」においてどのようなものに変形しようとしているのであろうか。ここでは以下の三つの心性に注目しながら、その問題点を指摘してみよう。

　一つは、集団主義的心性にもとづく「企業社会」への同化である。市民としての存在を断念せざるをえない労働者にとって、唯一企業こそが信頼に足る揺るぎのない組織となり、また企業イデオロギーこそが揺るぎのない価値規範となる。言い換えるならば、「企業社会」に同化しその一員となることによって、かれらは初めて心理的な安定の拠り所を得ることが可能となるのである。わが国の企業は、社会におけるたんなる生産単位であることを超えて、労働者がそこに深い関わりを持った社会的な制度、あるいは社会的な居場所として存在していると言えるだろう。そうした心性が昂じていけば、「企業社会」に同化し得ない異質物に対して、多数の労働者が違和感を抱き、非寛容となり、その排除へと向かったとしても不思議ではない。何故ならば、そうしたビヘイビア自体が、自らが「企業社会」に同化したことを示す証ともなるからである。

　もう一つは、平等主義的心性にもとづく「やればできる」世界への埋没である。人間を重視した経営においては、「やればできる」とする思想が満ち溢れており、そうした思想を保持することによって誰もが皆平等に競争関係に入ることになる。こうした世界における競争は純化された競争となり、歯止めもルールもなきままに厳しさを増して行かざるを得ない。厳しさが増せば増すほど、労働者の側にも、「企業社会」において自己を限定しようとしたりあるいはまた限定せざるを得ない者を、やる気の無い者とみなし、差別し排除しようとする心性が強められていく。このように見るならば、「企業社会」における平等は、「市民社会」における平等とはかなり異質なものに変形されていると言うべきではなかろうか。

　そして最後にもう一つだけ付け加えるならば、物質主義的心性にもとづくきわめて狭隘な生活関心をあげることができるだろう。成長重視の政治の持続の下で、労働者の私的生活領域における消費欲望のみが膨張と収縮を繰り返しており、またその不充足は享楽をも内包した低賃金意識を再生産しても

いる。しかも、そうした物質主義的心性が強まれば強まるほど、非貨幣的で社会的な生活領域に対する関心が失われていかざるを得ない。労働者は「市民社会」における自治や参加や協同を通じての生活創造の営みから離れ、視野狭窄的な会社人間へと「陶冶」されていくのである。かれらは「市民社会」に生きることを断念し、絶えざる消費を通じて自己実現を図ろうとしているのであり、「企業社会」はそうした自己実現を許容し刺激し続けることによって、自らの存在を安定させているのである。

第4節 「企業社会」の内包する課題

　「企業社会」の将来に関してもしも一言だけ指摘できることがあるとすれば、それは完璧な経営がその完璧さゆえに自己破綻の様相を示していることだろう。よく言われるような、「過剰な成功」ゆえの失敗である。「過剰な成功」は何によってもたらされたのだろうか。それはわが国企業がミクロの環境変化に対してきわめて高い適応能力をもつ組織となっているからである。フレキシビリティーを高めた「有機的組織」は、たえず非効率や犠牲や矛盾を外部や周辺や底辺にしわ寄せしつつその効率性を維持しているからである。その結果、「過剰な成功」すなわち過剰効率、過剰規律、過剰富裕化が達成されてきたのである。

　しかしながらそれらは事の一面でしかない。個別の企業における効率性を維持するための努力の累積は、「市民社会」を疲弊させているにも関わらず、そうした問題関心が「企業社会」の内部からはほとんど生まれてこないのである。つまり「企業社会」は、マクロや公共や「市民社会」に対する問題関心を希薄化させた社会なのである。「企業社会」における経営効率の高さは、「市民社会」における社会効率の低さとワンセットになっていると言えるだろう。こうして、「過剰な成功」は市場の失敗や新自由主義の改革の破綻も加わって、「過剰な失敗」による社会の衰退を招いている。言ってみれば、「市民社会」における社会的・文化的価値の弱体化が進行しているのである。いま問われているのは、「企業社会」を成熟させた社会理念なき経

営それ自体であると言うべきだろう。

　「企業社会」の現状に対しては、「市民社会」の側からの不満や不安が広がっている。こうした現状は、会社人間化した労働者の間に蓄積された不満を表面化させる可能性を孕むようにも思われるが、かれらは大状況の改革に対する諦念の下にあるために、その不満は屈折し鬱屈したものにならざるを得ない。出口なき不定型の不満は、代償作用としての消費によって解消されているとは言うものの、労働者が私的な消費を追い求めることだけで自己確証を得ることは難しい。労働者である限り、かれらが自らの労働に自己確証の契機を求め、労働の意味を問うことになるのは必然だからである。

　しかしながらわが国の労働者は、「企業社会」に深くコミットしているにも関わらず、そこで遂行されている自己の労働に対してはきわめて否定的な評価しかしておらず、引き出された高い労働意欲が必ずしも自己確証とは結びついていない（子供に自分と同じ仕事をさせたくない！）。そのことは、企業的価値規範が依然として完全には内面化されておらず、その「動揺」が徐々に表面化してきていることによっても窺われる。その典型が、ノルマストレスと過労死の不安の広がりであり、その底流には、戸塚秀夫のいう「人間的エコロジー」の危機に対する不安が横たわっているようにも思われる。もともと市民として存在すべき人間としての労働者を、「企業社会」に完全に同化させることはできないということなのだろう。無理に同化させれば「市民社会」が衰退し解体するだけではなく、市民としての労働者もまた消耗し解体せざるを得ない。

　「企業社会」が労働組合をその内部に包摂することによって可能となっているとするならば、その改革はオルタナティブなユニオニズムを生み出していくこと無しにはあり得ないだろう。ではそれはどのようなユニオニズムとして描かれることになるのだろうか。これまでの議論を踏まえるならば、それはおそらく「市民社会」の側に根を下ろして、「企業社会」の改革を展望しうるようなユニオニズムでなければならないだろう。いま求められているのは、企業に癒着し「企業社会」に包摂されたユニオニズムでないことは勿論のこと、これまでのような「低賃金論」や「貧困化論」や「管制高地論」

に依拠した伝統的なユニオニズムともまた違ったものであり、一言で言えば、「市民社会」に開かれた社会改革的なユニオニズムとでも言うべきものではなかろうか。

そうした労働組合に期待されているニュー・モデルの組織や理念や運動について、いまそのアウトラインをアトランダムに描いてみよう。まず組織のあり方について指摘されなければならないことは、第一に、企業と相似的な組合組織から抜け出すために、産業・地域・職業といった脱あるいは非企業的な組織形態を今以上に重視した労働組合に脱皮しなければならないことであり、そしてまた第二に、内部の組織構成においては、男子・正社員・若年者中心主義を克服したヘテロジーニアスな組織構造をもたなければならないことである。こうした方向を追求すること無しに、労働組合は「市民社会」に接近することはできないのである。

次いでその理念について触れておくならば、第一に、労働者の市民としての「自由」が徹底して擁護され、異質で多様な価値の保障が重視されなければならないだろう。その点では、これまでの組合の内部運営のありようが問題とされなければならないし、更には、労働者の人権を擁護するために苦闘している少数派の運動との連携も求められることになるだろう。第二に、組合運動のテーマを大胆に広げて、社会的・文化的価値の復権を目指した労働組合としての性格を明確にして行かなければならないだろう。労働者の「企業社会」に親和的な心性を改革しうるような方向性が、今求められているのではあるまいか。

そして第三に、「企業社会」のなかで一面で萎縮させられ他面で肥大化させられた労働者の生活を、その全領域にわたって再構成しうるような構想力が必要となる。労働者の「企業社会」への過剰包摂を弱めるためのキーポイントは二つある。一つは、労働者の生活を「市民社会」において安定させ得るような社会改革戦略であり、もう一つは、労働者の労働における自己確証の欲求を、労働の人間化や労働の社会的有用性の確認に結び付け得るような労働改革戦略である。

上述したような「市民社会」に根ざしたオルタナティブ・ユニオニズムの

登場と、そこでの社会改革と労働改革の営みは、「企業社会」の相対化を通じて企業改革へと結び付いて行くであろう。そうした連鎖的な改革は、言うならば「企業社会」に対する市民革命の試みでもある。ジャパン・モデルが国際化している今日的な状況からすれば、先の市民革命はもしかすると地球的な規模で構想されなければならないのかもしれない。この間ILOが提唱してきたディーセント・ワークの主張などは、そうした試みの端緒として捉えることもできるのではなかろうか。

[参考文献]
拙稿「企業社会のゆくえと労働者」(加藤哲郎他『これからの日本を読む』、労働旬報社、1987年)。
拙稿「労働組合政策と労使関係―戦後日本における企業社会の形成と展開―」(石畑良太郎、佐野稔編『現代の社会政策』、有斐閣、1980年)。
拙著『企業社会と労働組合』、労働科学研究所出版部、1989年。
拙著『企業社会と労働者』、労働科学研究所出版部、1990年。
拙著『労働者のライフサイクルと企業社会』、労働科学研究所出版部、1994年。
拙著『現代日本における労働世界の構図―もうひとつの働き方を模索するために―』、旬報社、2013年。

第 2 章　「企業社会」の形成過程

第 1 節　「企業社会」はどのように形成されたのか

　本章における課題は、高度成長期を通じて確立してきた「日本的経営」、更にそれを骨格として、オイルショック下の「減量経営」期に端緒を有し1980年代にその姿を現した「企業社会」の形成過程を、歴史的に跡付けてみるところにある。そうした作業が必要な理由は二つある。一つは、既に通俗的な用語としては広く定着したかに見える「企業社会」についての認識を、もう少し歴史的・構造的に深めてみなければならないと思われるからである。もう一つは、上記の理由とも関連していることではあるが、「企業社会」の特徴を浮かび上がらせるためには、それと類似し部分的には重なり合っている「日本的経営」、「日本的労使関係」、「日本的雇用慣行」等々の諸用語を、歴史的な文脈のなかで整理しておかなければならないと思われるからである。

　筆者がここで検討しようとしている「企業社会」の全体像については、既に第 1 章で簡単に整理しておいたところであるが、それをもう少し別な角度から表現し直すならば、次のようにも言えるであろう。「企業社会」は、二つの前提によって支えられている。一つは、経済成長のための官民協調システムの維持を重視し、労働者や市民の社会的な諸権利の確立を軽視するような「企業国家」の存在である。もう一つは、強蓄積を持続することによってきわめて強固となった「日本的経営」の存在である。この両者が、相互に補完しあうことによって成立しているのが、本書で言うところの「企業社会」である。しかしながら、「企業国家」を生み出し支えているのは「日本的経営」であるから、より注目すべきは「日本的経営」ということになる。この「日本的経営」は、大企業における経営者支配に典型的にみることができる

が、それはおおよそ次のような三つの要素から成る。

　第一に、今日の大企業においては、株式の相互持ち合いによる企業集団の強大な力を背景として、株主総会を最高の意思決定機関とし取締役会と監査役会からなるはずの会社組織が形骸化されており、その結果、トップ・マネジメントの「聖域」が広がって専権的な支配が強められてきたことである[1]。第二に、インフォーマル組織を通じてこうした支配に包摂され[2]、その結果きわめて協調主義的となった大企業の企業別組合のリーダー層が、上記のような経営者支配に同調しているために、その支配が更に堅固なものとなっていることである。そして第三に、こうして強められた経営者支配の下で、長期雇用や年功賃金に見られるような日本的雇用慣行や、下請企業の収奪システムをも内包した効率的で柔軟な日本的生産システムが形成され、そうしたものに、正社員とりわけ男性正社員の多数が組み込まれ、統合されていることである。

　こうした「日本的経営」の下で、かれらは購買力平価でみた低い賃金や慢性的な残業、短い休暇、厳しいノルマといったミゼラブルな労働条件にも拘わらず、旺盛な勤労意欲を保持し会社への忠誠心に溢れる「会社人間」となっている。その果てには「過労死」の悲劇さえ待ち構えているにも関わらず、かれらは何故にこうした支配を受容し続けているのであろうか。それは、「日本的経営」が経営専権の体制であるに留まらず、たとえ部分的ではあれ、日本的雇用慣行が労働者の生活を安定させ、また日本的生産システムが労働に対する自発性を生み出すような契機が、そこに埋め込まれているからであろう。

　これまで「日本的経営」は、世俗的には「三種の神器」としての終身雇用、年功賃金、企業別組合（企業別という組織形態よりも、企業に対して協調的な労働組合という実態こそが重視されるべきである）からなるものとして論じられてきた。しかしながら、その内実を見れば、これらはすべて戦後大きな変容を遂げてきているのである。そのプロセスをやや図式的に描いてみれば、おおよそ次のようになるだろう。

　敗戦直後の労働組合運動の展開の下で形成された戦後的労資関係は、産別

会議から総評への組合運動のリーダーシップの交替によって、日本的労使関係へと転換する。そしてこの日本的労使関係の下に、長期雇用と年功賃金からなる日本的雇用慣行が民間大企業に定着して行くことによって、「日本的経営」は成立することになる。しかしながら、一方では低成長への移行と「減量経営」の遂行によって日本的雇用慣行が動揺するとともに、他方ではこの過程で日本的生産システムが確立していくことによって、わが国社会は「企業社会」の様相を見せ始め、「臨調・行革」と連合の結成による労使関係の一元化によって、「企業社会」はその姿を整えるのである。

言うまでもないが、「日本的経営」にせよ「企業社会」にせよ、それらは労資あるいは労使の対抗の結晶として歴史的に析出されてきたものに他ならない。それ故、そこにはさまざまな内部矛盾が存在している。「日本的経営」について言えば、わが国のすべての労働者が日本的雇用慣行の下に包摂されているわけではない。それが明らかに認められるのは、公務部門や民間大企業の男性正社員に限定されている。また「企業社会」についても、コストの低減と需要の変動への弾力的な対応を可能としている日本的生産システムは、ゆとりを奪い過労死を生み、そしてまた性別役割分業を固定化させてもいるのである。こうした問題点をも視野に収めながら、戦後の「企業社会」の形成過程を整理してみることにしよう。

第2節　戦後的労資関係の形成と崩壊（1945年～1950年）

日本が第二次世界大戦に敗北した1945年以降、占領軍による戦後改革の一環として労働改革が展開され、わが国の労働運動はこれを契機に飛躍的な発展を遂げた。アメリカを中心とした占領軍は、日本の軍国主義体制を壊滅させて民主化政策を推進するために、労働運動を解放し積極的に育成さえしたのである。占領軍による労働改革の方針は、最終的には1946年の極東委員会の「日本の労働組合に関する16原則」としてまとめられたが、そこでは労働組合の組織化の奨励、団体交渉の奨励と調停機関の新設、労働組合の政治活動の自由の保障、軍国主義的労働組織の解体などが謳われていた。

こうした流れに沿いながら、1945年に労働組合法[3]が、1946年に労働関係調整法（労働争議の調停機関として労働委員会を設置）が、そして1947年に労働基準法が相次いで公布され、さらに労働省が新設された。また1946年に公布された日本国憲法の第28条においても、労働三権を保障することが明記されるに至った。

　戦前のわが国においては、労働組合は国家と資本の厳しい弾圧に曝されていたために、その存在が法律によって承認されたことはない。事実上の結社禁止法であった治安警察法[4]の第17条が撤廃された1926年以降、労働組合の存在は黙認されたとはいうものの、1931年の満州事変以降の戦争体制の確立によって労働運動は衰退を余儀なくされ、1940年の総同盟（日本労働総同盟）の解散と大日本産業報国会の結成によって、労働組合はほぼ壊滅した。その意味では、労働組合法の制定はわが国社会政策史上画期的な意義を持つものであり、戦後的労資関係の出発点をなすものであったと言えるだろう。こうして1948年には34,000組合668万人が組織され、組合組織率は戦前最高であった1931年の推定8％から、一挙に53％へと飛躍的に上昇したのである。

　ここで注目しておかなければならないことは、結成された労働組合のほぼすべてが、事業所を単位とした企業別組合という組織形態を取ったことである。企業別組合は一企業の正社員のみの工職混合組合として組織され、そこでは役員はもとより運動方針も財政運営もすべてこの単位組織で独自に決定された。労働組合がこのような組織形態を取ったのは、わが国の場合クラフト・ユニオニズムの伝統が欠如していたということもあったであろうが、当時の日本の労働者の運動にとって、きわめて適合的な組織形態だったからである[5]。激しいインフレに対抗してただちに大幅賃上げを要求したり、あるいは「経営民主化」を実現しようとした時、同じ職場に働く労働者が団結しようとしたのは自然の成り行きであったと思われる。

　企業別組合は、共同闘争を基礎にしながら地域別にまた業種別に結集を図り、産業別組織を結成して統一した労働協約の締結を目指した。こうした労働運動の高揚のなかで、労働組合の全国組織も結成されていった。1946年には総同盟（日本労働組合総同盟、組織人員85万人）と産別会議（日本産業別労働

組合会議、163万人）が相次いで結成された。総同盟は戦前の合法的な組合運動の指導者を、産別会議は非合法の左翼運動の指導者を中心として組織された。日本共産党の影響を強く受けた産別会議は、当時の高揚する労働運動のリーダーシップを掌握して、産別十月闘争や生産管理闘争、二・一ゼネストなどの主要な闘争を指導した。そのなかでとりわけ大きな意味をもったのは「経営民主化」運動である。

この運動を通じて、現場労働者は戦前かれらが苦しめられた職員・工員間の身分差別の撤廃を、また職員は経営参加を要求した。生産管理闘争を始めとした激しい闘争の結果、身分差別は撤廃され、経営参加の機関としての経営協議会が設置されて、戦前来の管理体制は崩壊した。経営協議会は、経営の意思決定に関して労働組合の代表に事実上の拒否権を認めていたため、生産管理闘争が政府によって否認され、占領軍の干渉によって終息させられた後も、労働組合が主導した戦後的労資関係を支えるものとして機能したのである[6]。

また、産別会議の指導による大規模な産業別統一ストライキ闘争の結果、電気産業では組合の要求した電産型賃金体系が実現した[7]。労働者の生計費を主要な基準としたこの体系では、経営者の査定の余地を残す能力給部分はごく僅かなものに圧縮され、年齢や家族数といった属人的でまぎれのない要素が重視された。こうした最低生活費を基礎にした平等主義的な賃金体系は他産業にも広がり、その後かなりの期間に渡ってわが国における労働組合の賃金要求のモデルとなった。この電産型賃金体系は、賃金決定における経営者の恣意性を排除することによって、戦後的労資関係を賃金面から支えたのである。

こうした民間部門の動向を背景に、産別会議傘下の官公部門の労働組合を中心として、1947年2月1日を期したゼネストが計画されたが、これは占領軍の命令によって中止させられた。アメリカが日本を「極東における全体主義の防壁」として位置付けていることが明らかにされたのは1948年初頭であったが、この二・一ゼネストの中止命令に見られるように、それ以前から占領軍の労働組合担当者は、「自由にして民主的」な労働組合を推奨し、戦後

第 2 章　「企業社会」の形成過程

的労資関係をリードした産別会議系の労働組合に圧力を加え始めていた。社会主義勢力の前進と「冷戦」体制の構築という国際情勢の変化のなかで、対日占領政策の方向転換が始まるのである。こうした方向転換のなかで政府も統治者としての権威を回復し、日本の資本主義的な再建の路線を確定し始めることになるが、こうした動きに呼応して、経営者側も1947年に経営者団体連合会（翌年日経連に改称）を発足させて、経営権の回復に乗り出した。

　1948年にはマッカーサー書簡とそれにもとづく政令201号の公布によって、公務員労働者からストライキ権と団体交渉権が剥奪され、更に同年末には賃金三原則[8]や経済九原則が占領軍から提示された。そこには、赤字国債で支えられていた財政の完全な均衡化や、民間部門の資金源となっていた復興金融公庫の貸出停止などが盛り込まれていたために、公共企業体を始め多くの企業は、行政整理や企業整備と呼ばれた厳しい人員整理を迫られることになった。当時労働組合が強かった東芝や日立、国鉄などでは大量の解雇が発生したが、解雇反対闘争は下山、三鷹、松川事件という謀略的な事件の続発のなかで押し潰されていった。

　政府と経営者が体勢を立て直しつつあったこの時期に、労働組合運動にも大きな変化が生じていた。産別会議の内部で、共産党の労働組合内での活動を批判して産別民主化同盟が旗揚げし、これに呼応した動きが、総同盟の左派や中立系の有力単産にも広がった。占領軍にも擁護された組合民主化運動の結果、産別会議は分裂し（産別会議脱退派は新産別［全国産業別組合連合］を結成）、1950年には総評（日本労働組合総評議会、380万人）が結成された。

　新産別や戦前からの職業的組合指導者を中心とする総同盟の右派は、総評に加わらなかったため、労働組合の全国組織は総評、総同盟、新産別（1956年には中立労連が結成された）に分立することになった。また1949年の労働組合法の改正によって、占領軍が擁護してきた「自由にして民主的」な労働組合が法制化され[9]、また先の政令201号にもとづいて国家公務員法が改正され、公共企業体等労働組合法（公労法）が制定された。この結果、公務員労働者は労働組合法の保護の対象から外され、公共企業体労働者の争議権は奪われたのである。

39

第 I 部　「企業社会」の歴史的位置

　総評結成の動きの一方で、1950年には朝鮮戦争の勃発を契機に占領軍によるレッド・パージが開始された。超法規的な措置によって政府や自治体、民間企業から1万3千名もの共産党員やその同調者が解雇され、労働組合運動から共産党の影響力は暴力的に一掃された[10]。こうして、敗戦がもたらした戦後的労資関係は終焉したのである。この結果、経営者は経営権を完全に奪回し、逆に労働組合は、共産党の組合支配からは脱したものの、産別会議が獲得した諸権利をほぼ全面的に放棄させられ、その上に形成された労使関係は、労働条件をめぐる団体交渉に限定されるに至った。日本的労使係は、こうした戦後的労資関係の終焉という土壌のうえに、成立することになったのである。

第3節　日本的労使関係の成立と雇用慣行の定着（1950年～1965年）

　戦後的労資関係の終焉によって、企業レベルにおける労働組合の機能は大きく後退したが、それは組合民主化運動が企業防衛の先頭に立った職制に依拠して進められ、企業別組合がかれらのリーダーシップの下に置かれたからである。賃金交渉も、企業の支払能力に依拠したものとなり、しかも労務費を従業員数で除して得られる平均賃金（ベース）を交渉するベース・アップ交渉となったため、賃金の配分については労働組合は規制力を持ち得なかった。こうした労使関係の下で、定期昇給制度[11]や賃金の職務給化[12]も進められ、更には企業規模間の賃金格差も拡大して、企業の労務管理は強化されていった。

　しかしながら、1950年6月に勃発した朝鮮戦争によって、国民の間には再び戦争に巻き込まれるのではないかとの危機感が強まった。こうした国民意識の動向が労働組合の運動路線にも反映したために、左右の対立が広がった。総評は労働組合運動を代表する地位を確立したものの、その内部は必ずしも統一されてはおらず、そのため早くも結成の翌年の第2回大会において対立が表面化し、結局左派の主張する平和四原則（全面講和、中立堅持、軍事基地化反対、再軍備反対）が採択されて、国際自由労連への一括加盟は廃案

40

となり、総評は左派指導の運動路線を確立していった。

　右派は「四単産批判」（総評内の全繊同盟、海員組合、日放労、全映演の4単産による総評批判）を契機に総評を脱退し、1954年には総同盟（再建派）と合流して全労会議（全日本労働組合会議、84万人）を結成した（全労会議はその後同盟会議、同盟と名称を変え、右派の労働組合運動の中心となっていった）。総評内において左派がリーダーシップを確立し得たことからもわかるように、戦後的労資関係の遺産はそれだけ大きかったのである。総評は、先のような労働組合運動の後退状況を打破するために、「ぐるみ闘争」（家族ぐるみ、地域ぐるみ）を展開したり、賃金綱領を発表してマーケット・バスケット方式による生計費を重視した賃金要求の方針を確立して、労働組合運動の大衆化を図った。

　講和条約が発効された1952年には、メーデー事件や労働法規改悪反対の政治ストライキが、また同年秋には炭鉱や電気産業において先の賃金綱領にもとづく大規模な産業別統一ストライキが展開された。政府はこれに対して同年には破壊活動防止法を、翌1953年には石炭と電気事業におけるストライキ規制法を制定して、労働運動の発展を抑圧しようとした。また企業の合理化に対抗して「幹部闘争から大衆闘争へ」をスローガンにした職場闘争も活発化し始め、1953年には日産争議[13]や三井鉱山の争議、1954年には尼崎製鋼や日鋼室蘭、近江絹糸の争議などの大規模な長期争議が続発した。

　総評は1958年に「組織綱領草案」を発表し[14]、労働組合の職場組織と職場交渉を基礎にして、作業量や作業方法、要員配置などを規制しようとした。そして1960年には、戦後の労働争議の頂点をなす三池争議が発生した。しかしながら、長期にわたる争議のほとんどは、技術革新による企業間競争の激化のなかで組合分裂に見舞われ、それを契機に敗北した。「生産点主義」を一面的に強調した職場闘争も、長くは続かなかった。だが他方では、1959年から1960年にかけて全国的に闘われた安保条約改定阻止闘争の過程で、青年労働者を中心に労働組合の活動家が生まれ、そのかれらが、後に触れる春闘の高揚をもたらすことになった。

　こうした労使のせめぎ合いが続くなかで、技術革新によって職場は大きく

変貌した。作業内容は単純化されて、従来の「カン」と「コツ」に頼った経験的熟練の占める比重は低下した。熟練は分解され客観化されることによって企業内教育訓練として再編成され、労働者の熟練形成における自律性は徐々に失われていったのである。こうして、旧来の職場管理者の地位は低下し、管理部門の強化や現場管理組織の再編成が進み、企業の職場支配は強められた。その象徴が、生産性向上運動を推進した日本生産性本部の設立であり、鉄鋼における作業長制度[15]や職務給の導入であった。

しかし他方では、1950年代の大規模な争議や高度成長の実現を背景としながら、1960年代前半には、日本的雇用慣行は大企業のみならず社会にかなり広く定着することになった。それは、①職種を特定されないままに毎年定期に一括採用された新規学卒者が、②低い初任給と職位を出発点としながら、OJT（＝職場内訓練）やジョブ・ローテーションを通じて技能やキャリアを形成し、③勤続年数と人事考課にもとづく能力評価によって、毎年昇給するとともに生涯に何度か昇進・昇格し、企業内福利厚生をも活用しながら「標準的」な生活を維持し、④途中退職者を除いて特段の事情が無ければ定年まで勤務を継続する、というものであった。

この時期のわが国における労使関係に大きな影響を及ぼしたのは、言うまでも無く春闘である[16]。1954年末に総評傘下の五単産（合化労連、炭労、私鉄総連、電産、紙パ労連）によって産業別統一賃金闘争が提起されたが、そこには、「ぐるみ闘争」が政治主義化していったことに対する批判が含まれていた。長期争議の相次ぐ敗北という厳しい現実を前にして、労働組合はその活路を産業別統一賃金闘争に求めたのである。この構想は、単産を中心として統一要求をつくり、統一されたスケジュールで交渉をすすめ、統一水準（相場）で妥結するというものであり、労働組合運動の重点を賃金交渉に置いてこれを産業毎に集中しようとしたものであった。

先の五単産共闘は、1955年には全国金属、化学同盟、電機労連も加わって八単産共闘へと発展し、春闘参加組合員数は73万人に上った。1956年には公労協（公共企業体等労働組合協議会）[17]系の組合が加わり、1960年には総評と中立労連による春闘共闘委員会が組織され、こうして他の全国組織傘下の組

合も春闘に参加するようになった。1965年には春闘参加組合員数は635万人となり、組織労働者の63％にまで及んだのである。

　もっとも春闘の成果が最初から大きかったわけではない。春闘が大きな成果を上げるようになったのは、労働市場が若年労働力不足によって売り手市場へと様変わりをみせた1960年代に入ってからである。総評は「大幅賃上げ」のスローガンを掲げ、ヨーロッパ並みの賃金を要求してストライキを闘い、その結果生産性の上昇に見合う賃上げが獲得されるようになり、賃金は大幅に上昇した。また春闘は、民間部門の賃金改定に留まらず、人事院や公労委（公共企業体等労働委員会）などの制度を介して国家公務員や地方公務員、公共企業体労働者の賃金に、あるいはまた中央最低賃金審議会の目安を通じて最低賃金に、更には広く未組織労働者の賃金や初任給にも影響を与えるようになり、日本的労使関係を支える賃金決定機構として定着していった。

第4節　日本的労使関係から日本的経営へ（1965年～1980年）

　高度成長の時代は約20年にも及んだが、その前半をリードしたのは大規模な民間設備投資であった。海外で開発された新たな産業技術が次々に国内に導入され、重化学工業部門を中心に大量生産体制が確立していった。農村から流出する豊富な低賃金労働力を確保できたうえに、技術革新による労働条件の変化が労働組合の抵抗に会うことも少なかったために、設備近代化のための投資が驚異的なスピードで行われていったのである。こうして1961年には工業生産は戦前の4.2倍、実質GNPは2.7倍にまで膨張した。先進諸国からの貿易自由化の圧力も加わって、その後成長は一時停滞を余儀なくされたものの、後半には輸出の増大と国債の発行による財政投資の拡大に牽引されて、再び高度成長が続いた。1960年代を通じて年率平均10％という驚異的な成長を遂げたわが国は、1968年にはGNP世界第三位の「経済大国」となった。

　先に指摘したように、労働組合は春闘を通じて社会的な影響力を広げてい

ったのであるが、春闘を成功させたものは、労働組合独自の交渉力だけであったわけではない。主要には労働力不足をもたらした高度成長であったようにも思われる。日本的労使関係の下では、企業の発展を妨げたり職場秩序に抵触するような組合機能の発揮は排除され続けたし、大幅賃上げにしても、生産性上昇率の範囲内に留められたからである。こうして日本経済の国際競争力は強められ、貿易・為替の自由化や資本の自由化による開放経済体制へと向かうことになったのである。

自由化というわが国経済の転機に際して、銀行系列ごとに吸収・合併や産業再編成が積極的に進められ、六大企業集団の支配が確立していった。これらの大企業集団は、株式を相互に持ち合った円環状の組織であり、社長会が相互支配の機関となった。こうしたビッグビジネスとその集団の支配力の強化は、企業別組合の変質を促す基盤ともなった。産業再編成の過程で、民間重化学工業部門における労働組合の組織問題が集中的に表面化し、インフォーマル組織による攻撃も加わって、三菱三重工の合併や日産・プリンスの合併などの際に典型的に現れたように、大手組合の分裂や総評からの脱退が相次いだ。

これまでの事業所を単位とした企業別組合は、資本系列別に組織された企業連[18]へと替わり、当時アメリカ的労務管理と呼ばれたZD[19]やQCの導入を始めとして労務管理も精緻化されて、組合運動のリーダーシップは企業協調的な組合幹部の掌握するところとなった。1964年には大企業の協調的な企業別組合の連合体としてIMF・JC（国際金属労連日本協議会、ナショナルセンターの枠をこえた金属機械産業労働組合の大産業別協議会）が、また右派の全国組織として同盟（全日本労働総同盟、147万人）が結成された。その後JCには総評傘下の鉄鋼労連も加わり、鉄鋼の「一発回答」を軸とするJC系組合（鉄鋼、電機、造船、自動車）による相場が春闘に大きな影響力をもち始め、総評を中心に展開されてきた春闘も、それを無視できなくなった。こうした動きを背景として、1960年代末から1970年代の初頭にかけて第一次の労働戦線統一運動が浮上することになる。

1960年代末には団体交渉制度にかわって労使協議制[20]が8割近くの企業

に普及して、団体交渉制度が徐々に形骸化し始めた。また「一発回答」体制が定着することによってストライキ権はほとんど行使されなくなり、更には協調的な労働組合が企業レベルでの「合意」形成のマイナー・パートナーとして位置付けられたために、民間重化学工業部門の労使関係からは対抗的な性格が剥離されるに至った。こうした労使の「相互信頼」という外皮に覆われた大企業における経営者支配の仕組みこそ、「日本的経営」と呼ばれるものに他ならない。

　官公部門（国労、自治労、日教組）や中堅・中小企業の労働組合では総評の影響力が依然として大きかったために、そうしたところにまで「日本的経営」が広がったわけではなかったが、協調的な労働組合をパートナーとした基幹産業の内部では、労働組合による規制力が失われたために競争的な職場秩序が形成され、労働者は「日本的経営」に深く包摂されていった。それを促進したのが「能力主義管理」[21]の普及である。日経連は1966年に能力主義管理研究会を組織し2年掛かりでその成果をまとめたが、そこで提唱された「能力主義管理」の内容は次のようなものであった。

　一つは、職務遂行能力にもとづいて昇給や昇進、配置を決定するために、企業貢献度を基準にして労働者を個人別に処遇しようとしたことである。もう一つは、QCサークル活動の組織化によって「小集団管理」を行おうとしたことである。QCサークル活動は、技術革新による労働の細分化がもたらす労働意欲の低下を防ぐとともに、「能力主義管理」の展開による集団意識の弱化を防ぎ、チームのメンバーの「やる気」を引き出すための装置となった。こうしたわが国独自の緻密化された労務管理も、過剰な労働を実現する重要な要素になったと言えよう。

　わが国経済は、1970年代初頭には経済環境の激変（1971年のアメリカのドル防衛政策の発動と、1973年の第一次石油危機）に見舞われ、1974年には戦後初のマイナス成長を記録して、20年近く続いた高度成長は終りを告げた。こうした事態を受けて、大企業を先頭に「減量経営」が繰り広げられ、企業による職場支配は更に進んだ。「減量経営」はヒト・モノ・カネに渡って多面的に展開されたが、その中心となったのは雇用調整であり、それによる少数

第Ⅰ部　「企業社会」の歴史的位置

精鋭化であったと言えよう。この時期の雇用調整は、残業規制や非正社員の削減に留まらず、出向・転籍や希望退職募集という名の解雇にまで及んだ。こうしたなか、日経連は1974年には「大幅賃上げの行方研究委員会」を発足させ、生産性基準原理[22]による賃上げの抑制に乗り出した。その後、毎年の賃上げ率は消費者物価の上昇率を下回り、実質賃金は低下を続けることになった。

こうした経営側の攻勢が効を奏して、短期のうちに「危機」を回避し得たのは、既に労働組合が企業の対応を規制するだけの力をほとんど持っていなかったからである。この時期に労働運動の実質的なリーダーシップを掌握していたのはJC系の労働組合であったが、かれらは経済整合性[23]にもとづいた賃金要求を主張して、従来の春闘のあり方を批判した。総評は、第一次石油危機後の狂乱インフレに対抗するために、国民春闘を組織して政策・制度要求を重視する姿勢を打ち出したが、守勢を脱することはできなかった。その威信の低下を明らかにしたのが、1975年のスト権ストの敗北であったと言えよう。

公共企業体労働者のストライキ権は、既にみたように1948年の政令201号によって剥奪されていた。こうした公共部門におけるストライキの一律禁止措置は、1965年に来日したILOのドライヤー調査団によっても批判されたが、この権利の回復を求めて、国労、全逓、全電通など公労協傘下の10単産によって行われたストライキがスト権ストであった[24]。このスト権奪還史上空前のストライキは8日間に渡って続けられ、国鉄が完全にストップするなどしたが、政府・自民党の頑強な抵抗に阻まれて組合側の全面的な敗北に終わった。その後には、「違法スト」に対する大量処分と損害賠償請求訴訟が続いた。

スト権ストの敗北は、公労協の運動路線を転換させただけではなく、かれらの運動に依拠してきた総評の影響力を更に低下させ、ナショナルセンター間の力関係を一変させた。1976年には政府・与党・行政機関との交渉のための組織として、民間大企業の労働組合を中心として政策推進労組会議が結成されたが、これは先のような事態を象徴するものであったと言えよう。こう

して、1970年代初頭にいったんは挫折したかに見えた労働戦線統一の動きが復活し、その後総評傘下の単産も巻き込んで大きなうねりとなっていったのである。1970年代の後半には、春闘は完全に「八社懇」[25]体制の下に置かれ、JCの影響力は民間大企業を越えて広がり、中堅・中小企業においても総評労働運動は後退を余儀なくされた。

　先に指摘したような1960年代後半からの能力主義管理を基調とした労務管理の推進を背景とし、オイル・ショック下の「減量経営」の推進とその後の労働組合運動の後退を直接の契機としながら、「日本的経営」は変容をとげて、わが国は「企業社会」へと向かうことになった。当時の状況は、①先進国のなかで労働争議行為の発生件数がもっとも少なく、その継続日数ももっとも短い、②欠勤率がきわめて低い、③所定外労働時間が長く、有給休暇の付与日数が少ないうえにその取得率も低い、④雇用調整や労働条件の変更が比較的弾力的に行われる、⑤生産性向上につながる作業改善案が労働者側から提案されている、⑥新しい設備や機械の導入に際して労働者の抵抗が少ないなどとして、1980年版の『労働白書』にも描かれたところである。

　わが国企業の生産性の高さは、他の国々と比較した場合の技術水準の高さというよりも、トヨタ・システムとも呼ばれている「日本的生産システム」[26]の徹底した活用にあったと言えるだろう。1970年代に入ってから、低成長期にも高収益をあげうるシステムとして、コストの低減と需要の変動に対する弾力的な適応を同時に可能にする生産方式が追求されたのであるが、そのモデルがトヨタ・システムであった。この生産システムの基本は、在庫、スペース、作業時間、要員などの「ムダ」（これは他面では、「ゆとり」であり「余裕」であり「遊び」でもあるのだが）を徹底的に排除するJIT（ジャスト・イン・タイム）方式にある。こうした生産方式は、1970年代半ばのトヨタ自動車においてほぼ完成を見たのであるが、1980年代には他の製造業にも広まっていった。

　こうしてわが国は、戦後きわめて顕著な高度成長を達成しただけではなく、二度にわたるオイル・ショック後も、経済危機に苦しむ欧米諸国を尻目に成長力を維持し続け、高い国際競争力を確保してきた。そして1980年代に

は、先進工業諸国との間に経済摩擦を引き起こすほどの「経済大国」へと変貌を遂げ、1988年には一人当たりGNPが世界のトップに立つに至ったのである。こうした「成功」は、わが国の経営や労使関係に対する国際的な関心を高めることにもなった。

OECDの『対日労働報告書』（1972年）は、「日本的経営」の「三種の神器」がわが国経済の高成長にいかに貢献したかを論じ、日本的雇用慣行を「前近代的」で遅れたものと見做すようなこれまでの見解を逆転させた。また70年代の後半には、「日本的経営」を先進的で普遍的なものと評価するような日本モデル論も登場し、1980年代前半には「日本的経営」論が海外でもブームを巻き起こすまでになった。そして1980年代の後半には、先のトヨタ・システムがリーン生産方式と命名され[27]、フォード・システムを超える効率的で弾力的な生産管理として世界的にも注目を集めるようになったのである。

第5節　「臨調・行革」の展開と「企業社会」の成立（1980年〜）

だが当時のわが国経済の状況を見れば、1980年代に入って赤字国債の累積による深刻な財政危機や国際経済摩擦の激化に見舞われており、更には、先進国病の予防による経済・社会の活力の維持といった新たな課題にも直面していた。こうした事態を財界主導で打開し、国家の政策全般を新自由主義的な方向で改編しようとしたのが、臨時行政調査会による行政改革（以下臨調・行革と呼ぶ）であった。

1981年に発足した臨調は、「増税なき財政再建」をメインスローガンに、「活力ある福祉社会の建設」と「国際社会に対する積極的貢献」を二大目標として活動を開始した。そこでは効率や競争を高く評価した民間活力論や規制緩和論がもてはやされ、そうした路線に沿って、福祉の切り捨てや第三セクター方式の採用、専売・電電・国鉄の民営化、社会政策的な領域にまで及ぶ規制緩和、消費税の導入などが次々と強行されていった。

1982年の臨調第三次答申には、専売・電電・国鉄の三公社の民営化論が登場し、1986年までにはすべて民営化されて、公企業の主要部分が消滅した。

特に注目されたのは、民営化によって公労協（公共企業体等労働組合協議会）が解体され、その中心を担っていた国労（国鉄労働組合）が弱体化させられたことである。臨調は、国鉄の膨大な累積債務や親方日の丸的な経営姿勢、職場規律の乱れなどを問題とし、分割・民営化による経営形態の変更以外に国鉄再建の道は無いと主張した。

政府・自民党・臨調にマスメディアまでが加わった国鉄批判の大キャンペーンが執拗に繰り返されるなかで、1982年には国鉄職場における労働組合の規制力を支えてきた現場協議制が廃止され、1983年には国鉄再建監理委員会が発足し、1985年には分割・民営化や余剰人員の整理、累積赤字の国民負担を柱とした最終答申が出された。こうして1986年には国鉄改革法案が成立し、国鉄に替わって6旅客鉄道会社と1貨物会社からなるJRグループが発足した[28]。

国鉄改革において大きな社会問題となったのは、「余剰人員」対策とJRへの採用をめぐる国鉄当局の差別的な対応であった。分割・民営化の過程で、それまで総評労働運動と公労協の中核部隊であった国労に対する攻撃が強められ、「余剰人員」と見做された組合活動家は、鉄道本来の業務から外されて「人材活用センター」に隔離されるという事態も生まれた。北海道や九州を中心として露骨な採用差別が行われ（国労や全動労の採用率は他の労働組合と比べて著しく低かった）、また採用された場合でも関連業務への不当な配属が横行した。

当局の激しい国労攻撃のなかで組合脱退者も続出し、更には100名を超える自殺者まで生まれた。臨調発足の1981年時点で24万名を超える組織を誇った国労は、分割・民営化後の1988年には4万名を割るに至った（なお、国鉄を解雇された労働者は闘争団を組織して闘争を継続した）。こうして、現場協議制によって労働組合の規制の下にあった職場は民間並みに改編され、労使関係の二元的な構造（民間部門と官公部門）も一元化されて、「企業社会」は成立したのである。のちに触れる連合の誕生は、こうした変化を象徴するものであったと言えよう。

こうした動きを背後でささえていたのが、「日本的経営」の更なる変容で

第Ⅰ部 「企業社会」の歴史的位置

図表Ⅰ-1 労働組合組織率の推移

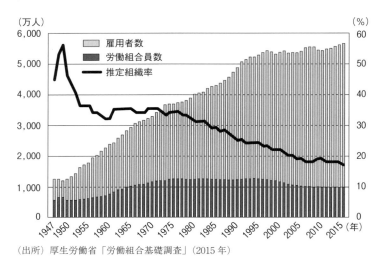

（出所）厚生労働省「労働組合基礎調査」（2015年）

図表Ⅰ-2 労働争議件数と争議参加人員数の推移

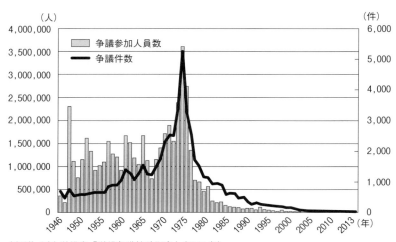

（出所）厚生労働省「労働争議統計調査」（2015年）

あった。パートタイム労働者や派遣労働者（1985年に「労働者派遣事業法」[29]が成立した）に代表される非正社員が増大して、雇用形態の多様化が進められ、長期雇用慣行の適用範囲は狭められていった。年功賃金も、従来の性と学歴と勤続年数による一括管理を主体としたものから、人事考課による能力評価のウェイトを高めた「職能資格制度」[30]へと変わった。

　労働組合についても、企業別組合という組織形態自体は変化しなかったが、「減量経営」の遂行や「臨調・行革」による官公部門の労働組合の影響力の衰退によって、[図表Ⅰ-1]や、[図表Ⅰ-2]に明らかなように、組織と闘争力（それは、争議件数や争議行為参加人員や労働損失日数で示される）を大きく低下させた。サービス経済化や雇用形態の多様化という要因も加わって、組合組織率は1975年以降低下を続け、1983年には３割を切るに至ったのである。こうして、それまで比較的安定的であると思われていた正社員の地位も、徐々に不安定化し始めることになる。

　「日本的経営」の「三種の神器」に替わって、かれらを企業に統合するうえで重要な役割を果たすようになったのが、能力主義管理の新たな展開であった。「三種の神器」がこれまで労働者の企業に対する忠誠心を高めてきたことは間違いないが、それを猛烈な働きぶりにまで結び付けたのは、人事考課とQCサークル活動であった。わが国のほぼ全企業に普及した人事考課とは、日常の勤務ぶりや実績を通じて労働者の職務遂行能力を評価し、賃金、昇進、配置、能力開発などの諸決定に役立てる手続きのことである。人事考課を通じて、職務遂行能力が経営側の一方的な評価に曝され、それが労働者の処遇上の重要な諸決定と結び付けられたために、職場は労働者が自ら主体的に「やる気」を示さなければならない場へと変容し始めた。

　わが国の人事考課は、長期にわたって多数の評価者によって多面的な要素にもとづいて評価が行われ、更には人事考課の適用が全階層に及ぶといったある種の「民主性」を有するとともに、共産党員や左派の組合活動家に対しては、法違反も厭わず徹底して差別するという「専制性」をも有していた。両者が共存しうるのは、人事考課が潜在能力までをも評価の対象としているからである。潜在能力はそもそも定量的に把握することは難しく、その判定

は、結局のところ本人の「やる気」に反映される性格や態度の観察による他はない。こうした情意考課は、規律性や責任性、積極性、協調性といった全人格の評価に限りなく近付いていくために、先のような差別とも結びつき易く、そのために普通の労働者に対しても自発的に猛烈に働くことを強制することになるのである[31]。

　わが国においては、これまで人事考課の方法や基準に関して団体交渉の場で取り上げられることは稀であったし、評価の結果に対する苦情処理についても、労働組合はほとんど関与してこなかった。労働組合が職場における枢要の問題に関わらなかったならば、職場が企業の「聖域」と化すのは避けられない。言うまでもないことであるが、労働組合が関与する必要のないほどわが国の人事考課が公正なものであったわけでは勿論ない。そのことは、人事考課による男女間の賃金差別や昇進・昇格差別に対して、あるいはまた所属組合間の差別による不当労働行為事件に対して、裁判所や労働委員会への不服申し立てが増えていたことからも明らかであった。

　次に、能力主義管理のもう一つの柱となったQCサークル活動の、その後の展開についても触れておこう。1960年代に製造業の生産現場から始まったQCサークル活動は、1970年代の後半にはTQC（全社的品質管理）として金融保険業やサービス業、事務・管理部門にも広がって、わが国の多数の労働者を巻き込むまでになった[32]。このようにQCサークル活動が普及した理由として、まず指摘されなければならないのは、企業の側からの強い働き掛けであろう。品質と原価に対するきめ細かな作業改善の蓄積を、わが国企業の国際競争力の源泉として位置付けた企業は、現場監督者を使ってQCサークル活動の組織化に積極的に乗り出したのである。自主的であるとの建て前にも関わらず、職制によって参加が強制されたり、参加の程度が人事考課の対象とされたのはそのためである。

　しかしながら、そこには労働者が「主体的」に参加しているという側面も存在した。職場内の意思疎通が促進されたり、管理業務の一部が加えられて職務が拡大したり、教育訓練の役割を果たしたり、仕事がやり易くなったりもしたからである。指示されるままに実行するだけでは耐えがたい単調な仕

事も、このような活動を通して、少しは達成感を味わえるものになったのである。しかも、改善能力や管理能力は、昇進にあたって必要とされる能力でもあった。だからこそ、多数の労働者がQCサークル活動に積極的に参加したのである。その意味では、QCサークル活動は強制と自発の絶妙の複合物であったと言えよう[33]。QCサークル活動をチャンネルとして、労働者のもつ現場の知恵は、企業目的の達成のために動員されていった。

　1970年代に労働組合が地盤沈下し、全国組織間の力関係が大きく変化したことは誰の目にも明らかとなったが、そうしたなかで再燃したのが労働戦線統一問題であった。70年代初頭に挫折した戦線統一の動きは、総評の影響力の低下と総評指導部の路線転換によって、1980年代に入り新たな局面を迎えた。1980年には、同盟、JCおよび総評傘下の民間六単産の委員長による労働戦線統一推進会が発足し、翌年には「労働戦線統一の基本構想」が発表された。1982年には全民労協（全日本民間労働組合協議会）が、1987年には民間連合（全日本民間労働組合連合会）が結成され、そして1989年には民間連合と旧総評系および旧同盟系の官公労が統一して連合（日本労働組合総連合会、75構成組織763万人）が誕生した。

　民間連合から連合の結成に至る過程で、これまでわが国の労働組合の全国組織であった総評、同盟、中立労連、新産別はすべて解散した。一方、連合加盟に反対した労働組合のうち、統一労組懇（統一戦線促進労働組合懇談会）に結集するグループは、連合が誕生した同じ日に全労連（全国労働組合総連合、27単産112万人）を結成し、また連合には批判的であるが統一労組懇にも加盟していないその他の左派グループは、同年全労協（全国労働組合連絡協議会）を発足させた。こうして1989年にわが国の労働組合の組織図は、［図表Ⅰ-3］のように大きく塗り替えられることになったのである[34]。

　連合傘下の労働者は組織労働者の6割を超え、国内における影響力も、労働の分野を越えて政治・経済・社会のすべての領域に及んだ。連合の運動理念は、その綱領的文書である「連合の進路」に示されているが、そこで「自由にして民主的な労働運動の伝統を継承」すると述べられていることからもわかるように、同盟やJCの運動理念とほぼ同一のものとなっている。その

第Ⅰ部 「企業社会」の歴史的位置

図表Ⅰ-3 労働組合の全国組織の変遷図

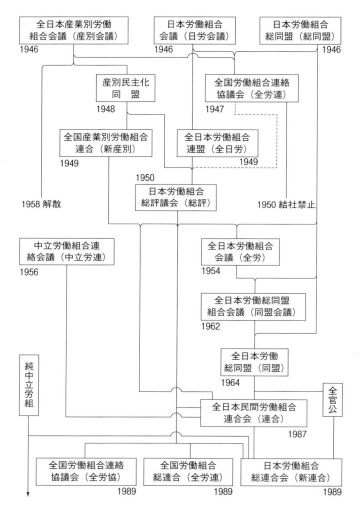

第2章 「企業社会」の形成過程

意味では、連合の誕生はこれまでの協調的な労働組合運動の総決算と言えるのではなかろうか。

　しかしながら、そこには勿論注目すべき新しさもあった。では何が新しかったのか。その新しさは、連合が自らの任務を、中央・地方における多面的な政・労・使協議のシステム作りにおいて、経済成長の成果配分における公正さを確保しようとしていたところにあった。政策参加を目指していたという点ではネオ・コーポラティズム[35]と言えるだろう。しかしながら、連合の主力が企業協調的な民間大企業の労働組合にあり、政策参加による影響力の行使が微弱なものに留まっていたという点では、きわめて日本的なネオ・コーポラティズムと見なければならないのではなかろうか。1990年代に入って政権交代が相次ぐなかで、連合の影響力の行使は、労働の世界よりも政治の世界に向けられていった。

　1980年代後半からのわが国企業の急速な海外進出は、世界的にも大きな関心の的となり、ポスト・フォーディズムの最先端に「日本的経営」が生み出した柔軟な生産システムを位置付けるような、レギュラシオン派の議論も登場して、国際論争も引き起こされた[36]。この議論によれば、日本の生産システムはたんに効率的であるだけではなく労働者にとっても評価すべき側面を持つと言う。つまり、わが国の労働者はQCサークル活動を通して現場において作業改善に参加するとともに多能工化しており、こうした労働編成は、作業の構想＝精神労働と実行＝肉体労働の分離や労働の細分化によって生産性の上昇を目指したが故に、非人間的なものとなったフォーディズムの労働編成を超えていると理解されたのであった[37]。

　しかしながら、「日本的経営」に対する国の内外での評価が高まるなかで、過労死に象徴されるような深刻な労働問題が蓄積されてきたことを見過ごすことはできない。1988年に弁護士や医師によって開設された「過労死110番」の活動を通して、過労死は社会問題として認知されることになり、今日では、仕事が原因となった過労やストレスが誘因となって引き起こされた死亡や自殺、永久的労働不能を指す社会医学用語として広く社会に定着し、ILOの1993年の *WORLD LABOUR REPORT* にも "*Karoshi*" として登

55

場して広く世界にも知られるに至った。過労死の不安は、わが国の労働者を広く蝕んでおり、過労による脳・心臓疾患での死亡だけで当時年間1万人を超えると推計された。そしてその背後には、年間3,000時間以上働く過労死予備軍の労働者が500万人にも及び、サービス残業が依然として後を絶たないという現実が横たわっていたのである[38]。

こうしたなかで、1990年代に入って、政府や経営者からも「企業社会」に対する批判や反省の声が聞かれるようになった。例えば、当時の産業構造審議会や国民生活審議会のレポートでは、企業を中心とした生活構造や経済社会システムが批判の対象となり、後者などでは①個人を中心とした価値観を形成する、②会社は「ノルマ」を廃止する、③労働時間短縮のため残業割増率を引き上げる、④会社も個人も社会貢献活動に取り組む、⑤「会社人間」化を助長する社宅建設を見直すといった、今日の時点から見るとかなり「大胆」な提言も行われた。また経営者からも、時短や労働分配率の引き上げ、高配当、系列・下請け関係の改善の必要性が指摘されるに至った。

しかしながら、こうした認識がわが国の経営者の多くに受け入れられた訳ではない。日経連が1995年に提起した新「日本的経営」の戦略などは、労働者の企業からの自立の必要性を逆手に取って、これまで済し崩しに修正されてきた長期雇用や年功賃金の、最終的な解体を迫るものとなっていた。それによれば、日本的雇用慣行が保障されるのは一部の「長期蓄積能力活用型」の労働者のみで、多数の労働者は、短期雇用で昇給無しの「高度専門能力活用型」と「雇用柔軟型」に追いやられることになる[39]。こうした提言は、1990年代以降のバブル経済の崩壊と長期不況の下で、経営者側が深刻な危機意識に囚われていたことを示すとともに、かれらが、たとえ「三種の神器」を建て前とした「日本的経営」が弱められても、「企業社会」を維持し得るといった自信を抱いていたことを示すものでもあったように思われる。

「企業社会」のもたらした問題は、過労死や長時間労働、サービス残業に留まらない。リストラクチャリングが日常的に展開されて、雇用不安も高まったし、労働者の企業内における諸権利も侵害され、女性や高齢者、障害者、外国人労働者（1980年代以降90年代中築までに流入した労働者は50万人、オ

ーバーステイの労働者は30万人）といった「企業社会」の周辺や底辺に位置付けられた人々の地位や権利を保障するための法的諸制度の整備も立ち遅れた。女性について言えば、1985年には「男女雇用機会均等法」[40]が成立したが、コース別雇用管理制度[41]の下で差別は温存されたままであったし、パートタイム労働者の労働条件の改善も遅々としていた。働き過ぎと失業と差別そして過剰消費と過少福祉の狭間で、労働者の生活はゆとりと豊かさを実感できるものとは言い難い状況にあったと言えよう。

　1980年代の後半からは、加速した円高を背景として日本企業の海外進出による多国籍企業化が進んだ。海外直接投資の中心は、自動車・電機・機械などの加工組立型の製造業であり、日本企業の海外現地法人の現地従業員数は1986年の94万人から1994年の250万人にまで拡大した。こうしたなかで、企業は「日本的経営」とりわけその下部構造をなした「日本的生産システム」の海外への移植に力を注ぎ、職務区分の単純化やチーム生産、ジョブ・ローテーションによる多能工化などの面では一定の成果を上げた。しかしながら、ムダを徹底して排除する「日本的生産システム」はストレスによる管理であるとの批判も生まれたし[42]、またQCサークル活動の活性化や人事考課の導入などが困難であるという現実もあった。そしてまた、こうした海外進出に伴う生産拠点の移転は、産業空洞化を招き国内の雇用機会を失わせてもいたのである。

　1980年代半ば頃までの戦後の労使関係の展開のなかで、わが国は「企業社会」へと改編されるとともに、1990年代の半ば頃にかけて成熟した姿を現した。その結果、わが国は高い国際競争力を誇ることとなり、それ故に世界の労使関係のありようにも影響力を及ぼすようになってきた。しかしそうであればあるほど、「企業社会」を成り立たせているシステムが、国連やILOあるいは国際労働組合組織などが確立してきた国際的な社会原則に適合的であるかどうかが厳しく問われることになる[43]。そうした広い視野から「企業社会」を再評価し相対化すること無しに、「経済大国」日本は名実ともに成熟した先進社会に向かうことはできなかったのである。

　なお、1990年代以降の「企業社会」の動向については、第7章であらため

第Ⅰ部　「企業社会」の歴史的位置

て論ずることにしたい。

[注]
(1) 白井泰四郎『現代日本の労務管理（第二版）』、東洋経済新報社、1992年、65～69ページ。
(2) インフォーマル組織については、山本潔「大企業の労資関係」（東京大学社会科学研究所編『現代日本社会5　構造』、東京大学出版会、1991年）および拙著『企業社会と労働組合』（労働科学研究所出版部、1989年）第3章を参照されたい。
(3) 1945年に公布された労働組合法では、警察・消防職員を除き、公務員を含めたすべての労働者に団結権・団体交渉権・争議権を保障し、組合活動に民事・刑事上の免責を認め、御用組合を労働組合とせず、組合設立は届出制とし、組合員の不利益な取り扱いを禁じた。
(4) 治安警察法は、日清戦争後の労働争議を背景に、政治結社・集会の規制と新たに台頭した労働争議や小作争議の取り締まりという二つの目的をもって制定された。同法第17条では、組合や争議への参加の「誘惑若ハ煽動」が禁止されたために、事実上組合結成や争議行為は禁止されることになった。
(5) これらの指摘については、二村一夫「戦後社会の起点における労働組合運動」（渡辺治他編『シリーズ日本近現代史4　戦後改革と現代社会の形成』、岩波書店、1994年）を参照されたい。
(6) 戦後的労資関係の全体像については、栗田健『日本の労働社会』（東京大学出版会、1994年）を参照されたい。
(7) 当時の電産型賃金体系に関する研究として、遠藤公嗣「電産賃金体系における能力給と人事査定」（『大原社会問題研究所雑誌』437号）がある。
(8) GHQは、賃金引き上げのための価格引き上げを行わない、賃金引き上げとの関係で赤字融資を行わない、補助金を引き当てにした賃上げを行わないという原則を政府に示し、補助金や融資の停止、物価対策の面から賃金の抑制を図った。
(9) 労働組合法の改正の結果、①協約の自動延長規定は失効し、②組合が獲得した勤務時間中の組合活動の自由や専従者給与の会社負担は規制され、③末端職制などの加入する組合は御用組合とされ、④組合自治やスト決定などが組合規約の記載事項とされ、⑤不当労働行為が加罰主義から原状回復主義に改められて公益委員のみが判定する、こととなった。
(10) 近年のレッドパージに関する研究として、三宅明正『レッドパージとは何か』（大月書店、1995年）がある。
(11) この時期、企業は労務費の安定化を目標とする安定賃金政策の一環として、賃金引

き上げを抑制しかつ人事考課による差別支配を強化するために、定期昇給制度の確立に努めた。基本給の改定を定期昇給のみに押し止めることはできなかったが、この過程で、学歴別の初任給を基礎として年々の定期昇給によって基本給を引き上げていく方式が、支配的な慣行として定着した。
(12) 職務給とは、職務の相対価値を評定しそれぞれの職務群ごとに賃金率を定める方式をいう。日本では技術革新の進展の過程で、旧来の熟練が陳腐化し若年層の賃金が上昇して年功賃金の矛盾が深刻化してきたため、職務分析や職務評価を行いうるようになった大企業で、職務給の導入が進められた。ただしわが国の場合は年功賃金と折衷させられたものが多かった。
(13) 日産争議については、上井喜彦『労働組合の職場規制』(東京大学出版会、1994年)第2章を参照されたい。
(14) 職場闘争および「組織綱領草案」については、前掲の拙著『企業社会と労働組合』第1章を参照されたい。
(15) 作業長には、一般の労働者に対する監督とともに、①部下の異動と配置の決定、職務の指示、時間外勤務などの命令、欠勤などの許可、②部下の手当・賞与・昇給・昇格などの査定、③職場規律や良好な人間関係の維持および士気の高揚、といった広範な労務管理上の権限が委譲された。こうした現場労務管理の強化によって、職場における労働組合運動の展開は抑制された。
(16) 春闘の全体像については、高木郁朗『春闘論』(労働旬報社、1976年)が詳しい。
(17) 公労協は、1952年の公労法の改正で新たに適用範囲が五現業労組などに拡大されたのを契機に、仲裁裁定の完全実施を目指して1953年に結成された。当初三公社(国鉄、電電、専売)と五現業(郵政、林野、印刷、造幣、アルコール専売)の労働組合で構成されていた。春闘やILO 87号条約批准闘争、スト権ストなどで重要な役割を果たした。
(18) 複数の事業所・工場をもつ大企業において、各事業所・工場ごとに成立する単位組合が、企業の範囲内で構成する連合体を企業連または企連という。日本の労働組合の中心勢力は多数の事業所をもつ大企業にあり、また主要な団体交渉は企業連交渉となっているために、企業連は人材、財政ともに豊富で大きな権限を有した。
(19) *Zero Deffects*(無欠点)運動の略称。アメリカで開発された品質向上とコスト低減のための管理技法で、わが国では日本電気が1965年に導入したのが最初と言われている。日本のZD運動は、その後QC(*Quality Control*=品質管理)サークル活動を中心とした小集団による全員参加の自主管理活動として展開されていった。
(20) 労働者と使用者とが経営上の諸問題、とりわけ労働者の生活に関わる諸問題について協議する制度を言う。日本生産性本部が普及に力を入れたこともあって、高度成長期に多くの企業に広がった。日本では従業員組織がそのまま企業別組合となっているので、労使協議制と団体交渉の区別はかなり曖昧である。現実には、労使協議制は団体交渉の予備機関ないし代行機関の役割を果たしている場合が多い。団体交渉とは違って、

第Ⅰ部　「企業社会」の歴史的位置

　　労使協議制の下で交渉が継続中の場合は、組合はストライキを構えることはない。
(21) 能力主義管理をめぐる諸問題については、黒田兼一の「競争的職場秩序と労務管理」（戦後日本経済研究会編『日本経済の分水嶺』、文真堂、1988年）および「職能資格制度と競争的職場秩序」（木元進一郎編『激動期の日本労務管理』、高速印刷出版事業部、1991年）が詳しい。なお、拙稿「現代日本の企業社会と賃金・昇進管理」（社会政策学会年報第36集『現代日本の労務管理』、御茶の水書房、1992年）も併せて参照されたい。
(22) 日経連の賃金決定に関する考え方で、経済成長と物価の安定を同時に実現するためには、賃金引き上げの目安を、国民経済の実質生産性（実質国民総生産／就業者数）の伸びに置くべきだと言うものである。
(23) 賃上げ要求については、雇用や物価の安定、経済成長、国際収支など経済全体との整合性を考慮すべきであるという考え方を言う。もともと同盟は賃金と生産性と物価の整合性を追求してきたが、それが二度にわたるオイルショックを契機として、経済整合性論として整理されて浸透していった。
(24) スト権ストについては、熊沢誠「スト権スト・1975年日本」（清水慎三編『戦後労働組合運動史論』、日本評論社、1982年）が詳しい。
(25) 日本の民間重化学工業部門を代表する八社（新日鉄、日本鋼管、三菱重工、石川島播磨、日立、東芝、トヨタ、日産）の労務担当常務の集まりである。1976春闘以降、「八社懇」体制と鉄鋼主導のJC共闘を通じて、鉄鋼の一発回答が春闘相場を規制するという賃上げ抑制方式が定着していった。
(26) 日本的生産システムについては、鈴木良始『日本的生産システムと企業社会』（北海道大学図書刊行会、1994年）がきわめて詳細に論じている。
(27) リーン生産方式については、J・P・ウォマック、D・ルース、D・T・ジョーンズ（沢田博訳）『リーン生産方式が、世界の自動車産業をこう変える。』（経済界、1990年）を参照されたい。
(28) 国鉄改革とその後の国鉄労働組合の動向については、拙稿「国鉄労働組合の危機と再生」（『専修経済学論集』第27巻第1号）を参照されたい。
(29) 労働者派遣事業法では、①登録型の一般労働者派遣事業は許可制、常用雇用型の特定労働者派遣事業は届出制とし、②労働者派遣契約で従事すべき業務内容・就業場所・派遣機関などを定め、③派遣元・派遣先責任者を選任する、ことなどが規定された。
(30) 職能給は、労働者のもつ職務遂行能力を企業が一方的に査定して支払う賃金体系である。職務遂行能力を査定するするためには、職能資格区分と能力評価にもとづく格付けの体系である職能資格制度が必要となる。職能資格制度の下では、労働者は役職昇進とは別に昇格しうるので処遇が安定し配置も機動的になったが、他面ではそれだけ労働者間の競争が強められることにもなった。
(31) 人事考課をめぐっては、熊沢誠『日本的経営の明暗』（筑摩書房、1989年）、遠藤公嗣「査定制度による性と信条の差別」（『日本労働研究雑誌』398号）が詳しい。なお、

第 2 章　「企業社会」の形成過程

橘木俊詔編『査定・昇進・賃金決定』（有斐閣、1992年）も併せて参照されたい。
(32) TQC については、大場秀雄、中原學編『TQC とのたたかい』（学習の友社、1984年）を参照されたい。
(33) QC サークル活動の評価については、上井喜彦「民間大企業の労働問題」（戸塚秀夫、徳永重良編『現代日本の労働問題』、ミネルヴァ書房、1993年、第 2 章）を参照されたい。
(34) 連合の結成にいたるプロセスと労働戦線の新たな構図については、法政大学大原社会問題研究所編『《連合時代》の労働運動』（総合労働研究所、1992年）を参照されたい。
(35) 第一次大戦後、国家の経済過程への介入が恒常化するにつれて、利益団体、職能団体が経済政策の決定過程に参加する制度が形成された。これをコーポラティズム（団体協調主義）と呼ぶ。石油危機以降こうした議論が再び世界的に広まったが、今日の政・労・使の政治的・経済的な協調体制は、戦前のような国家に労使が従属的に統合された体制と区別して、ネオ・コーポラティズムと呼ばれる。ネオ・コーポラティズムをめぐる議論については、稲上毅他『ネオ・コーポラティズムの国際比較』（日本労働研究機構、1994年）を参照されたい。
(36) 国際論争については、丸山恵也『日本的生産システムとフレキシビリティ』（日本評論社、1995年）での整理が参考になる。
(37) こうした視点に立った議論として、野原光「日本の『フレキシブル』生産システムの再検討」（社会政策学会年報第36集『現代日本の労務管理』、御茶の水書房、1992年）がある。
(38) 過労死及びその背後に存在する長時間労働については、川人博『過労死社会と日本』（花伝社、1992年）、森岡孝二『企業中心社会の時間構造』（青木書店、1995年）、経済企画庁経済研究所『働き過ぎと健康障害』（1994年）などを参照されたい。
(39) 日経連の新・日本的経営システム等研究プロジェクトの報告書である『新時代の「日本的経営」』（1995年）を参照されたい。なお、同報告書に対する批判として下山房雄監修『日経連新「日本的経営」批判』（連合通信社、1995年）がある。
(40) 男女雇用機会均等法では、①募集・採用、配置・昇進について男女差別しないことを事業主の努力義務とし、②教育訓練と福利厚生の一部、定年・退職・解雇についての男女差別を禁止し、③都道府県婦人少年室に機会均等調停委員会を設置して紛争の解決にあたり、④女性の時間外・休日労働、深夜業の規制を一部解除もしくは緩和する、ことなどが規定された。
(41) 男女雇用機会均等法施行後の雇用における男女差別を支えているのが、コース別雇用管理制度である。この制度は、基幹的業務と補助的業務といった業務内容の違い、転居を伴う転勤の可否および昇進・昇格の可能性の有無を組み合わせて、総合職と一般職というコースを設定し、コース別に異なる雇用管理を行うものである。転居を伴う転勤が条件とされれば、女性が総合職を選択することは難しくなり、実際は総合職＝男性、

第Ⅰ部 「企業社会」の歴史的位置

一般職＝女性という配置とならざるを得ない。
(42) 日本企業の海外進出と進出先での労使関係の実態については、マイク・パーカー、ジェイン・スローター編（戸塚秀夫監訳）『米国自動車工場の変貌』（緑風出版、1995年）を参照されたい。
(43) こうした指摘については、戸塚秀夫、徳永重良編の前掲書『現代日本の労働問題』（ミネルヴァ書房、1993年）の序章を参照されたい。

[参考文献]

講座今日の日本資本主義7『日本資本主義と労働者階級』、大月書店、1982年。
『事典・日本労働組合運動史』、大月書店、1987年。
清水慎三編『戦後労働組合運動史論』、日本評論社、1982年。
下山房雄「戦後日本資本主義の展開と労働者の階級主体形成」（経済理論学会年報第16集『現代資本主義と労働者階級』、青木書店、1979年）。
下山房雄、兵藤釗「『日本的労使関係』と労働運動」（講座今日の日本資本主義4『日本資本主義の支配構造』、大月書店、1982年）。
下山房雄「戦後日本の労働組合」（高橋洸他編『日本労務管理史3　労使関係』、中央経済社、1988年）。
田端博邦「現代日本社会と労使関係」（東京大学社会科学研究所編『現代日本社会5　構造』、東京大学出版会、1991年）。
三宅明正「労働運動・市民運動」（岩波講座日本通史第20巻『現代Ⅰ』、岩波書店、1995年）。
森武麿他『現代日本経済史』、有斐閣、1993年。
渡辺治『「豊かな社会」日本の構造』、労働旬報社、1990年。

第Ⅱ部
「企業社会」の成熟と労働の変容

第3章　雇用慣行の変容と「企業社会」

第1節　雇用慣行はどう変わったのか

　本章の課題は、「企業社会」の成熟期から変容期に差し掛かっていた1990年代に、わが国の雇用慣行がどのようにその姿を変えつつあったのかを明らかにするところにある。日本の労使関係には欧米諸国の労使関係とは異なったいくつかの特徴があり、それらが終身雇用、年功賃金、企業別組合とよばれ、日本の労使関係を支える「三種の神器」と見做されてきたことは、よく知られている。これらの特徴は、第二次世界大戦後の日本の労働市場に関する実態調査から導き出されたものであるが[1]、社会に広く流布し諸外国にも知られていく過程で、かなり誤解されて受けとめられたことは否定できない。そうした誤解の最たるものが終身雇用であった。

　終身雇用という用語は、あたかも日本の労働者が一生涯（少なくとも定年まで）一企業に雇用され続けるかのような印象を与えてきた。それが誤解であることを強調するために、終身雇用ではなく「半身雇用」であると主張する経営学者もいたほどである。日本の事情に詳しくない外国人のなかには、終身雇用であることを明示した労働契約書を見せて欲しいという人までいたらしい。終身雇用であれば当然解雇もなく、失業者も少なく失業率も低いなどと考えている人がいないとも限らない。もしもそうであれば、日本の企業は労働者にとってパラダイスとなるはずであるが、それは言うまでもなく事実に反する。

　そこでまず、日本の労働市場の実情をできるだけ正確に紹介するところから話を始めたいのであるが、その際特に重視したいのは、日本の失業率が低いという「神話」や、日本は長期雇用であるといった「神話」に対する批判である。そのうえで、これまで長期雇用の下にあると思われてきた大企業男

性正社員の雇用が、出向制度などを通じて揺らいできたことを明らかにする。そのうえで、日経連の提言などに注目しつつ、長期雇用の行方について検討してみよう。

当時の欧米先進諸国の失業の特徴として、①若年者の失業率が高まってきていること、②失業期間が長期化してきていること、③性の違いによって失業率に格差が生まれていること、④地域によって失業率に格差が生まれていること、⑤ホワイトカラーや管理職の失業者が増えていること、⑥不完全就業者を含んだパートタイム労働者が増えてきていること、などが指摘されていた。わが国の失業も、こうした特徴を明らかに帯びていたと言えるだろう。

若年者について言えば、新規学卒者の深刻な就職難が大きな社会問題となっていたし[2]、また若者の失業率も、1995年平均の3.2％をはるかに上回り、1994年のデータで15～19歳層で8.2％、20～24歳層で5.7％にも達していた。また、これまで女性の失業率がわずかではあれ男性を上回ってきたこと（1995年の完全失業率は男性3.1％、女性3.2％）、雇用が安定していると思われてきたホワイトカラーや管理職も、「企業内失業」が問題とされるなかで、既に当時から広く雇用調整の対象とされるようになっていたからである[3]。

更に、中高年齢者の失業率が高く（1995年の完全失業率は5.7％）長期化しがちであることなどもよく知られた事実であった。また、サービス経済化による重化学工業の企業城下町の衰退や、円高による輸出型産地の打撃に見られるような、失業の地域間格差も話題となった。パートタイム労働者（労働時間が週35時間未満の短時間雇用者）も、1994年の「労働力調査」によれば967万人に増え、雇用者に占めるパートタイム労働者比率も18.8％に達していたのである。

日本の雇用に関する指標のなかで当時もっとも注目を集めていたのは、完全失業率が過去最悪の数字を示したことであった。「労働力調査」によれば、1996年初の完全失業率は3.4％で、データが整備されて比較可能となった1953年以降最悪の水準で推移していた。1995年の年平均の完全失業率は3.2％となり、前年の同データと比較すると0.3ポイント上昇して、年平均で

第3章　雇用慣行の変容と「企業社会」

図表Ⅱ-1　各種の失業率指標からみた各国の失業率（1989年）

(単位：%)

	日本	アメリカ	フランス	ドイツ	イギリス	スウェーデン
U―1	1.1	1.2	8.1	4.6	5.2	0.5
U―2	0.4	2.4	4.1	1.7	1.5	0.7
U―3	1.7	4.0	8.1	5.8	6.6	1.0
U―4	1.6	4.9	10.4	5.3	8.0	1.4
U―5	2.2	5.3	9.7	5.8	7.4	1.4
U―6	2.8	7.2	10.9	6.0	8.7	3.4
U―7	7.2	7.9	11.1	―	9.3	3.8

(注) U―1：長期失業率（13週間以上失業している人の労働力に占める割合）。
　　 U―2：雇用喪失率（仕事を失った人の労働力に占める割合）。
　　 U―3：成人失業率（25歳以上の失業者の25歳以上の労働力に占める割合）。
　　 U―4：フルタイム失業率（フルタイムの仕事を探している人のフルタイムの労働力に占める割合）。
　　 U―5：通常の失業率。
　　 U―6：非自発的なパートタイマーを含めた失業率（(フルタイムの仕事を探している人＋0.5×パートタイムの仕事を探している人＋0.5×経済的理由により止むを得ずパートタイムの仕事をしている人)／労働力人口－0.5×パートタイム労働力）。
　　 U―7：求職意欲喪失者を含めた失業率（U―6に更に求職意欲喪失者を分母と分子に加えた割合）。

(出所) C.Sorrentino(1993), "International Comparisons of Unemployment Indicators", *Monthly Labor Review*, Vol.116, No.3.

は初めて3％台に達し、完全失業者数も初めて200万人を超えて210万人に達した。もっとも、日本の3.4％という数字は欧米に比べればまだ低いと思われていた可能性はある。だがこうした見解は正しくない。日本は長期雇用なので失業率は低いという常識が、広く内外に行き渡っていたために、実態が深刻に受け止められていなかったからである。

　既によく知られていたように、アメリカ労働省は、単一の失業率の指標のみでは失業の実情を正確に把握できないということで、1976年以来［図表Ⅱ-1］に示したようにU1からU7までの7タイプの失業率を公表してきた。しかし日本では、これらのアメリカの失業率のうちU5（公表失業率＝労働力人口に占める失業者の割合であり、日本では完全失業率と呼ばれている）だけしか公表されていなかった。

第Ⅱ部　「企業社会」の成熟と労働の変容

　失業者をもっとも広く定義したU7（就業意欲喪失者をも失業者に含めた失業率）を算出すると、日本では就業意欲喪失者が多かったために、この失業率はU5の2.5～3倍の水準に達していたのである。例えば、総務庁は日本のU7の失業率を独自に算定したが、それによると1994年のデータでは日本8.9％、アメリカ8.8％となって、日本の失業率はアメリカを上回っていた。常識に反する意外な結果だったと言うべきだろう。当時から、日本の失業率は言われるほど低くはなかったのである。

　U7でいう就業意欲喪失者は、就業していないしまた職探しもしていないので、統計上は非労働力人口に含められている。しかしながらかれらの多くは、労働市場における就業機会が減少したために、就業の見通しがないと判断して仕事を探す意欲を失い、非労働力化した者も含まれていたはずである。特に女性の場合は、こうした非労働力化によって失業が隠されることが多い。これまで、就業意欲喪失者の多くは、すぐに仕事に就ける状態にあるにもかかわらず失業者からは除外されてきたが、そうした取り扱いには問題があったと言うべきだろう。

　では、こうした就業意欲喪失者は当時どのぐらいいたのであろうか。「労働力調査特別調査」は、現在非労働力人口に含まれておりながらなおかつ「仕事にすぐ就ける」と回答している人々の人数を明らかにしている。かれらを就業意欲喪失者と見做すならば、その数は1992年の87万人から95年の126万人へとこの間顕著に増加していた。それだけ隠された失業が広がっていたということになる。

　もっとも、U5のみで見れば依然として日本の失業率は低いという反論があるかもしれない。しかしそこにも統計上の問題は存在しており、このU5の失業率自体も、日本では低めに算定されている可能性があった。日本における失業者の定義は、毎月月末の一週間の調査期間中にまったく仕事をしなかった者のうちで、求職中かあるいは求職の結果を待っている者に限定されており、調査期間中に収入を伴う仕事を一時間以上した者は、就業者と見做されてきた。日本の「労働力調査」は、こうした定義にもとづいて全国4万世帯、10万人を対象としたサンプリング調査として実施されており、この調

査にもとづいて失業率が算定されていたのである。

このように、日本では収入を伴う仕事を1時間以上した者を就業者とみなしているが、ILOのガイドラインでは *some work* とされており、日本の失業者の定義の方が厳しかった。また日本の場合、欧米諸国と比較すると、就業者に占める自営業主や家族従業者の割合が高く、これもまた失業率を低くする要因となっていた。何故ならば、経済活動が低下して生産量や販売額が減少しても、かれらの場合は引き続き就業が可能であり、失業者として顕在化しないことが多かったからである。自営業主や家族従業者を除外して失業率を算定すると、日本の失業率は1994年のデータでは3.7％となっていた[4]。

第2節　長期雇用の位相

日本の労働者のすべてが長期雇用の下におかれているかのような議論は、実のところ日本ではなされていない。そうした議論が「神話」に過ぎないことは、誰の目にも明らかだからである。日本の長期雇用は、正社員として大企業に採用された男性の新規学卒者が、特別なことがない限り定年までその企業に留まることが期待されるような慣行に過ぎない。必要とあらば、経営者は会社都合で労働者を解雇してきたし、労働者もまた自己都合で退社してきた。もともとが慣行つまり労使間の暗黙の了解に過ぎないので、労働者が定年まで同一企業に留まれることが労働契約書や法律などに明示されているわけでは勿論ない。

また、長期雇用の慣行によってカバーされた労働者の範囲もきわめて曖昧である。暗黙の了解なので、長期雇用慣行の有無を判定する境界もはっきりせず、長期雇用によってカバーされる労働者の数も正確に確認することはできない。終身雇用などというミスリーディングな表現よりも、これまで使用してきた長期雇用（正確に言えば、長期雇用期待慣行とでもなろうか）の方が実態を正確に表していると言えよう。

1999年版の『労働白書』では、日本的雇用慣行をめぐる諸問題が包括的に検討されており、そこでは以下のような分析が加えられていた。『白書』に

よれば、長期雇用慣行は二つの側面を持っていたと言う。第一の側面は、高校や大学を卒業後ただちに(少なくとも20代の早いうちに)企業に就職し、そのまま一つの企業や企業グループのなかで仕事を続け、定年に至るというわが国の労働者のライフスタイルを意味していた。その背後には、新規学卒者の定期一括採用やOJTを中心とした職業能力開発、ジェネラリストとしての育成、長期にわたる選抜、といった日本的な人事管理システムが存在していた。

　第二の側面は、正社員の雇用を長期的な戦略のもとでとらえ、短期的な景気変動の波に即応して調整しないという企業の雇用戦略を意味していた。その結果雇用の維持が重視され、不況期においてもできる限り解雇を避けるような努力がなされることになる。その背後には、弱まったとはいえ、雇用を保障することが従業員に対する経営者の責任であるとする考え方があった。また雇用保障によって、労働者のモラール・アップが図られたり、景気回復局面における新規採用者の採用コストやかれらの訓練コストが抑制できるといった理由も存在していた。この二つの側面はたがいに深く関連しあっており、とくにチームワークを重視して仕事を進めたり、特定の企業内で通用する能力開発を重視するという点では、どちらの側面から見ても、長期雇用慣行は経済合理的な行動だと言うのである。

　更に『白書』は、こうした長期雇用慣行の仕組みは、[図表Ⅱ-2]に示したようないくつかの長所と短所を持っていると言う。マクロ的にみれば、雇用の変動を小さなものにして経済全体の安定をもたらす一方で、産業構造の迅速な転換を阻害する恐れがあった。またミクロ的にみれば、長期的な視点にたった能力開発をつうじて労働者のモラールを引き上げ、協調的な労使関係を形成し、柔軟な配置転換を行うことができるといった長所とともに、迅速な事業転換を困難にしたり、高齢化のもとで賃金コストが増大し易いといった短所も持っていた。また、労働者にとっては、雇用の確保を通じて生活基盤の安定が図られることや生涯設計を立て易いといった長所がある反面、転職が困難になったり、会社中心の生き方になり易かったり、長期雇用慣行の周辺に位置づけられ易い女性や高年齢層にとっては不利になるといった短

第3章　雇用慣行の変容と「企業社会」

図表Ⅱ-2　長期雇用慣行の利点と欠点

	利点	欠点
経済全体の視点	・雇用の変動を小さくし、経済全体の安定をもたらす。 ・失業給付負担を抑制	・産業構造変化を阻害するおそれ
企業の視点	・長期的な視点に立った能力開発と能力評価 ・従業員間や労使間の協調的・信頼的関係の醸成 ・情報の共有による効率化 ・企業に対する帰属意識、モラールの向上 ・柔軟な配置転換 ・募集・採用、訓練費用等の節約	・環境変化に迅速に対応した企業経営や事業転換を阻害するおそれ ・年功賃金体系のままの場合、高齢化により、賃金コストが増大
労働者の視点	・雇用の確保による生活基盤の安定 ・生涯設計の立てやすさ	・能力が企業内に特化するため、転職や失業後の再就職に不利 ・長時間労働や会社中心主義の一因 ・長期雇用システムの外に置かれやすい女性・高齢者にとって不利

（出所）労働省『労働白書』（1999年版）

所がある、と指摘していた。

　当時わが国の企業は、これまでの長期雇用を維持するといった雇用戦略から、外部労働市場の活用をめざす雇用戦略に転換しつつあった。こうした状況を受けて、『白書』は新旧二つの雇用戦略を、コストの負担と経済への影響という面からも検討していた。まず、雇用安定のためのコストの負担の面からみると、これまでの雇用戦略では基本的に企業が負担するために、その分企業収益の回復や事業の再構築が遅れる恐れが生ずる。この場合には、労働者も賃上げの抑制や一時金の削減などを求められたり、あるいはまた、行政が雇用調整助成金[5]でこれを支えることもある。他方新たな雇用戦略では、雇用維持のための企業のコスト負担は軽くなるが、その分だけ失業者が増加するために、そのコストを失業者自身と雇用保険などのセイフティネットの制度が負担することになる。また失業者は、預貯金を取り崩して生活を維持しなければならないので、経済的・心理的な負担は大きなものにならざるを得ない。またセイフティネットの制度は、税金や企業及び労働者の雇用保険料によって支えられているので、社会全体がコストを負担することにな

71

第Ⅱ部　「企業社会」の成熟と労働の変容

図表Ⅱ-3　労働移動率の国際比較

(単位：％)

年	フランス 入職	フランス 離職	西ドイツ 入職	西ドイツ 離職	イタリア 入職	イタリア 離職	スウェーデン 入職	スウェーデン 離職	イギリス 入職	イギリス 離職	アメリカ 入職	アメリカ 離職	日本 入職	日本 離職
1971	22	19	29		28	29			28	32	47	50	20	20
1972			29		29	26			25	26	54	52	19	19
1973			34	33	33	26			32	31	58	56	20	19
1974			26	31	18	17	28	22	31	33	50	59	17	17
1975			25	28	11	14	22	21	23	30	44	50	14	16
1976			27	28	15	15	19	19	24	25	47	46	15	15
1977	18	17	28	28	12	14	14	17	25	24	48	46	14	15
1978	15	18	28	28	11	12	15	15	23	24	49	47	13	14
1979	16	16	30	29	14	13	21	19	22	24	48	48	14	14
1980	15	14	29	30	12	15	21	20	16	25	42	48	14	14
1981	13	16	28	29	9	15	13	18	12	22	39	41	15	14
1982			25	25	8	14	14	17	14	21			14	14
1983							15	16	16	21			14	13
1984	13	14					20	17	19	21			15	14

(出所) OCED, *Flexibility in the Labor Market*, 1986.

る、と『白書』は述べていた。

　では経済への影響はどうだろうか。長期雇用慣行が維持される場合には、当面の雇用不安の高まり方は小さいが、収益の回復や事業の再構築が遅れ、それが景気回復の遅れにつながって結果的に雇用が悪化してしまう可能性がある。他方、外部労働市場が活用される場合には、雇用不安が大きくなる可能性がきわめて高い。とくに、家計の中心的な担い手が失業した場合には影響が大きく、雇用不安が消費の減退を招いて景気をさらに後退させるという悪循環を招く恐れがある。事業の再構築が進み、失業者が新たな職業能力を身に付けて新規の成長産業に再就職できるならば（しかしその可能性は小さいが）、構造調整が促進される可能性がある、と指摘したのである。

　以上のような1999年版の『労働白書』の指摘は、安易に長期雇用慣行を手放すことの危険や、冷静な対応の必要性を指摘するところにあったのではないかと思われる。それらは、今から見ればいずれも大事な視点であった。だが現実には、『白書』の憂慮がまともに顧みられることはなかった。いささ

第3章　雇用慣行の変容と「企業社会」

図表Ⅱ-4　日本、アメリカ、ドイツの年齢別平均勤続年数（男性）

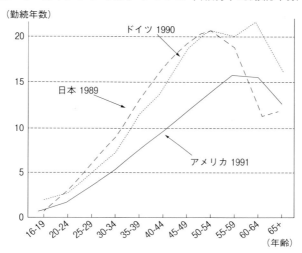

（出所）OCED, *Employment outlook*, 1993.

か穿った見方をするならば、『白書』においてそうした指摘がなされねばならないほど、現実には長期雇用慣行が崩れつつあったということなのかもしれない。長期雇用慣行を維持する雇用戦略のマイナス面のみが、そしてまた、外部労働市場の活用をめざす雇用戦略のプラス面のみが注目され、雇用戦略の見直しが急速に広がっていったのである。

　そこで、まずは当時の長期雇用の実態を、いくつかのデータから明らかにしてみよう。もしも日本が長期雇用であると言うのであれば、国際比較によって雇用期間が長期にわたることを示さなければならない。雇用期間が長期にわたるということは労働市場の流動性が低いということであり、そうであれば入職率、離職率はともに低く、平均勤続年数は長くなってしかるべきである。OECDが公表していた入職率、離職率のデータを［図表Ⅱ-3］に示したが、それによれば確かに日本の入職率、離職率は低かった。しかし、フランスやスウェーデン、イタリアも日本とそれほど違わなかったので、日本だけが特別に低いというわけではなかった。むしろ、アメリカの流動性の高

73

図表Ⅱ-5　企業規模別にみた長期勤続者の割合

(単位：%)

	1000人以上	100～999人	10～99人
高卒勤続25年以上	82.3	48.7	22.8
大卒勤続20年以上	91.4	74.1	44.9

(出所) 労働省「賃金構造基本統計調査」(1994年)

さのほうが際立っていたと言うべきだろう。

　入職率、離職率の代わりに、平均勤続年数で労働市場の流動性を比較してみるとどうなるであろうか。[図表Ⅱ-4]によって日本とアメリカとドイツを比較すると、日本の平均勤続年数はドイツやアメリカよりも長いがドイツとの差はそれほど大きくはなく、日本の長さよりもアメリカの短さの方が目立っていた。それよりも日本に特徴的だったのは、50歳台後半に入ってからの平均勤続年数の大幅な低下であった。これは、日本の定年年齢が欧米と比べてかなり低く設定されており、そのために定年が労働市場からの引退を意味せず、多くの労働者は再就職を余儀なくされていたからである。中高年齢者の雇用保障という面からみれば、日本は長期雇用からは程遠かったのである。同じようなことは、定着率の比較からも言えることで、日本の定着率だけが目立って高いわけではなかった。

　また日本のデータ自体も、長期雇用の下にある労働者がそれほど多くはないことを教えていた。いま1994年の「賃金構造基本統計調査」によって、従業員規模1,000人以上の大企業で働く50～54歳の男性正社員に占める標準労働者[6]の割合をみると、大卒者で5割、高卒者で3割を占める程度であった。基準をもう少し緩めて、50～54歳の男性正社員に占める長期勤続者[7]の割合を見てみよう。[図表Ⅱ-5]からもわかるように、ここでも、長期雇用が定着していると言えたのは、従業員規模1,000人以上の大企業の大卒者と高卒者、それに従業員規模100～999人の企業の大卒者に限られていた。長期雇用は大企業や官公庁などに定着しているだけであって、日本の労働者の20

〜30％程度をカバーしているに過ぎなかったのである。

　このように見てくると、長期雇用は、もともと大企業の男性正社員に「保障」されたものに過ぎなかったことが、改めて強調されなければならないだろう。では何故大企業なのだろうか。大企業は経営基盤が比較的安定しているために、景気変動に見舞われても外製率を変えるなどの雇用保蔵措置によって長期雇用が維持できるかもしれないが、多くの中小企業にとってはその維持はもともと困難であった。それ故解雇も珍しくなく行われてきた。また中小企業では、会社が雇用を安定させようとしても、労働者の方が労働条件の良い他の企業に転職したり、独立して開業するために退社したりするので、なかなか定着しなかった。従って、多くの中小企業においては、長期雇用はまったく存在しないかきわめて微弱にしか存在しなかった。言い換えれば、大企業が下請・系列企業としての中小企業を数多く傘下に置くことによって、大企業内での仕事量は比較的「適正」なものに調整され易くなり、長期雇用を維持することが可能だったのである。

　では何故女性ではなく男性なのだろうか。大企業の労働者とはいっても、日本では男性と女性の労働生涯はまったく異なっている。多くの場合、女性労働者は結婚や出産を契機として会社を辞める。本人が自発的に辞める場合もあるし、会社の不文律によって辞めることを余儀なくされる場合もあるが、彼女たちの退社は「男女雇用機会均等法」施行後もほぼ慣行に近い形で残っていた。男女間の賃金格差が大きく、また性別役割分業が強固で、男性労働者の労働時間が長い日本においては、女性労働者の早期の退職が「合理的」な選択となる可能性が高まるからである。従って、長期雇用の対象は、大企業の労働者のすべてではなく男性労働者に限定されることになる。女性の家事・育児への専念によって、男性労働者の企業へのコミットメントは深まり、その代償としてかれらに長期雇用が「保障」されてきたのである。

　最後に、では何故正社員なのだろうか。大企業で働く労働者とはいっても、雇用形態の多様化が進み、正社員ばかりではなくパートタイム労働者や臨時・日雇労働者などの非正社員、あるいは派遣労働者や社外工などの社外労働者がかなりの数で存在する。かれらのなかで、大企業の経営者が長期雇

用を「保障」しようとしているのは正社員のみであって、それ以外の「縁辺労働者」はすべてその範囲外に置かれていた。言い換えれば、長期雇用の範囲外に置かれた非正社員や社外労働者を雇用調整のバッファーとして活用することによって、正社員の長期雇用が支えられてきたのである。

　労働省は、1987年に続いて1994年に「就業形態の多様化に関する総合実態調査」を実施したが、この調査によれば当時の非正社員比率は22.8％であった[8]。非正社員のなかでもっとも多かったのがパートタイム労働者で、13.7％を占め、次いで臨時・日雇労働者4.4％、契約・登録社員1.7％、出向社員1.4％、派遣労働者0.7％となっていた。性別でみると、男性の非正社員比率は13.1％であったが、女性のそれは3倍近い38.6％に達しており、非正社員の女性が男性正社員のバッファーとして重要な役割を果たしていたことがわかる。

　非正社員の中心を占めるパートタイム労働者は、日本では、労働時間の長さで定義することができないために、企業による別建ての取り扱いすなわち身分として把握する他はなく、形式上は有期雇用の形態をとりながら実際は長期間継続して働き続けており、正社員と同様の労働内容であっても賃金は低く、各種の権利も保障されていなかった。こうした状況は現在でも変わらない。

　では当時非正社員を雇用していた企業は、どのような理由でかれらを雇用していたのであろうか。調査結果（複数回答）によれば、「人件費の節約のため」46.1％、「一日、週の中の仕事の繁閑に対応するため」29.1％、「専門的業務に対応するため」22.5％、「景気変動に対応し雇用量を調節するため」21.5％、「臨時・季節的業務量の変化に対応するため」20.1％、などの理由が上位にあがっていた。

　雇用量の調整が最大の理由としてあげられていた訳ではないけれども、経営危機に見舞われた際には、雇用契約を更新しないという形でいつでも非正社員の解雇が可能な状況に置くことが重要だったのであろう。その意味では、かれらは当時から不安定雇用労働者なのであった。男性正社員をストック型の労働力と呼ぶならば、女性の非正社員は、その実態に反してフロー型

の労働力としてしか位置付けられていなかった。長期雇用－非長期雇用関係は正社員－非正社員関係に置き換えられ、それはまた男性－女性関係に置き換えられていたところに、日本の労働市場における性差別の構造が現れていたのである。

第3節　長期雇用の動揺

だが当時大きな問題となっていたのは、上述したような既に知られた事実だけではなく、これまで長期雇用の下にあると思われてきた大企業の男性正社員、とりわけ中高年層の雇用が不安定化して、かれらの地位が大きく揺らいだことであった。そのことを端的に示していたのが、［図表Ⅱ-6］に示した「高年齢者就業実態調査」の結果であった。それによれば、50歳以上の常用労働者で1991～92年の1年間に退職した者のうち、定年前に退職した者は37.1％も占めており、4年前の1988年の調査結果と比較すると、その割合が7ポイントも増えていたからである。

労働省の推計によると、60歳まで同じ企業に在籍し働き続ける男性労働者は、大企業でも2割弱ときわめて少なかった。定年年齢はその頃55歳から60

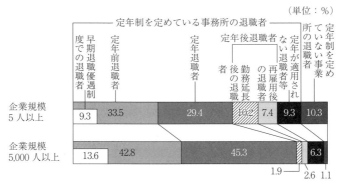

図表Ⅱ-6　増大する定年前退職者

（出所）労働省「高年齢者就業実態調査」（1996年）

歳に徐々に延長してきていたが、定年年齢まで安心して働き続けることのできる日本の労働者はそれほど多くはなかった。定年制の形式は充実したと言えようが、その内容は空洞化しており、大企業の男性正社員でも、定年まで雇用が保障された労働者は限られていたのである。

　では、何が大企業の男性正社員の地位を不安定化させていたのであろうか。その一つは、日常的な正社員分離装置としての出向制度の定着である。日本の大企業は、主に中高年層を対象として、日常的にグループ企業や取引企業に出向（別会社への配置転換）させていた。数年後には元の会社に戻れるような一時出向であれば、雇用は継続していると考えられるが、退職出向ということになれば、その時点で雇用関係は終了する。出向が雇用調整の手段として注目されたのは、第一次石油危機後の不況時であったが、1980年代に入ってそれが大企業を中心に広がったのである[9]。

　同じく5,000人以上の大企業について、1986年の間に出向していた者の年齢構成をみると、45歳以上の者が占める割合は一時出向では31.3％に留まっているが、退職出向では68.7％に達しており、退職出向が中高年者をターゲットにしていたことがわかる。そして、一時出向とは言っても、出向期間を定めているところは47.3％と5割を切っており、約半数の企業では、いつ戻れるのかも明らかにせずに出向を実施していたのである。

　しかも更に興味深いのは、出向者に占める系列会社への出向者の割合である。大企業の場合でも、一時出向で59.8％、退職出向で51.5％でしかなかったという事実である。出向者の約半数は、系列外の企業に出向させられていたことになる。退職出向先が、企業グループの外側に広がったのである。その結果、技能労働者や若年層をも含む退職出向が広がったり、管理職の退職出向が広がるとともにその時期が早まった。

　ここで重要なことは、出向という企業間の配置転換に人員削減計画が包摂され、企業が「自由」に正社員を異動させることが可能となっていたことである。当時の日本の大企業における労使関係の下では、異動に対する重大な障害はもはや存在せず、しかもその異動を制度化し日常的に広範囲に繰り広げることが可能となっていたのである。更には、正社員自身も出向命令を無

条件に受け入れざるをえないと考えていた。そうであるならば、長期雇用は済し崩しに溶解していたと言うべきだろう。これまで「聖域」とされてきた大企業の男性正社員の長期雇用は、既に大きく揺らぎ始めていたのである。

ところで、長期雇用の日本では、欧米と異なって余程のことがない限り正社員の解雇は行われないと言われてきた。確かに、企業レベルでの雇用調整のプロセスは、製品需要の低下に応じてまず時間外労働の規制から始まり、次いで中途採用の停止やパートタイム労働者などの非正社員の再契約の停止へと進んだ。更に深刻になると、配転・出向や一時帰休、労働条件の切り下げが行われ、そして最後に希望退職募集という名の解雇に至るのが普通であった。

日本の経営者は、何故そのような手順を踏んだのであろうか。それは、解雇が行われれば、失業の恐怖に伴う不安と同時に、企業への「忠誠」に対する裏切りと受け止められて、協調的な労使関係に亀裂が生じる可能性が高まると考えられていたからであろう。企業に対する正社員の無限定の「忠誠」とそれにもとづく「弾力化」がわが国企業の成長の鍵であると認識していた経営者が、正社員の企業に対する信頼を維持しようとして可能な範囲で解雇を先送りしたとしても、それほど不思議ではなかった。

しかしだからといって、勿論日本の企業で解雇が行われなかったわけではない。長期雇用が比較的定着していた大企業においても、経営危機に直面すれば男性正社員を解雇してきた。「労働経済動向調査」は、四半期ごとに雇用調整の実施状況やその方法を調査しているが、それによれば、解雇（希望退職者の募集を含む）を行った企業（製造業）は、第一次石油危機後の不況時（1975年1〜3月）には7％、円高不況時（1986年10〜12月）には3％、そして当時の不況時（1995年4〜6月）には2％となっていた。第一次石油危機後の不況の全期間（1975年1月〜78年6月）の間に解雇を実施した事業所は更に多く、製造業全体で2割、従業員規模1,000人以上の大企業でも2割に達していたのである。

では日本では解雇はいつどのような状況でおこり、誰がその対象となってきたのであろうか。これまでの研究によれば、二期連続赤字が続くかその恐

れのあるときに解雇が行われ、しかもその規模は正社員の2割前後に及ぶような大きなものになると言われてきた。その際主な対象とされたのは、45歳以上の中高年層であった。1994年に経営上の都合（ここには契約期間満了や定年による離職は含まれない）で離職した男性労働者は24.7万人いたが、そのうち45歳以上の者は5割を占めていた。

　内部労働市場論によれば、長期勤続の中高年層は企業特殊的な熟練を身に付けているので、もしも雇用が過剰となった場合は、かれらではなく、短期勤続の若年層を解雇する方が経済的には合理的だとされていた。しかし現実には、企業は「高コスト体質」の是正を目指して、中高年層を排除しようとしていた。日本の企業が非合理的な行動をとっていると非難するだけでは、現実を論理的に説明したことにはならないであろう。もしかすると、中高年層が身に付けていると言う企業特殊的な熟練も、かれらの個別企業への深い内部化も、それほどのレベルのものではなかったのかもしれない。

　経営危機に見舞われて解雇を行う場合、日本の企業は紛れの無い画一的な基準による解雇ではなく、希望退職者を募るという方法を採用してきた。何故なのだろうか。退職金の若干の積み増し等によって自発的な退職を促し、強制的な解雇ではないということを示したいこともあっただろう。だがより重視しなければならないことは、次のような事情であった。紛れの無い画一的な基準によって解雇を行えば、企業が排除したいと考える労働者が残留し、逆に企業が確保しておきたいと考える労働者が排除される可能性が生じかねない。だが、退職希望者を募るという方法をとれば、企業は自由に「肩たたき」を行うことが可能となる。こうして、企業は確保したい労働者を残し、排除したい労働者を退社させてきたのである。

第4節　長期雇用の行方

　長期雇用は、技能労働者の養成と確保のために戦前大企業で成立したが、それが製造現場のブルーカラー労働者や一般事務労働者にまで広がり、社会的な規範として定着したのは、第二次大戦後のことである。特に強調してお

第３章　雇用慣行の変容と「企業社会」

かなければならないことは、戦後の長期にわたる数多くの解雇反対争議によって、経営者は余程の覚悟無しには労働者を解雇することが困難になったという事情である。また、その後の持続的な経済成長も長期雇用の定着に寄与したと言えるだろう。しかしながら、長期雇用が労使間の慣行に過ぎないことに変わりはなかった。慣行であるならば、労使の社会あるいは企業内における力関係の変化によって、その内容も運用も規定されることになる。労働組合運動が弱体化すれば、企業にとって有利なものに変質するのは避けられなかった。

　日本の大企業の経営者は、戦後一貫して労働組合の「体質改善」の努力を続け、労使協調主義グループの育成に力を注いできた。その結果、高度成長が終焉した70年代の中頃までには、民間大企業の労働組合運動のリーダーシップはほぼかれらに掌握されることになった。そうした企業では、労使の「相互信頼」が謳われ、労使協議制の普及やスト無し「一発回答」体制の定着、企業別組合のパートナー化が進んだ。その要因として、企業が多様な雇用調整の手段を開発して、男性正社員の長期雇用をなんとか「保障」しようとしたこともあげられるだろう。

　だが、1970年代半ばからの低成長への移行によって事態は大きく変化した。企業は「減量経営」をスローガンに、雇用調整の手段を巧みに駆使しながら効率的で弾力的な「日本的経営」を目指した。その基本となったのは、中高年層の選別と女性正社員の非正社員への転換であり、それによる「少数精鋭主義」の実現であった。こうして長期雇用は空洞化させられることになったが、変質したのは慣行だけではなかった。先に触れた出向制度や早期退職優遇制度（「雇用管理調査」によれば5,000人以上の大企業では42.5％が実施していた）等も整備されて、中高年層の企業外への排除が制度化されていたのである。

　ＭＥ技術革新の急速な展開、消費者ニーズの多様化と製品ライフサイクルの短縮、企業の海外進出の進展、更には規制緩和といった経営環境の大きな変化のなかで、日本の企業は1980年代後半以降リストラクチャリングに着手した。こうした動きは、これまでの企業組織のあり方にも大きな影響を及ぼ

81

第Ⅱ部　「企業社会」の成熟と労働の変容

図表Ⅱ-7　増大する非正規労働者

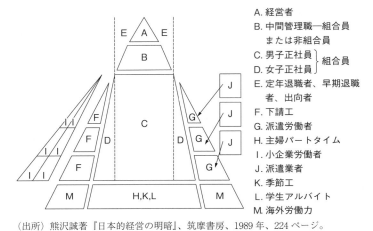

（出所）熊沢誠著『日本的経営の明暗』、筑摩書房、1989年、224ページ。

した。新規事業部の開設、社内プロジェクトチームの設置、社内ベンチャーの創設、分社化や子会社化といった組織改革によって、従来のピラミッド型の組織が弾力化、簡素化されていくなかで、労働力の流動化も本格化していった。当時既に、大企業は40歳台後半を超えてまで全従業員の雇用を保障しようとは考えていなかったように思われる。

1986年に実施された「経済社会環境の変化と日本的雇用慣行に関する調査」でも、大企業や巨大企業では、管理職や専門職については長期雇用の崩壊が、その他の職種についてもその動揺が指摘されるような状況にあったし、1988年の「雇用管理調査」の結果をみても、これまで長期雇用を重視していると思われてきた大企業でも、「終身雇用慣行を重視する」と回答したところは5割を大きく割っており、「終身雇用慣行にこだわらない」ところが3～4割にも達していた。長期雇用は明らかに社会的規範としての力を失っていたと言うべきだろう。

長期雇用は、「中核」では限定的に維持されつつも「周辺」では希薄化して分断されており、長く勤めてきた企業で定年を迎える人々の比率は低下し、企業グループを単位とした準企業内労働市場が形成されていた。［図表

82

第3章　雇用慣行の変容と「企業社会」

図表Ⅱ-8　変貌する労働市場

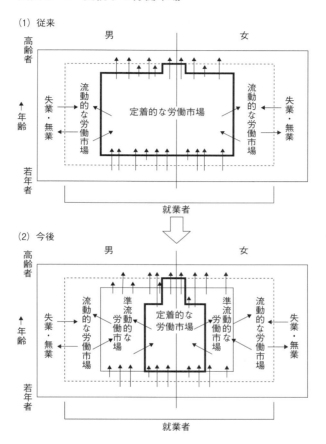

（出所）島田晴雄他『サラリーマン破壊』、中経出版、1996年、119ページ。

Ⅱ-7］や［図表Ⅱ-8］が明らかにしているように、企業にとって重要な意味を持つ基幹的な人材に対しては長期雇用を保障し、その他の中間的な正社員については、可能な範囲で企業グループを単位とした準企業内労働市場の下に包摂しつつ、そのうえで比較的単純な業務に従事する周辺的な正社員を非正社員に置き換えることによって、企業内労働市場は三層に分離されつつ

83

第Ⅱ部 「企業社会」の成熟と労働の変容

図表Ⅱ-9 雇用ポートフォリオの概念図

(1) 企業と従業員の雇用・勤続に対する関係

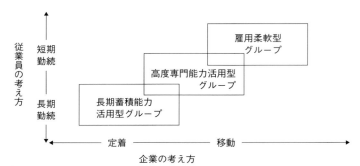

(注) 雇用形態の典型的な分類であり、各グループの移動は可能である。

(2) グループ別にみた処遇の内容

	雇用形態	対象	賃金	賞与	退職金・年金	昇給・昇格	福祉施策
長期蓄積能力活用型グループ	期間の定めのない雇用契約	管理職・総合職・技能部門の基幹職	月給制か年俸制職能給昇給制度	定率+業績スライド	ポイント制	役職昇進職能資格昇格	生涯総合施策
高度専門能力活用型グループ	有期雇用契約	専門部門（企画、営業、研究開発等）	年俸制業績給昇給なし	成果配分	なし	業績評価	生活援護施策
雇用柔軟型グループ	有期雇用契約	一般職技能部門販売部門	時間給制職務給昇給なし	定率	なし	上位職務への転換	生活援護施策

(出所) 日経連『新時代の「日本的経営」』(1995年)

あったのである。

　1995年に日経連はこれからの日本的経営の新たなシステムを提唱したが、[図表Ⅱ-9] によれば、今後の雇用システムは、①従来の長期継続雇用を適用される「長期蓄積能力活用型」のグループ、②課題ごとに専門的熟練・能力をもってあたり、必ずしも長期雇用を前提としない「高度専門能力活用

84

型」のグループ、③企業の人材需要としては定型的業務から専門的業務の遂行まで、従業員側も余暇活用型から専門的能力活用型まで含む「雇用柔軟型」のグループ、の三グループから構成されると言うのであった。この提言が示唆していたのは、これまで長期雇用の下にあると思われてきた大企業男性正社員の分解と本格的な流動化であった。長期雇用の適用範囲が更に一段と限定され厳しい選別が行われようとしている時に、その崩壊を主張することは的はずれではなかったと言えよう。

　こうした事態を、長期雇用の崩壊というよりも中核部分の縮小と言うべきだといった議論もあった。この議論によれば、中核部分が存在し続ける限り長期雇用は残るということになるが、たとえフロー型の企業であろうとも、なにがしかの基幹的労働者が必要不可欠であることを思えば、この議論は長期雇用は永久に残ると主張しているに等しかった。どこまでも縮小可能なものを慣行とは呼べないはずだからである。企業という絶対的な存在が必要であると判断しさえすれば、いついかなる時にいかなる量だけ労働力を異動させ限定したとしても、雇用調整の手段として最初に解雇という手段をとらない限り長期雇用は維持されている、といった議論はほとんど無意味ではなかったか。

　長期雇用が済し崩しに溶解してきた責任は、労働組合の側にもあった。そもそも長期雇用が慣行として定着してきた背景には、雇用の権利に拘る組合の抵抗が存在した。しかしながら、既に当時の大企業の労働組合は、経営者とほぼ相似の現状認識と価値意識を持つに至っており、雇用の権利への拘りはきわめて小さくなっていた。例えば連合の調査によれば、解雇などの問題が発生したところでもでも、22.6％の組合では話し合いも交渉ももたれなかったし、また［図表Ⅱ-10］によって当時の労働協約の規定内容を見ると、解雇について何の規定ももたない労働組合が32.6％もあり、同様に希望退職者の募集では48.1％、出向では37.6％の組合がそうした状況にあったのである。

　このような現実を見るならば、労働組合が雇用問題に真剣に取り組んでいたとはとても言えないであろう。自らの雇用が長期雇用によって守られると

第Ⅱ部 「企業社会」の成熟と労働の変容

図表Ⅱ-10 雇用調整に関する労働協約の規定内容

(単位：％)

	規定あり					規定なし	無回答
	組合と協議本人の同意	組合との協議決定	組合からの意見聴取	組合への通知	その他	規定なし	無回答
社内応援	0.1	14.8	4.0	13.2	2.4	52.7	5.8
社外応援	11.3	16.5	3.4	8.9	2.1	51.9	6.2
配　転	13.9	16.9	6.0	20.2	3.1	37.1	5.4
出　向	19.7	19.7	4.5	12.4	2.6	37.6	5.6
臨時休業	5.2	29.4	2.3	4.4	1.4	50.2	6.2
一時帰休	5.4	28.1	1.9	3.5	1.4	52.6	6.1
転　籍	14.4	16.1	2.9	7.6	1.9	50.3	6.4
希望退職	9.6	23.2	1.9	2.9	1.3	48.1	6.3
解　雇	14.5	33.8	4.7	8.3	2.9	32.6	5.5

(注)「規定あり」には2項目以上の重複回答がある。
(出所) 連合「雇用点検アンケート」(1995年)

　思っていた労働者はおそらく数少なかったろうし、また労働組合がそれを守ってくれるであろうと信じていた組合員も僅かだったに違いない。雇用をめぐる深刻な問題は、まさにそこにこそあったのである。
　完全雇用の達成のために重視されなければならなかったのは、次のような課題であった。まず第一に、あまりにも長い労働時間を短縮することによって雇用の拡大を図ることであった。欧米並みの年間実労働時間1,800時間が達成されれば、雇用機会は大幅に増大するはずだと思われたからである。第二に、解雇制限立法の制定によって、企業の解雇権を規制し労働者の雇用の権利を制度化することであった。当然のことながら、欧米に進出した日系企業は、各国の解雇規制等に従って経営を行っていた。にも関わらず、日本では労働者の雇用の権利を奪ってもかまわないという態度を取ることは、到底許されないはずであった。
　第三に、非正社員とりわけパートタイム労働者や派遣労働者の権利を保障していくことであった。女性を主体とした不安定雇用労働者が今後とも増大していくことを考えれば、ILOの「パートタイム労働者保護条約」の批准などが、ジェンダーの視点からも特別に重要な意義を持つと考えられたからである。そして第四に、中小企業の経営の安定と雇用確保が必要であった。そのためには、大企業と中小企業の取引関係を公正で対等なものに変えること

のできるような法的規制が必要であった。

　冒頭で検討した二つの「神話」、すなわち日本の失業率は低いという「神話」や、日本は長期雇用であるという「神話」に呪縛され続けてきたために、日本の労働者の雇用の権利はあまりにもミゼラブルなままであった。日本における完全雇用の達成のためには、日本も欧米諸国と同じような雇用・失業問題に直面しているという、きわめて平凡な現実認識から出発するより他はなかったのである。

[注]
(1) 終身雇用という用語は、J・C・アベグレンが日本とアメリカにおける会社組織の決定的な相違点として指摘したものであるが、その背景にある長期勤続や熟練形成の仕組みなどについては、既に日本の研究者に知られていた。
(2) 1996年3月に卒業予定の大学生の1月時点での就職内定率は87％に留まっていた。
(3) 「労働力調査」によれば、管理職は1992年から1993年にかけて13万人減少した。
(4) 更に細部の違いをあげるならば、主要先進国のうち日本、アメリカ、カナダはサンプリング調査であるが、イギリス、ドイツ、フランスは失業給付事務所や雇用事務所への登録データにもとづいていたし、調査期間は日本、アメリカ、カナダが1週間だったのに対して、イギリス、ドイツ、フランスは1日だけであった。調査対象年齢も日本、ドイツ、カナダは15歳以上であるが、アメリカ、イギリス、フランスは16歳以上を対象としていた。その他に、アメリカ、ドイツ、カナダは軍隊を除いているが、日本は自衛隊を含めているし、日本では外国人労働者の失業者はほとんど統計に現れないが、例えばドイツではかれらを統計に含めている、といった違いが指摘できる。OECDは標準化失業率を公表しているが、勿論これらの違いがすべて解消されている訳ではない。もしも同一の基準にそろえたならば、U5の失業率の格差においても日本と欧米の違いは更に小さなものになったはずである。
(5) 景気の変動や産業構造の変化に伴い、事業活動の縮小を余儀なくされた事業主が休業、教育訓練、または出向を行なった場合に、休業手当や賃金の一部（大企業は二分の一、中小企業は三分の二）を助成する制度。雇用保険法に定める雇用安定事業のもっとも代表的なものである。
(6) 学校卒業後直ちに企業に就職し、同一企業に継続して勤務している労働者のことである。
(7) ここでは、便宜上大卒では勤続20年以上、高卒では勤続25年以上の労働者を長期勤続者とした。

(8) 前回調査と比較するために鉱業と建設業を除くと、1994年の非正社員比率は20.7％となり、前回の16.0％から4.7ポイント上昇した。
(9) 1993年の「雇用管理調査」によって出向の実態をみると、1992年中に出向者を出した企業は、従業員規模30人以上の企業全体で一時出向14.8％（1994年の「雇用動向調査」によれば一時出向者は32万人）、退職出向1.7％となっていた。しかし企業規模別にみるとかなりの違いがあり、5,000人以上の大企業になると前者では95.2％、後者で50.1％にも達しており、大企業においては退職出向が雇用調整の一環として既に広く活用されていたことがわかる。

第 3 章　雇用慣行の変容と「企業社会」

［補論 1］　ホワイトカラー問題と「企業社会」

　わが国のホワイトカラーは、「企業社会」の成熟期から変容期に差し掛かっていた1990年代に、一体どのような労働問題に直面していたのであろうか。その様相を、具体的な事実にもとづきながらできるだけリアルに描き出すこと、それがここでの課題である。以下では、主にホワイトカラーのリストラ問題に焦点をあてながら、そうした構図の一端を明らかにしてみたい。そのために、まず最初に、ホワイトカラーが当時直面していた雇用問題の全体像を明らかにする。そのうえで、ホワイトカラーの労働問題としてこれまで論じられてきたことを簡潔に整理しながら、職場の変容の様相を描き出してみたい。なおここでは、『労働白書』に従って、職業大分類でみた専門的・技術的職業従事者、管理的職業従事者、事務従事者、販売従事者をホワイトカラーと呼んでいる。

第 1 節　リストラの進行とホワイトカラー

（1）「過剰」化したホワイトカラー

　「労働力調査」によれば、2000年初頭の完全失業率は4.7％で、過去最悪だった前年中葉の4.8％にほぼ匹敵する水準となった。当時失業率は高止まりの状態にあったと言ってよい。世帯主や中高年層の失業率が悪化するなかで、失業者数も300万人を超え、またリストラや倒産などによる会社都合の失業者も100万人の大台に乗っていた。
　同年 1 月の有効求人倍率は0.52倍で、前月よりわずかながら改善したとはいうものの、企業規模別の新規求人数をみると、従業員規模1,000人以上の企業では前年同月比を下回っており、大企業では依然として厳しい人員抑制が続いていたことがわかる。更に、「毎月勤労統計調査」によれば、常時使用される常用労働者数は17ヶ月連続で減少し、特に正社員である一般労働者

第Ⅱ部 「企業社会」の成熟と労働の変容

（＝常用労働者－パートタイム労働者）は24ヶ月連続で減少し続けていた。同じく常用労働者であっても、パートタイム労働者が長期にわたって増加を続けていたのとは対照的であった。

こうした労働統計の結果などからも、当時の労働市場の動向を窺うことはできるものの、これだけでは当時わが国の労働者を直撃していたリストラの全貌はクリアにはならないだろう。そこで、日本労働研究機構が1998年秋に実施した「リストラの実態に関する調査」（従業員規模500人以上の約6,000社が対象）の結果を紹介しながら、リストラの様相を明らかにしてみよう。まず最初に紹介したいのは、これまでの雇用の動向と、そうした動向への対処の方法である。

①正社員が減少した企業の割合は、過去1年～3年以内で52.6％、過去1年以内で54.6％に達していた。②正社員の減少理由として指摘されていたのは、「国内需要の鈍化」や「規制緩和の影響による競争激化」といった経営環境の変化であり、「技術革新・合理化・省力化」や「組織再編成による間接部門の縮小」、「不採算事業部門の縮小」に示される事業の見直しであった。③正社員の減少への対処の方法としては、各部門とも「業務の縮小または合理化」がもっとも高く、次いで「パートタイム労働者等による代替」（特に現業部門、営業・販売部門、管理・企画・事務部門）となっており、「派遣社員による代替」は研究開発部門で、「アウトソーシング（外部委託）による代替」は現業部門で比較的高かった。④過去1～3年以内、過去1年以内ともに、8割近くの企業が「新規学卒者の採用削減・中止」を始めとした何らかの雇用調整を実施していた。

次に、正社員の人員削減（ここでは、早期退職優遇制度の導入・拡充や転籍出向、希望退職募集、解雇などの措置をさす）状況を取り上げてみよう。①人員削減を実施した企業の割合は、過去1～3年以内では18.7％であるが、過去1年以内になると13.2％となり、一年当たりでみれば実施率は高まっていた。②人員削減を実施した企業の一社平均の削減規模は、過去1年以内で31人（人員削減を実施した企業の全正社員の1.7％）となっていた。③削減方法別にみると、過去1年以内では「早期退職優遇制度」が43.8％でもっとも多

く、次いで「転籍出向」36.7％、「希望退職募集」15.0％、「解雇」4.5％となった。④これを部門別にみると、現業部門では一社平均15人ともっとも削減規模が大きく、以下営業・販売部門、管理・企画・事務部門と続いていた。また年代別にみると、中高年層が削減対象となり易く、50歳以上の労働者が一社平均19人ともっとも多かった。

　では、雇用の現状に対する評価はどのようなものだったのだろうか。当時の正社員の過不足感をみると、全体では「過剰」と回答した企業が36.8％に達し、これに対して「不足」が10.3％、「適当」が49.3％であった。「過剰」と回答した企業の割合が高かったのは、業種別では建設業や製造業であり、部門別では管理・企画・事務部門や現業部門であり、そしてまた年代別では中高年層であった（これに対し、営業・販売部門や研究開発部門では「不足」が「過剰」をやや上回っていた）。

　今後の見通しについても見てみよう。①約7割の企業は中期的な経営計画を策定しているが、そうした企業のうちで、その計画のなかに正社員の削減（定年等による自然減や採用抑制を含む）計画が含まれていると回答した企業は38.0％であった（正社員の削減の目標年度としては、2000年がもっとも多かった）。②計画の削減規模は一社平均156人で、全正社員数に対する比率は7.5％に達していた。③削減の方法については、「定年等による自然減」の90.1％や「採用抑制」の81.0％が多かったものの、「早期退職優遇制度」や「転籍出向」を計画している企業もそれぞれ3割程あった。

　④今後5年間の正社員数の見通しについては、「減少」を見込む企業が39.5％なのに対し「増加」は13.7％に留まっていた。部門別では、管理・企画・事務部門と現業部門で減少を見込む企業が多かった。しかし、パートタイム労働者や派遣労働者については、「増加」がそれぞれ45.1％、38.2％と高く、ともに「減少」を上回っていた。⑤長期雇用に対する考え方をみると、「今後ともできる限り終身雇用慣行を維持」すると回答した企業が59.7％でもっとも多かったが、次いで「従来よりは景気変動に対して正社員の人員整理を行う」が25.2％となっていた。

　こうした調査結果を踏まえるならば、現業部門だけではなく間接部門（と

第Ⅱ部　「企業社会」の成熟と労働の変容

りわけ管理・企画・事務部門）においても、今後とも正社員の「過剰」雇用の処理が続き、かれらの非正社員への代替が進むと予測せざるをえない状況にあったと言えるだろう。長期雇用が維持される「中核」部分（日経連の「新時代の『日本的経営』」がいうところの長期蓄積能力活用型）の更なる限定である。1999年版『経済白書』はマクロ的にみた「過剰」雇用量を推計しているが、それによると、1998年3月末時点でその数は228万人にも達していた。もっとも、その数なるものは企業サイドからの推計に過ぎず、「過剰」人員のすべてを企業外に排出できる訳でもなかった[1]。しかしながら、正社員の非正社員への代替の背後には、こうしたきわめて強い「過剰」雇用感が存在していたことは間違いないであろう。

特に当時注目されていたのは、派遣労働者の増大であった[2]。1998年度の労働者派遣事業報告書によれば、派遣労働者数は90万人に達し前年を4.7%も上回っていたのである。アウトソーシングの急速な拡大によって、バックオフィスを中心に派遣労働者に対する需要が高まっているとの指摘もあった。女性の場合は、「間接」雇用の派遣労働者の増大に伴い、「直接」雇用の正社員が大きく減少し、両者の代替が既に進行していたのである。

労働者派遣法の改正による対象業務の原則自由化（＝ネガティブリスト化）は、正社員を人件費の安い派遣労働者に代替していく誘因となったはずである。企業の従業員をいったん派遣会社に移籍させ、そこから移籍前に勤務していた企業に一括派遣したり、企業が人材派遣会社を設立してそこに労働者を移籍させ、企業グループ内で自由に使い回すことなどもすべて合法化されることになり、対象業務の原則自由化は、リストラ促進的な役割を果たすことになったのである。

ところで、先の指摘からも明らかなように、すべての職業が同じように「過剰」だったと言う訳ではない。1999年版『経済白書』は、［図表Ⅱ-11］にもとづきながら職業別の過不足状況を以下の四タイプに分類していた。すなわち、①雇用過剰感が景気循環に併せて大きく変動しており、過剰感が高まっている職業（単純工、技能工などの生産労働者）、②雇用過剰感の変動幅が小さいが、恒常的に過剰感が高い職業（事務従事者、管理的職業従事者）、

第3章　雇用慣行の変容と「企業社会」

図表Ⅱ-11　職業別にみた労働者の過不足状況

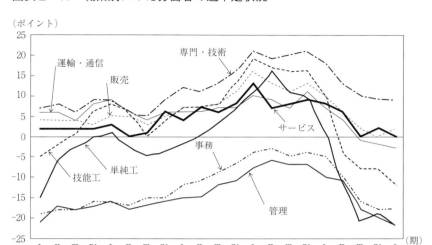

（注）過不足判断 D.I. の推移を示したものである。
　　　過不足判断 D.I.＝「不足」とする事業所割合－「過剰」とする事業所割合
（出所）経済企画庁『経済白書』（1999年版）

③雇用過剰感の変動幅が小さく、おおむね過不足のない職業（運輸・通信従事者、販売従事者、サービス職業従事者）、④雇用過剰感の変動幅が小さく、傾向的に不足感が高い職業（専門・技術的職業従事者）、である。こうした分類からも明らかなように、ホワイトカラーのなかでも事務従事者と管理的職業従事者の過剰雇用が、とりわけ深刻だったのである[3]。

　管理的職業従事者については、［図表Ⅱ-12］に見るように1997年と1998年の2年間で18万人、7.7％も減少していたので、その厳しさは今更言うまでもなかった。では事務従事者の場合はどうだったのだろうか。「労働市場年報」によって新規求人倍率を職業別に比較してみると、総求職者数の3割を占める事務従事者の場合0.33倍に過ぎず、1近い倍率があるその他の職業との差がきわめて大きかった。職業ごとに新規求人倍率と充足率の関係をみると、専門的・技術的職業従事者や販売従事者は新規求人倍率が高かったために充足率は低かったが、事務従事者では新規求人倍率が低かったので充足

93

第Ⅱ部 「企業社会」の成熟と労働の変容

図表Ⅱ-12 職業別にみた就業者数の推移

(単位:万人)

	1980年	85	90	94	95	96	97	98
計	5,536	5,807	6,249	6,453	6,457	6,486	6,557	6,514
専門的・技術的職業従事者	438	538	690	778	790	804	824	844
管理的職業従事者	220	211	239	235	236	240	226	222
事務従事者	924	1,021	1,157	1,238	1,252	1,263	1,273	1,290
販売従事者	797	861	940	943	945	933	940	928
保安職業・サービス職業従事者	501	501	535	603	610	618	637	654
農林漁業作業者	570	502	448	369	363	352	346	340
運輸・通信従事者	248	227	233	234	237	240	241	232
技能工,採掘・製造・建設作業者及労務作業者	1,826	1,923	1,979	2,026	2,000	2,006	2,037	1,970
採掘作業者	5	4	3	3	3	2	3	3
技能工,製造・建設作業者	1,653	1,689	1,702	1,715	1,687	1,686	1,706	1,634
労務作業者	168	230	274	308	310	318	328	333

(注) 計には「分類不能の職業」を含む。
(出所) 総務庁統計局「労働力調査」

率は高く、ポストはすぐに埋まるような状況にあった[4]。

　事務従事者の場合、離職率は平均を下回っており失業率も平均に近い水準であったが、いったん離職すると離職期間が長くなりがちであり、また他の職種への転換も相対的に困難であるという特徴があった。先の『経済白書』によれば、こうした特徴が生まれたのは、かれらの「職業能力形成に企業特殊的な要素が強い」ためであり、それが労働移動を難しくしているのだと指摘されていた。

　労働経済学でいう「企業特殊的熟練」[5]は、これまでは労働者の企業内への包摂という点で大きな意味をもったことは間違いないが、国際競争が激化し、技術変化や需要動向などに関する不確実性が増し、情報化が進んだ今日、かつてほど貴重な存在では無くなってきていると指摘されてもいた。そこには、事務従事者が普遍的な能力を身に付けて「転職可能性」を高めていくならば、企業は迅速に事業の再編成を進めることができる、とのいささか

手前勝手な論理も見え隠れしていたのである。

（２）企業の雇用調整行動の変化

　リストラクチャリングという言葉は、本来は経営構造の再構築を意味していたはずであるが、当時既にリストラと略称されて、ほとんど人員削減に矮小化されてしまっていた。何故だろうか。おそらく企業にとっては、経営責任を明らかにして経営構造の再構築に取り組むよりも、人員を削減することによって人件費を圧縮する方が、短期的には目に見える成果を期待できたからであろう。人員削減の規模の大きさは、1998年の雇用者数が年平均で前年よりも23万人減少して、比較可能な1954年以降初めて前年を下回ったことに端的に現れていた[6]。

　これまでわが国では、景気後退期に一時的に雇用者数が減少することはあっても、サービス業を中心とした第三次産業での堅調な雇用需要に支えられて、雇用者数が暦年ベースで前年を下回ることはなかった（第一次石油危機後の1975年ですら前年比で9万人増えていたのである）。今回の減少を、1999年版『労働白書』が「非常に大きなショック」と受けとめたのは、当然であったと言わねばなるまい。

　ところで、『労働白書』はこうした大幅な雇用の減少を、労働生産性や企業収益などの経済指標との関係から、あるいは企業の雇用行動の構造的変化という視点から検証していた。そのなかから興味深い論点をいくつか紹介しておこう。雇用者数が大きく減少した製造業の場合でも、過剰雇用感に大きな影響を与えるはずの労働生産性の低下や企業収益の悪化の程度は、第一次石油危機後やバブル崩壊直後よりも小さかった。にも拘わらず、過剰雇用感はこれらの時期を上回って過去最高となっていた。こうした強い過剰雇用感は何によって説明できるのだろうか。

　『労働白書』は、「過剰雇用感は現実の状況だけに影響を受けるのではなく、将来の見通しの影響も強く受ける」と述べて、期待成長率の低さが雇用需要を冷え込ませたと分析していた。たしかに、先行き必要になると見込まれる範囲の雇用保蔵であれば、現時点では「余剰」であっても企業はそれを

「過剰」とは判断しないであろう。その意味では、期待成長率が1997年春以降一気に低下したことが、「余剰労働力を従来以上に過剰なもの」にしていたに違いない。またそれとともに、「雇用の大幅削減を含むリストラを計画する企業の株価が上昇する場合があるなど、グローバル化がすすむ資本市場の要請を背景として、雇用保蔵の早期解消を図る動きが強まっている」とも指摘されていた。

次に企業の雇用行動の変化を取り上げてみよう。ここでは以下の三点が指摘されていた。第一に、バブル崩壊以降雇用調整速度が速まり、それ以前の時期の2倍ほどになっていたことである。もともと正社員よりも非正社員の雇用調整速度は速かったが、正社員の速度自体も速まっていたことに注目すべきであろう。速い調整は、それに伴う労使間の「軋轢」を高めることにもなる[7]。この雇用調整速度は、製造業では速くなっていたのに対してサービス業では遅くなっていた。製造業の雇用調整速度が、まさに生産の増減に対する雇用調整のスピードを示していたのに対し、サービス業ではこれまで一貫して雇用の増加が続いてきたために、生産変動に対する雇用調整行動が慎重なものになっていたためだったのであろう。

第二に、人員削減の規模が大きくなっていたことである。長期雇用慣行を建前としたわが国の企業の場合も、経常利益が赤字となるような場合には、人員削減に踏み切ってきた。事実、全産業ベースで見ると、当期赤字の場合には1～2％程度労働者数が減少し、二期連続赤字になると6～7％とかなり大幅に減少していたのである。しかも、当期赤字の場合の減少の程度は、バブル経済以前の1％程度から、バブル崩壊以後は2％へと高まっていた。これは、「経営状況の悪化に対して雇用を速やかに削減する動きが強まっている」ことを示していたのであり、長期雇用の慣行は既に大きく揺らいでいたのである。

第三に、入職抑制を中心に人員削減が進行していたことである。企業が雇用量を減少させる場合、離職の促進と入職の抑制という二つの方法がある。製造業の場合、入職率の変動によって雇用量の変動の7割以上を説明できたのに対し、離職率の変動による説明力は1割にも満たなかった。従って、製

造業における雇用量の減少は基本的には入職抑制によっており、そうした傾向は大企業でより強かった[8]。しかし、「製造業全体として入職率はかなり低い水準にまで低下してきており、入職率の低下による雇用量調整は限界に近付いている。このため、今後一層の雇用量調整が必要になった場合、入職率の低下による対応が困難となり、その場合、鉄鋼業に見られるように、離職率が上昇する可能性がある」と指摘されていたのである。

こうした『労働白書』の指摘からも、当時企業が入職抑制を徹底させつつ、従来よりも速いスピードでかつまた多くの人員を削減していたことがわかる。リストラ競争と呼ばれたりしたのも、それだけリストラにドライブが掛かっていた為である。それとともに、『労働白書』では強調されていなかったが、製造業における離職率が、第一次石油危機時と円高不況時を除いてほぼ一定水準を維持していたという点にも注目しておきたい。本来であれば、景気後退期には自発的な理由による離職が減少するため、離職率は全体として減少していいはずである。にも関わらずそれが一定であったということは、非自発的な理由による離職がその分だけ増大していたことを示しているようにも思われる。これまでみてきた企業の雇用調整行動の変化は、なにも製造業のブルーカラーにのみ現れていたわけではない。ホワイトカラーの場合にも、同様の指摘が可能だったのではなかろうか。

（3）「合理的な選択」としてのリストラ？

では、こうした企業の雇用調整行動の変化を、どのように評価すべきなのであろうか。これまでわが国で大きな影響力をもった内部労働市場論によれば、「企業特殊的熟練」を蓄積した中高年層を真っ先にリストラすることは、経済合理性を無視した選択であるとされてきたのであるが、当時の状況を見ると、既に先のような企業の雇用調整行動の変化を、「合理的な選択」として説明する労働経済学者の議論の方が大手を振っていたのである。その構図は今日でもさほど変わらない。

そうした議論は、いかにもクールな装いを取っていたので、アカデミックな主張ででもあるかのように見受けられたが、その実、企業の行動をすべて

「合理的な選択」として容認するような、徹底した企業擁護、骨絡みの現状追認の主張であったと言わねばならないだろう。企業にとって「合理的な選択」であることのみが強調されていたために、雇用調整の背後にある長時間・過密労働の実態が無視され[9]、労使間の矛盾や対立、軋轢や葛藤がすべて消去されていたという点からすれば、あまりにもシンプル過ぎる議論であったようにも思われる。労働経済学の学問的な性格が垣間見られたとでも言うべきであろうか。

　まず、かれらの代表的な意見を聞いてみよう[10]。①企業内での熟練形成と結びついた長期雇用保障は、必ずしも日本企業に特有なものではなく、企業内訓練を重視する多くの成長企業に共通したものである。しかし、企業にとって労働者の熟練形成は、機械設備の購入と同様の「投資」行動であると考えれば、それは多ければ多いほどよいわけではなく、おのずと「最適な水準」が存在する。このため、仮に期待成長率の低下が企業に共通の認識となれば、熟練形成のための投資を手控えるのが合理的な行動となる。

　②これまでの雇用慣行の見直しは、「日本的雇用慣行の崩壊」を意味しない。企業にとっては、専門的な職務をこなす熟練労働者をすべて社外の労働市場で調達することは不可能なので、貴重な社員の「使い捨て」は企業の長期的な利益とは一致しない。しかし他方で、教育訓練投資の効果が低下すれば、その対象を限定することが必要となる。正社員の比率を低下させ非正社員の比率を高めるという企業の行動は、長期にわたり成長率の低下が見込まれる経済環境の下では合理的な行動となる。

　③企業のピラミッド型の職務構造を前提とすれば、長期の雇用保障と年功的な昇進とは相矛盾する関係にある。それにも関わらず、両者がこれまで共存可能であったのは、企業組織を持続的に拡大できたからに他ならない。だが、企業の成長に歯止めがかかれば長期的な雇用保障は維持できず、またそれと一体となった年齢重視の内部昇進や賃金上昇の慣行の改革も避けられなくなる。これもまた企業の「合理的な選択」ということになる。

　ところで、こうした①～③で紹介したような企業の「合理的な選択」を強調する労働経済学者によれば、「長期雇用保障と年功昇進・賃金との矛盾」

は、ブルーカラーよりもホワイトカラーにより明瞭に現れると言う。その説明も聞いておこう。①工場で必要とされる技能には企業外で修得するのが困難なものが多いために、長期雇用保障の下での熟練形成が依然として優位性をもっている。しかしながら、事務部門で必要とされる技能は、この間の情報化の進展のなかで企業横断的な性格を強めており、企業内熟練形成の優位性が徐々に失われてきている。

　②加齢に伴う賃金の上昇は、仕事経験の多様性を反映してホワイトカラーの方がブルーカラーよりもはるかに大きいが、それにみあった生産性を維持することは、企業の成長が減速すればより困難とならざるをえない。③ホワイトカラーの仕事は、本来工場労働のように時間拘束的で集団的なものではないために、個人としての仕事能力の差が大きい。企業の成長が減速すれば、相対的に仕事能力が低いと判断されたホワイトカラーの需給のミスマッチが拡大せざるをえない。

　ここまで長々と紹介してきたように、当時主流の位置を占めつつあった労働経済学者においては、これまでの長期雇用慣行を見直し、非正社員比率を高め、とりわけホワイトカラーに強かった年功重視の昇進や賃金体系を改革していくことは、すべて「合理的な選択」として説明されていたのである。しかし言うまでもないことではあろうが、そうした解釈や説明がなされれば、現実に選択された行動のすべてが、労働者にとっても「合理的」なものになる訳ではない。

　ここには、雇用のための費用が企業にとっては「投資」であっても労働者にとっては「所得」であり、増大した非正社員の世界にもさまざまな労働問題が山積しており、ホワイトカラーのリストラが職場を荒廃させ、また労働者のモラール・ダウンを引き起こしつつあることなどは、まったくといっていいほど視野の外にある。日本労働弁護団が実施した「リストラ・倒産110番」によれば、当時の特徴として、労働条件を切り下げるための転籍の強要を始め、賃金体系の改変に伴う賃金の大幅な切り下げ、退職金の不払い、人権を無視した退職強要など、労働者の諸権利を無視した強引なリストラ事例が目立っていると指摘されていた[11]。企業にとっての「合理的な選択」な

るものの危うさについても、かれらは直視すべきであったのではなかろうか。

第2節　ホワイトカラー問題の位相

これまで指摘してきたように、ホワイトカラーは事務従事者や管理的職業従事者を中心にかなり厳しい雇用環境の下におかれていたのであるが、その厳しさの一端は、連合総研が1997年に実施した「会社とサラリーマンの新しい関係に関する調査」（調査対象は24～65歳までの事務・管理・営業系の男性サラリーマン）からも浮かび上がっていた。それによれば、約5割の労働者が、人員の余裕が無くなったためにストレスや疲れを感じたり、業務に追われて先のことを考えるゆとりがないと答えており、約8割の労働者が定年前に退職を要求されるかもしれないと答えて、処遇に対する不安感を高めていたのである。以下では、ホワイトカラーに関する労働問題研究のこれまでの成果を整理、紹介しながら、ホワイトカラーの労働問題を少し広い視野から検討してみたい。

（1）増大するホワイトカラーとその労働

総務庁の「労働力調査」によれば、就業者に占めるホワイトカラーの割合は1960年には3割に満たなかったが、その後実に上昇し続け、1995年には5割に達していた[12]。アメリカでは、既に1975年にはホワイトカラーが約5割を占めていたので、日本はおおよそ20年遅れてアメリカの水準に達したことになる。職業別にみたホワイトカラー比率の増大傾向をホワイトカラー化と呼ぶが、こうしたホワイトカラー化は大企業を中心に進行した。ホワイトカラーの構成比は企業規模が大きくなるほど顕著に上昇しており、特に大企業では専門的・技術的職業従事者や販売従事者の構成比が高まっていたのである。

では、何故そうなるのだろうか。ホワイトカラー化は、生産の自動化・機械化の進行によって直接生産に関わる労働者が減少し、管理・事務に関わる

労働者が増加すれば進むことになるので、生産の自動化・機械化が進みやすい大企業の方がホワイトカラー化のスピードは速くなる。それとともに、大企業では、販売部門を拡充したり急速な技術革新の進展に対応して研究開発部門を強化しており、こうしたことなどもホワイトカラー化を速める要因となっていた。

　一人当たり GDP とホワイトカラー比率の間には、正の相関関係があると言われている。そのために、経済成長によって一人当たり GDP が上昇すれば、ホワイトカラーの比率は今後とも高まるものと思われる。またわが国の場合、先進諸国のなかでは専門的・技術的職業従事者や管理的職業従事者の割合が低いこともよく知られていた。その理由としては、専門的・技術的職業従事者が多数集中するサービス業の比重が未だ低く、これまで長期雇用慣行の下でさまざまな職務を経験させながら人材を育成してきたために、企業外における専門的・技術的職業従事者の養成・認定システムが十分には整備されておらず、プロフェッショナルとしての職業意識が比較的希薄であったことなども指摘されてきた。しかしながら、サービス経済化の進展に伴い、日本でも専門的・技術的職業従事者が徐々に増加しつつあった。

　次にホワイトカラーの労働の特徴を見てみよう。直接生産に携わるブルーカラーの仕事は定型化されており、その進捗状況を数値化して把握することが比較的容易である。それに対しホワイトカラーの労働は、開発や企画あるいは管理などの「創造的」で「知的」で「裁量的」な仕事なので、外部から仕事の進捗状況を知ることは難しいと言われたりもした。しかしながら、こうした指摘は、比較的上級の専門的・技術的職業従事者などには当てはまるかもしれないが、すべてのホワイトカラーに当てはまる訳ではない。それが組織内の労働として遂行される限り、業務命令から独立しているなどということは有り得ないからである。

　労働者の裁量も相対的なものであって、従属労働としての基本的な制約を受けていると見るべきであろう。事務従事者や販売従事者の多くは、上司の指示の下でかなり定型化された仕事に従事しており、仕事の進捗状況についても、期限や売り上げなどによって厳しく管理されてもいる。当時ホワイト

第Ⅱ部 「企業社会」の成熟と労働の変容

図表Ⅱ-13 職種別にみた仕事の裁量度

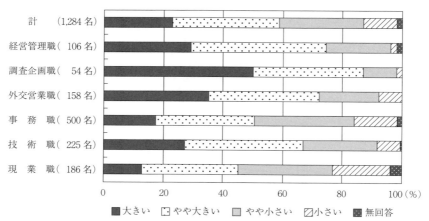

(注) 計には職種が不明の者が含まれている。
(出所) 東京都『東京都における労働時間と労働者生活に関する調査報告書』(1993年)

カラー職場に導入されつつあった実績・成果主義は、数値化された管理を更に強める可能性を高めていたように思われる。

　ホワイトカラーの労働の特性とその程度が、職種や職階によってかなり違っていることは、仕事の裁量度に関する調査などからも明らかとなる[13]。[図表Ⅱ-13]に見るように、仕事の裁量度は総じて言えばブルーカラーよりもホワイトカラーの方が確かに高い。なかでも、調査企画職や外交営業職、経営管理職の仕事裁量度は高い。それに対して、同じホワイトカラーでも事務職の裁量度はブルーカラーと同程度に留まり、先の職種などとは大きな違いがある。なおここで留意しておかなければならないことは、ブルーカラーの場合もホワイトカラーより少ないとは言え、約半数の労働者が仕事の裁量度が大きいと答えていることである。日本の生産現場では、ブルーカラーもQCや提案制度を通じて、品質の向上や原価低減のための具体策をたえず考えるように訓練されてきたためであろう。

　日経連は、ホワイトカラーの多くは「包括的な仕事の分担や日程などは上司の指示を受けるものの、業務の具体的遂行は各人が自主的に判断して行

う」労働者であり、また、「働く場所や労働時間の長さで処遇されるよりは、むしろ業績・成果で処遇されることに適した」労働者であるとして、ホワイトカラー全体への裁量労働制の適用を主張してきた。そうした主張を受けて、1998年には労働基準法が「改正」され、裁量労働制の適用範囲は大幅に拡大されることになった。裁量労働制とは、業務の性質上その遂行の方法を大幅に労働者の裁量に委ねざるを得ず、使用者が業務遂行の手段や時間配分について具体的に指示することが困難な場合に、実際に働いた時間とは別に、あらかじめ労使協定で定めた時間を労働基準法上の労働時間とみなす（これを「みなし労働時間」と呼ぶ）というものであり、1987年の労働基準法「改正」の際に5業務に限定して導入され、1997年に6業務が追加されてきた。

　1998年の「改正」では、対象業務として「事業の運営に大きな影響を及ぼす決定が行われる事業場」での企画・立案・調査・分析などに関連した業務があげられ、また対象労働者の範囲については、「対象業務を適切に遂行するための知識、経験等を有する労働者」とされることになった。結果的には、ホワイトカラーの大半に裁量労働制が適用可能になったと言ってよい。裁量労働制を導入するためには、当該事業場に「労使委員会」を設置し、そこで対象業務、対象労働者の範囲、みなし時間、健康および福祉を確保するための措置、苦情処理に関する措置、労働者本人の同意と不同意による不利益扱いの禁止、決議の有効期間の7項目について、全員一致で決議して労働基準監督署に届け出ることが必要となる。

　これからは、義務付けられた「労使委員会」を活用しつつ、対象業務や対象労働者の範囲について可能な限り限定していくことが必要であろう。裁量労働制は、一見「自由」な働き方（例えば出退勤時間の「自由」など）を可能にするかのような形式で導入されることが多いが、成果管理が厳しければ、その「自由」は労働時間を「自発」的に延長するための自由へと転化する。経営専権の下でのフレキシビリティーの増大は、選択の自由の拡大を意味しないと言うべきではなかろうか。

　ホワイトカラーの役割に適合的なのは、知的労働のための基礎的な訓練を

より多く積んだ高学歴層である。そのため、ホワイトカラーの多くは高学歴層となる。高学歴化がホワイトカラー化を促進するとともに、ホワイトカラー化が高学歴化を促進するのである。高学歴化によって大卒者の希少性は失われ、かれらの平均的な能力は低下したと言われてきたが、それにも関わらず、ホワイトカラーの労働の方が企業経営に及ぼす影響が大きいので、かれらの賃金は依然としてブルーカラーよりも高い[14]。

高学歴化は、人的資本理論によれば教育投資の増大であり、その結果労働力の質は向上することになる。労働力の質が高まれば、技術開発力や商品開発力は高まると考えられるので、国民経済の発展にとっては望ましい。一企業にとっても同じことが言えるはずであるが、それとともに企業の場合には、これまでの性別・学歴別の人事管理を維持することが難しくなり、処遇の「個別化」といった新たな問題に直面することになった。

（2）企業内の異動とホワイトカラーのキャリア

ホワイトカラーの労働に関するもう一つの特徴は、企業内の異動を繰り返すなかでかれらのキャリア（＝職業経歴）が形成されることであろう。勿論ブルーカラーにも異動はあるが、ホワイトカラーと比較すればその範囲はかなり狭いしその頻度も少ない。例えば、ブルーカラーの場合事業所を超えた異動は例外的であるが、ホワイトカラーのそれは日常的ですらある。これまでの研究によれば、ホワイトカラーにつきものの企業内の異動には、「ヨコの異動」と「タテの異動」がある。「ヨコの異動」とは、職位は同一であるが勤務地や仕事内容が変わる異動であり、「タテの異動」とは、昇進や昇格などの職位の変化を伴った異動を指している。日本では「ヨコの異動」によって人材を育成するとともに、「タテの異動」によって人材を選抜してきたのである。

まず「ヨコの異動」から見てみよう。「ヨコの異動」はさまざまな契機によって発生する。例えば部門の拡大や縮小に対応するためであったり、本人の適性にふさわしい配置転換のためであったり、仕事の幅を広げるためであったりする。ここで重要なことは、ホワイトカラーの「ヨコの異動」が人材

の育成と密接に関連していることである。長期雇用の維持を建前としてきた日本の企業では、これまでは外部の人材を活用するというよりも、人材を内部で育成し活用しようとする傾向が強かった。それは、企業固有の仕事の進め方やノウハウ、あるいは他の関連部門の状況などを熟知しないと、仕事上の能力を十分に発揮できなかったからである。言い換えれば、「企業特殊的熟練」が重視されてきたのである。

　一般的には、技術系の部門では同系統職場という比較的狭い範囲で異動しながら、事務系部門ではかなり広い範囲の職場を異動しながら、人材が育成される傾向があった（前者はスペシャリスト型、後者はジェネラリスト型の人材育成と呼ばれている）。しかし事務系部門であっても、入社15年目位まではある専門領域を中心にして技能を形成しており、単純なジェネラリストの育成が目指されていたわけではなかった。

　職位の上昇を伴った長期にわたる「タテの異動」も、ホワイトカラーに特徴的なものである[15]。よく指摘されるのは、欧米の「早い選抜」とは対照的な日本の「遅い選抜」であり、そしてまた年功的な昇進である。それは、大卒者でも課長レベルの管理職に昇進するのに15年程度掛かっており、しかも同期入社の大卒者は、昇進時期に数年の違いはあってもほぼ全員昇進してきたからである。しかし、その後は職位が高まるにつれて徐々にふるい分けが行われ、課長以上の上位の職位に到達できる人は確実に減少する。わが国においては、長期の競争の過程で徐々に脱落者が出て、勝者がだんだん絞り込まれていくという形で昇進する。年功昇進というと、いかにも競争がないように思われがちであるが、その実態は徐々に差をつけていく長期の競争だったのである。

　よく日本のホワイトカラーは、ジェネラリストなので専門性は低く、そのために昇進が遅くなり、それはまた競争による刺激を少なくするので、全体としての生産性は低いなどと批判されたりもしてきた。しかし、そうした批判がすべて正しい訳ではない。ジェネラリストなので専門性が低いとの批判は、先のような現実を踏まえているとは言い難いし、「遅い選抜」が競争による刺激を弱め、生産性を低下させるとの批判にも直ちには同意できない。

インセンティブを重視した考え方からすれば、「遅い選抜」はホワイトカラー全体のモラールを維持し、その限りで平均的な生産性を高くするようにも思われる。何故ならば、「早い選抜」では選抜されなかった多数の者のモラールが低下し、平均した生産性も低位に留まるのではないかと想定されるからである[16]。

また日本のホワイトカラーの賃金や昇進は、勤続年数や年齢、学歴などの属人的な要素が重視されてきたので、あるいはまた職能資格制度が導入されている場合でも情意（言い換えれば「やる気」）や潜在能力が重視されてきたので、実績・成果・能力主義が徹底していないとよく言われたりもした。しかしながら、こうした主張も現実のデータとは必ずしも一致しない。確かに同じ学歴で同一年次に入社した者は、しばらくの間はほとんど一斉に昇格し一律の処遇を受ける。しかし入社時点から既に評価と査定は始まっており、ただ表面化していないだけである。課長職ないし課長相当資格まで昇進・昇格できる者は、かなり絞り込まれてきているとの調査結果もある。同一企業内のホワイトカラー間では、かなり厳しい競争が展開されていたと見るべきであろう。

賃金についても、同様のことが言えるのではなかろうか。平均でみると、賃金は結果として勤続年数や年齢に応じて上昇している。いわゆる年功賃金カーブである。しかしながら、これをもって実績・成果・能力主義的ではないと結論付けることはできないのではないか。年齢別にみた賃金の上昇スピードは緩やかになってきていたし、年齢が高まるにつれて賃金の「ちらばり」が拡大していたからである。

わが国における「遅い選抜」にもとづいた長期の競争の現実を、日本の代表的大企業の男性正社員の人事ファイルをデータソースとした調査で確認しておこう[17]。それによれば、日本のホワイトカラーの昇進のルールは、勤続年数によって一様に処遇するといった単純な一律年功制なのではなく、「キャリアの段階によってルールが変化する重層的な処遇体系」であると言う。入社後数年間は、勤続年数によって職位がばらつくことはない。つまり勤続年数が同じであれば同一職位に処遇される。その後、同じ勤続年数であ

第3章　雇用慣行の変容と「企業社会」

図表Ⅱ-14　ホワイトカラーの昇進構造（大卒事務職）

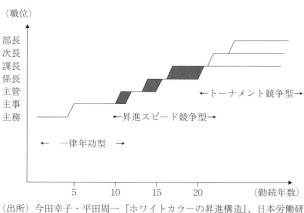

（出所）今田幸子・平田周一『ホワイトカラーの昇進構造』、日本労働研究機構、1995年、42、150ページ。

っても、上位に昇進する者としない者に分かれる。

しかしながら、昇進が遅い者も早い者から何年か遅れはするが、昇進の道が断たれてしまったわけではなく、昇進の早い者に大きくは引き離されないよう後を付いて行くという現象が見られる。留意すべき点は、昇進の遅れは初期には小さく上位の職位になるにつれ大きくなること、更に、差が出現しているが、一時期横一線に並ぶ言わば踊り場のような現象が見られることである。しかし、こうした傾向が見られるのは課長昇進までである。課長以後になると、昇進の早い遅いではなく、昇進する人と滞留する（昇進しない）人との分離が明確になる。そして当然のことながら、横一線の踊り場も無くなると言うのである。

この調査結果から明らかとなることは、ホワイトカラーの昇進構造が、[図表Ⅱ-14]に示したように、一律年功型－昇進スピード競争型－トーナメント競争型の三層構造をなしていたことである。こうした昇進構造のもつメリットは、全員を競争に組み込み、キャリアのかなり遅い時期にならないと勝ち負けがはっきりせず、先行する人の背中が見えているという点で、多数の労働者を長期にわたって競争させ、かれらの労働意欲を持続的に引き出

すことができることであった。

　また逆に問題点として指摘できることは、中高年になってからの処遇が厳しくなることであった。長い時間をかけて昇進できなくなる人を作り、その事実を自己了解させるシステムなので、課長や部長、次長職に多くの人が滞留することになるが、かれらは組織内で活用されることはない。それどころか、出向・転籍の対象者とされて企業外に排出されることも多い。中高年ホワイトカラーの「過剰」化が強まれば、昇進構造はさらに早い段階からトーナメント競争型に移行する可能性が高まるはずであり、事実そうなっていったのである。

（3）ホワイトカラーの流動化とエンプロイアビリティ

　これまでみてきた「ヨコの異動」も「タテの異動」も、ともに企業内における異動であるが、現実のホワイトカラーの異動は企業内に留まっていたわけではない。既に当時でも、子会社・関連会社といった企業グループや取り引き先の企業にまで、異動範囲は広がっていたからである。企業外への異動は出向や転籍という形をとる。前者は在籍出向（あるいは一時出向）とも呼ばれ、異動元との雇用関係を維持したまま移動先の指揮・命令・監督の下で就業するものであり、後者は移籍出向（あるいは退職出向）とも呼ばれ、異動元との雇用関係が無くなるものである。

　当時もよく知られていたことであるが、大企業では在籍出向だけでなく移籍出向も中高年層の雇用調整の手段として広く活用されていた。出向とは本来在籍出向を指すはずであるが、たとえ在籍出向であっても、異動元に定年まで復帰できなかったり途中で移籍出向に移行する場合もあるので、両者を厳密に区分することは難しい。1995年の「賃金労働時間制度等総合調査」によれば、出向制度がある企業は34％（1,000人以上の大企業では90％に達していた）であり、1996年の「雇用動向調査」によれば在籍出向者は52万人に及んでいた。出向期間については定めのない企業が61％と多く、このことが出向者の雇用不安を生む大きな要因となっていたのである。

　当時の注目すべき傾向としては、技能労働者や若年層を含む移籍出向が広

がり、管理職の移籍出向が早まり、移籍出向先が企業グループの外側にまで広がっていたことである[18]。出向は勿論ブルーカラーにも発生する。しかし、ブルーカラーの出向は雇用調整の一環として実施される場合が多く、雇用量を削減するための緊急避難的な性格がかなり強い。

　それに対してホワイトカラーの出向は、好況時においても実施されるだけではなく、その目的もさまざまであった。ホワイトカラーの出向は、企業集団の統合や出向先の強化、教育訓練、「過剰」化した従業員の排出などを目的として行われていたが、このなかでもっとも問題が多かったのは、対象者に中高年層が多く含まれる排出型の出向であった。こうした出向は、必ずしも出向先での仕事にマッチした人材を移動させる訳ではないので、本人は十分な能力が発揮できず、また出向先からみれば、自社で採用した労働者の昇進ポストが減少することにもなった。

　当時、企業は「過剰」化した労働力の企業外への排出に狂奔していたが、そうした切り離し圧力の高まりを象徴的に示していたのが、定年前の退職のための諸制度の整備であろう。労働省の1997年の「雇用管理調査」によれば、従業員規模5,000人以上の大企業では「関連会社等への転籍出向制度」（41.2％）や「早期退職優遇制度」（55.7％）、「転職援助あっせん制度」（23.7％）、「独立開業支援制度」（16.3％）などが導入されており、ホワイトカラーの流動化への対応が積極的に進められていた。リストラに際して、アウトプレースメント（再就職支援）会社を利用するケースなども珍しくはなかったのである[19]。こうしたなかで、大卒男子ホワイトカラーの残存率も、30歳で78.9％、40歳で70.0％、50歳で66.2％、56歳で57.9％、60歳で3.6％となっており、30～56歳にかけては緩やかに、56歳～60歳にかけては急速に低下していた[20]。

　ホワイトカラーの流動化が強く意識されていたことは、「労働力流動化の時代においては、社会的に企業外部の労働市場の需給調整機能を高める一方、企業の人事・労務管理の柔軟化を図りつつ、企業人材の確保と雇用され得る能力（エンプロイアビリティ）の向上＝人材の高付加価値化に取り組む必要がある」との日経連の1999年版「労働問題研究委員会報告」からも窺う

ことができる。こうした提言の基礎となったのは雇用特別委員会の報告であるが、そこでは労働力流動化に対応したこれからの人事労務管理のあり方が、「『個』を正しく評価して優秀な人材を確保する仕組み」や「労働力が流動化して企業内外へと移動する場合に、処遇面などで不利にならない仕組み」、「市場や経済の変動に対して柔軟に対応できる機能的な仕組み」として整理されていた。

しかしながら、労働力の流動化を企業の側のニーズのみから主張しても、「排除の論理」ばかりが前面に出て、労働者の納得は得られまい。それを社会的な理念としてオーソライズしたのが、当時経営者団体から頻繁に主張されるようになっていたエンプロイアビリティをめぐる議論であった[21]。日経連は、教育特別委員会をつくって『エンプロイアビリティの確立をめざして』と題する報告書をまとめるとともに、1999年に引き続いて2000年の「労働問題研究委員会報告」でもエンプロイアビリティに触れ、労働力が流動化する社会においては、「勤労者個々人の職業能力、雇用されうる能力（エンプロイアビリティ）の向上」が重要であり、そのために「自己の専門能力を絶えず向上させる自助努力」の必要性を説いていた。

一企業での長期雇用に期待し依存することなく、自己啓発を通じて専門的な職業能力を身に付けるべきであるというのが日経連の主張であったが、果たして中高年ホワイトカラーにそのようなことが一体どこまで可能なのであろうか。サラリーマンの自立などは「形容矛盾」に過ぎず、どの企業も経営不振にあえいでいる時に、労働力の流動化などが進むはずもないといったいささかアイロニカルな指摘こそが、改めて省みられるべきであったようにも思われる[22]。

わが国における職業能力開発の仕組みはOJT（仕事を通じてのトレーニング）が基本であり、OFF-JTのウェイトは大きくなかったと言ってよい。労働力の流動化を是認するのであれば、OJTとは違った職業上の能力開発の仕組みを作らなければならないが、そうした仕組みは出来上がってはいなかった。パソコンや英会話などであれば自己啓発で対応できるのかもしれないが、それで職業能力が形成されるとはとても言えまい。職場で技能を身につ

けていく仕組みを崩していけば、生産現場での効率的で柔軟な生産システムという強みを失うだけではなく、ホワイトカラー職場でもベテランによる「現場の知恵」の蓄積を失って、「成果少なき多忙」が広がる可能性も大きかったと言わなければならない[23]。

第3節　ホワイトカラー問題の行方

　問題となるのは、こうした提言や報告にも促されながら変容するホワイトカラー職場の現実であろう。当時の実態を二つの調査結果から眺めてみよう。まず、労働省が1997年に実施した「間接部門の効率化等の雇用への影響に関する調査」（約2,000社の間接部門の各部門長が対象）を取り上げ、いくつかの興味深い論点を紹介しておこう。①本社の企画部門とライン部門を対象に、効率化を実現した企業と減量化を実現した企業の割合を比較してみると、効率化では両者に差はないが、減量化に関してはライン部門の方が実現した企業の割合が高くなっていた。②効率化の成果としては、「社員のコスト意識の徹底」や「総額人件費の削減」、「上意下達のスピードアップ」などがあげられており、こうした効率化の追求は、正社員の限定と「臨時、パート、派遣社員、契約社員の活用」をもたらしていた。
　③内部労働力活用型の企業と外部労働力活用型の企業を比較すると、後者の方が前者よりも短期的なコストの削減で成果をあげていたが、効率化に伴う問題点も多く指摘されており、「残った社員の負担が増加」したり、「幹部社員がルーティンワークまで負担せざるを得なくなった」り、「短期的な業績ばかりが重視される」などの問題点が前者よりも強く意識されていた。④実労働時間や仕事量、業務範囲、裁量と権限の程度、責任の大きさの最近の変化を、管理職と一般社員の別に比較して見ると、一般社員では実労働時間が短くなってはいるものの、それ以外についてはすべて負担が増大しており、とりわけ営業・企画部門においてそうした傾向が強かった。実労働時間以外の仕事量、業務範囲、裁量と権限の程度、責任の大きさについては、全般的に見れば効率化した企業の方がそれ以外の企業よりも負担度は大きくな

111

っていた。

　もう一つは、日本労働研究機構が1997年に実施した「管理職層の雇用管理システムに関する総合的研究」（大企業24社の中間管理職が対象）である。そのなかから、管理職自身の仕事や生活の変化について見てみよう。それによれば、①担当している仕事量が増加し、仕事の範囲も拡大しているために、仕事上のゆとりが失われている、②仕事上の責任が増加し、それに伴って仕事上の権限も増えている、③実労働時間が増加し、仕事の管理もきつくなっている、④仕事に必要な知識や能力は高まっているにも関わらず、自己啓発に割ける時間は減っており、部下の育成のための時間を減らしている者も多い、⑤実労働時間の増加を背景に、家族とともに過ごす時間や仕事以外の社会活動に割く時間、職場の同僚と職場外で付き合う時間が減少している、と指摘されていたのである。

　こうした事態が今後も続くならば、「管理職自身の能力開発を阻害するだけでなく、管理職の部下育成機能が低下することになりかねず、職場における中長期的な人材育成が機能障害を起こす可能性が高い」[24]と言わざるをえないとの指摘は、かなり重い。「どの企業も即戦力に期待し内部の人材育成を怠った途端、日本中探してもどこにも人材はいないという状況を招く危険性がある」[25]との指摘を、とても笑うことはできまい。また、労働者の企業と労働に対するコミットメントや職場における連帯感なども、更に低下せざるをえないだろう。当時、リストラ競争に対する批判の声が多方面から聞かれたのは、そうした「憂慮」が現実のものとなりつつあったからなのではなかろうか。

　これまでは、先に指摘したような形でホワイトカラーのキャリアが形成され、かれらは仕事を通じて獲得した知識や技能をもとに、比較的裁量度の高い仕事を遂行してきたと言ってよい。しかしながら、ホワイトカラーを取り巻く環境は大きく変化した。ホワイトカラーの減少圧力を高めているのは、直接的にはリストラであるが、その底流には社会構造の変化を促す大きな流れが存在した。一つは高齢化の進行であった。高齢化の進行に伴って中高年ホワイトカラーが増大し続けたことが、相対的に「合理化」の遅れていたか

れらの減量に拍車を掛けたのである。もう一つは、情報通信革命の急速な進展であった。社内の情報システムの統合によって仕事そのものの進め方が改革されてきたのであるが、そうした情報化の流れは、中間管理職の必要性を低下させる方向で作用した。

　こうした変化は、これまでのような「タテの異動」すなわち昇進に大きな影響を与え、役職をはずれた中高年層の活用という問題を生み出した。多くの場合、企業内で能力発揮の場を見出せなくて関連企業に出向させることになったのであるが、こうした出向は排出型となり易かったと言えよう。出向先には限りがあるうえに、高齢化や技術革新はますます進展する。排出型の出向で対応するのではなく、たとえ困難ではあっても、企業内で能力発揮が可能となる方途を模索していく必要があったのだが、そうはならなかった。長期雇用慣行に期待し依存することなく、エンプロイアビリティを高めていくこと自体を否定はできないにせよ、ノンエリートのホワイトカラーにとっては、なじみの仕事を、なじみの仲間とともに、なじみの職場で続けていくことができる仕組みが、依然として重要だったのではあるまいか。

　そのためには、役職につかなくても企業内で活躍できるような専門職制度が整備、確立されなければならないとの主張もあった[26]。専門職制度に対するホワイトカラーの関心も、若年層を中心にしながらも全般的に高まっていたからである[27]。当時制度自体は導入されてはいたものの、1998年版『労働白書』が言うように「実際にはライン管理職のポスト不足を補う処遇的なものとして運用されている専門職もあり、仕事内容がライン管理職やその下の者と同じとする企業が７割、専門職からライン管理職への異動が多い企業が４割と、専門職とライン管理職との機能分化が十分図られているとは必ずしも言えない」という状況にあった。専門職としてのキャリアパスを評価するとともに、専門職の役割を明確にしていくことが求められていたようにも思われる。

　では、労使関係のもう一方の当事者である労働組合には、どのような対応が期待されていたのであろうか。日本の労働組合は、戦後の組合結成の過程で工職混合の組合、すなわちブルーカラーとホワイトカラーが混合して一つ

第Ⅱ部　「企業社会」の成熟と労働の変容

の労働組合を組織する途を選択した。その結果、ホワイトカラーの組織化は他の先進国よりも進んだと言ってよい。しかしながら、ホワイトカラーは将来は管理職（すなわち非組合員）となる一種の「通過集団」と見做されてきたために、かれらの組合内での「発言」が活発であったとは言えなかった。ホワイトカラーの増大を考慮するならば、階層を重視した組合活動に力を注いでいくべきであったのだろう。

　だが現実には、ホワイトカラーの労働組合への関心は、拡散し希薄化していったように思われる。階層の内部においても多様化がすすみ、処遇の「個別化」が進行していたことも、かれらと労働組合の距離を遠くしていったのではなかろうか。ホワイトカラーの労働組合への関心を高めていくためには、経営政策に対する組合の「発言」機能を充実させつつ、個別の紛争にも積極的に関わっていく必要があるだろう[28]。ホワイトカラーは、担当している仕事の性格からして、*Management* のあり方に強い問題関心を抱いていることは間違いない。労働組合が、経営政策に積極的に「発言」していくことができるならば、ホワイトカラーに組合の重要性を再認識させることも可能であろう。リストラに対する「発言」なき受容が、あるいはまた個別の紛争への非関与が、かれらを労働組合から離反させたのかもしれない。

　また、組合員の範囲を再検討することも必要であろう。「使用者の利益代表者」とは言えない管理職や専門職が増えており、また、企業グループ内でのホワイトカラーの異動が活発化するに伴い、自社から出向者を送り出すだけではなく、他社から出向者を受け入れるといったケースも増大していたからである。当時かれらは非組合員とされていたが、経営政策に対する「発言」をもっとも必要としていたのは、不安定化した処遇に危機感を抱いていたかれらであった。かれらの企業に対する「発言」を確保するためにも、組合員の範囲を広げたり、管理職としての独自の組織化が必要となっていたのではなかろうか。

　かつて、わが国のホワイトカラーは「従属感、孤立感、自己疎隔感、無意味感」のいずれの側面においても、深い疎外を感じていると指摘されていた。かれらの自画像は、「こんな大事な仕事はない、と自負はもっているも

第3章　雇用慣行の変容と「企業社会」

のの、何時も仕事に追いまくられるくらい一生懸命働いているのに、会社はかけがえのない有能な奴と思ってもくれず、むしろ上司の思惑一つで、どうにもなるようなちっぽけな存在としての自分。寄る辺なき職場においても、上司の目は冷たく非人間的であり、更に、同じ立場にある同僚でさえ信じ切れない。唯一心のよりどころとして、この仕事は社会のために役立っているんだと思ってみても、そのことによって自分の選択の正しさを確信するには足りず、何故こんな道を選んでしまったのか悔やまれる」[29]と描かれていたのである。

Management の提起するエンプロイアビリティや能力・実績・成果主義は、こうした「荒涼たる心象風景」に対するかれらなりの処方箋だったのであろう。*Labor* の処方箋の行方が問われなければならない。

[注]
(1) かれらの全てを失業者として企業外に排出すれば、失業率は8％に跳ね上がるのは勿論、労働者の所得は4兆円も失われるという試算もあった（篠塚裕一「雇用拡大こそ景気回復の道」、『労働運動』1999年11月号）。
(2) ここでいう派遣労働者とは、一般労働者派遣事業における登録者数と常用雇用労働者数、ならびに特定労働者派遣事業における派遣労働者数の合計である。
(3) 東京都中央労政事務所が1998年に実施した「金融・保険業における雇用管理等動向調査」でも、正社員がもっとも増加したのは販売・営業部門であり、もっとも減少したのは事務・管理部門であった。
(4) 1998年の求人数を、1990年代でもっとも少なかった1993年の求人数と比較すると、専門的・技術的職業従事者では2割、管理的職業従事者と販売従事者では1割と共に増加していたが、事務従事者は同水準に留まっていた。
(5) ここでいう「企業特殊的熟練」とは、特定の企業においては適用されるものの、広範な企業での適用可能性が比較的低い職業能力を言う。
(6) 就業者数でみると43万人減少していた。1997年には管理的職業従事者数が、1998年には管理的職業従事者と販売従事者数が、前年を下回っていたことも注目される。
(7) そうした速さの強制によって、職場における「いじめ」がもたらされたり、ふつうの労働者までもが特殊な部屋に隔離されたりした。
(8) こうした入職抑制の結果、新規学卒者の就職難が強まることになった。
(9) 1999年に社会経済生産性本部が実施した「労働時間短縮の雇用効果に関する調査研究」

によれば、サービス残業をゼロにすれば90万人の雇用が創出され、所定外労働時間をゼロにすれば169万人の雇用が創出されると言う。合計すれば259万人にも達すると指摘されたのである。
(10) 八代尚宏「働き方の多様化と労働市場法の役割」(『ジュリスト』No.1173)。
(11) 日本労働弁護団「最近のリストラ例、相談・解決例」(『労働経済旬報』No.1644)。
(12) 本社機能が集中する東京都のホワイトカラー比率はかなり高く、1997年時点で62％に達していた。
(13) ホワイトカラーの労働問題の諸相については、永野仁「ホワイトカラーの労働問題」(石畑良太郎・佐野稔編『現代の社会政策[第三版]』、有斐閣、1996年)に多くを負っている。
(14) 経済同友会の1999年版『企業白書』は、「企業競争力の鍵は経営者とホワイトカラーの活性化」にあると主張している。
(15) 勿論ブルーカラーも「タテの異動」を経験するが、ホワイトカラーと比較すればかなり早めに頭打ちとなる。
(16) しかしこうした推測は、形成される技能が同一であることが前提とされており、それが違っていれば当てはまらない。
(17) 今田幸子・平田周一『ホワイトカラーの昇進構造』、日本労働研究機構、1996年。
(18) 当時都市銀行では軒並み出向年齢が引き下げられていた。
(19) 落合修二「百貨店業界に吹き荒れるリストラの嵐」(『経済科学通信』No.89)。
(20) 労働大臣官房政策調査部編『日本的雇用制度の現状と展望』、大蔵省印刷局、1995年、113ページ。
(21) 1999年版『国民生活白書』における「選職社会」論なども、こうした動きをバックアップするものであった。
(22) 連合総合生活開発研究所編『創造的キャリア時代のサラリーマン』(第三章、川喜田喬稿)、日本評論社、1997年、99～100ページ。
(23) 例えば、小池和男「プロが育つ制度を崩せば国際競争力を失う」(『毎日新聞』1999年7月1日夕刊)や小田晋「リストラは残る者の元気も奪う」(『週刊読売』1999年12月26日号)など。
(24) 佐藤博樹「雇用システムの変化からみた人事管理の課題」(『日本労働研究雑誌』No.470)。
(25) 樋口美雄「『即戦力重視』の落とし穴」(『経済セミナー』No.541)
(26) 1998年版『労働白書』が指摘するところによれば、1985年と1998年を比較すると、管理・監督職ポストに「つきたい」とする者が52.9％から38.7％に低下し、「つけなくても構わない」とする者は40.2％から60.7％へと上昇していた。
(27) 専門職制度を整備・確立していくことが、結果としてあるいはその副産物として、自己啓発を促しエンプロイアビリティを高めていくことにもなる。

(28) 先の中央労政事務所の調査によれば、雇用調整に関する労働協約を締結していない組合が8割弱もあり、また雇用管理に関する個別の問題について相談窓口さえない組合が4割弱もあった。
(29) 千石保『日本のサラリーマン』、日本放送出版協会、1982年、105ページ。

第Ⅱ部　「企業社会」の成熟と労働の変容

第4章　働き方の変容と「企業社会」

第1節　働き方はどう変わったのか

　「企業社会」の成熟期から変容期に差し掛かっていた1990年代に、労働者の働き方はどのように変わりつつあったのであろうか。それを明らかにするのが本章の課題である。わが国の労働時間の動向を振り返ってみると、高度成長が本格化した1960年代初頭から1970年代の前半にかけてかなり大幅な短縮が進み、その後低成長への転換に伴って時短が完全に停滞した。こうした事実からもわかるように、労働時間は経済成長の推移とかなり密接に重なりあった動きを示してきたのである。勿論どの国においても、労働時間の短縮を始めとした労働諸条件の改善が経済成長と無関係に進んでいたわけではないが、わが国の場合はとりわけ両者の相関が強かったようにも思われる。それだけ成長依存の時短としての性格が濃厚であり、結果からみれば、労働時間短縮は労使にとって経済成長の成果配分として受けとめられてきたことを示している。
　こうした成長依存の性格は、なにも時短にのみ現れていた訳ではない。わが国の賃上げ自体が経済成長に強く依存してきたことは既に周知の事柄であろう。そしてその賃上げに時短が従属してきたことが、先のような結果を招いてきたのではなかろうか。賃金水準が低位に留まる限り、労働組合運動の第一義的な目標は賃上げに置かれざるをえず、労働時間の短縮は賃上げに従属することになる。そこでの時短の事実上の狙いは、所定労働時間の短縮による割り増しの付いた時間外手当の獲得に置かれるからである。
　これまでわが国の労働組合は、賃金収入の増大をもたらす時間外労働にはきわめて協力的であり、その結果わが国の企業は、少なくとも成人男子労働者に関する限り、労働時間についての制約をほとんど意識しなくて済むよう

第４章　働き方の変容と「企業社会」

な状況にあったし、1990年代当時もまた同じような状況にあった。逆に言えば、そのような状況が高度成長を支え低成長期に入っても「良好なパフォーマンス」を維持しえた一要因となってきたのである。労働時間を巡るこうした構造は、賃金水準が先進国レベルに接近してきても基本的に崩れることはなかった。その原因は、労働時間短縮の独自の論理が、これまでついに形成されてこなかったためである。

　わが国の労働時間は、このように経済成長と密接に関連しながら変化してきたわけであるが、勿論両者の関連はそうしたものにのみ留まるわけではない。約20年にも及ぶ高度成長の諸結果を見てもわかるように、経済成長は、労働時間をめぐる社会経済的な諸条件をも大きく変容させてきたからである。高度成長は、経済成長の成果配分としての時短をもたらしただけではなく、時短を促進する要因を生み出し強めてきたのである。しかも、その時短促進要因なるものも、内容的に検討してみるとプラスの時短促進要因とマイナスの時短促進要因に分けることが可能だろう。また当時の事態との関わりで詳しく検討してみると、高度成長はたんに時短促進要因を生み出し強めただけではなく、時短阻害要因をも生み出し強めたことを無視することはできない。そうした視点に立って経済成長と労働時間との関わりを改めて検討してみよう。

　まず時短促進要因としての経済成長について言えば、プラスの要因としては、①経済成長によって労働力の需給関係が逼迫し、若年労働力の不足が深刻化したために、かれらの確保と定着を目的として「週休二日制」が経営主導の形で導入されたこと、②経済成長に伴って賃金水準が持続的に上昇し、日本的な内容と水準の「豊かな社会」が生まれたが、その結果労働と余暇をめぐる社会的な価値意識は多様化し、若年層を中心に余暇への関心が増大したこと、などがあげられるだろう。

　これに対して、マイナスの要因としては、①経済成長を支えた技術革新の進展の結果、職場の労働は規格化され単純反復的な性格を強めたが、それに伴って労働密度は増大し精神・神経的な負担が増大したこと、②経済成長に伴い都市における過密化と生活環境の悪化が生じ、住宅難と地価暴騰によっ

て遠距離通勤が一般化したこと、③経済成長によってわが国が「経済大国」化するに伴い、国際的な公正労働基準を無視した長時間労働によるアンフェアな競争に対して、海外からの批判が強まったこと、などがあげられるだろう。

続いて、時短阻害要因としての経済成長について取り上げてみよう。まず、①経済成長はとりわけ民間大企業の力を強大なものにしたが、その結果労働者は「企業社会」に全人格的に統合され、しかもかれらは「企業社会」のなかで、仕事を通じての自己確証欲求を増大させたこと、②経済成長は成長産業・業種と非成長産業・業種との間の生産性格差を広げたため、社会的なレベルでの法的な規制や産業レベルでの組合的な規制を困難にしたこと、③経済成長は労働者の私的消費欲求を増大させ、とりわけマイハウスの取得熱を高めたが、その多くは長期で高額のローン返済を背負ったものであったために、その分だけ時短への関心を弱めたことなどがあげられるであろう。

以上が高度成長期における経済成長と労働時間との関わりであるが、ここにあげた要因のいくつかは、低成長期に入った1990年代においても依然として機能していたことに注目しておきたい。しかも低成長下では次のような新たな労働時間延長要因が出現した。それは、①低成長は、「減量経営」体制下での人員削減によって雇用問題を深刻化させたために、時短要求を萎縮させただけではなく、その後の景気の回復過程ではあらかじめ生産計画に組み込まれた恒常的な残業を蔓延させたこと、②低成長は一方では成長依存の賃上げを困難にしたが、他方では住宅・教育・老後といった生涯的な生活課題のための所得確保の必要性が強まったために、労働者の間に残業選好の意識を生み出したこと、③低成長は企業間の生き残りをかけた競争を激化させたために、特定の部門や特定の職種の労働者においては無制限とも言える時間延長が広がったことなどである。

このように整理してみると、高度成長期には時短促進要因が時短阻害要因を上回ったために、労働時間の短縮が実現したが、今日では高成長期のマイナスの時短促進要因を引き継いだ時短阻害要因に、低成長下での時間延長要因が加わったために、時間短縮はきわめて困難になったと見ることができる

だろう。経済成長と労働時間との関連の構造は大きく転換したのであり、これまでのように、成長に依存することによって労働時間の短縮を実現していくことは困難になっていたのである。

わが国の長時間労働の原因については、日本資本主義の「後進性」や労働者の時間主権意識の「立ち遅れ」、あるいはまた企業別組合の経営から自立した組合機能の「弱さ」に求める見解がある。勿論こうした原因を無視することは到底できないが、これまで指摘され続けてきた「古い」原因にのみによって、今日のわが国の労働時間問題のすべてを捉える訳にはいかないであろう。「古い」原因に今日のわが国の経済と産業をめぐる「新しい」原因が加重されることによって、新たな長時間労働の構造が形成されてきていると見なければならないのである。

ではその「新しい」原因とはなんであろうか。ここでは、経済構造や産業構造の変化を示すものとして、ME化とサービス経済化の二つの現象を取り上げ、労働時間問題との関連を考察してみよう。そこで明らかになってきたことは、今日のわが国の経済構造や産業構造の変化が、労働時間の短縮を困難にしかねないような特質を持っていたと言うことである。ここでも、成長依存の時短はますます困難になっていると言うことができよう。

ME技術革新は生産力の飛躍的な発展をもたらし、それは労働時間短縮の可能性を拡大していたにも拘わらず、現実には労働時間の延長をさえ生み出していた。その背景としては、当時のME技術が未だ革新途上にあり、これまでに開発された新技術がかなり短期のうちに陳腐化していたことがあげられよう。その結果、新技術の開発をめぐる企業間の競争が激しく展開されていた。例えば、IC生産工場においては一労働日12時間30分の深夜を含む3直2交替勤務（昼－昼－昼－夜－夜－夜－休－休－休）が一般化していたが、これはIC生産をめぐる技術革新が激しく、短期に低価格化していたために、設備投資の償却期間を短縮し大量生産によるコストの切り下げを図らざるを得なかったためである。

またME機器の導入企業においては、1985年版『労働白書』が言うように、「ME機器の導入に伴うコストの低下、品質の向上による生産の増加に

対処するため、一時的にせよ稼働時間、労働時間が長くなる」、「個々の労働者についてみると、ME機器の操作に習熟する過程で労働時間が長い労働者が生じる」、「導入職場全体としては労働時間が短くなっても、導入職場のすべての労働者の労働時間が短くなるとは限らない。ME機器の導入に伴ってプログラミング、保全整備等の比較的高度な作業に従事する労働者と、単純なオペレーションや周辺作業に従事する労働者とに分けた場合、後者の労働時間は短縮されても前者の労働時間の短縮が進まない」といった事態が生まれた。更に自動化された工場においては、24時間操業体制の確立に向けて、新たに交替制勤務を採用するケースが増えていた。

　特に問題が大きかったのはソフトウェア産業であった。ここでは恒常的な長時間残業と変則勤務が一般化しており、「35歳定年説」がまことしやかに語られるような、労働力の早期の摩滅が大きな問題となっていたからである。仕事の受注をめぐる企業間の競争が激しく、リアルタイム化されたデータ処理が絶えず求められていたうえ、いったん仕事を開始するとコンピュータから身体を分離しにくく、またたとえ身体を分離してもこんどは頭が離れないというソフトウェア労働における労働時間の消費特性が、先のような事態を生み出していたのである。

　以上のような現実を踏まえた場合、労働時間短縮の可能性を現実化させるためにはどのような視点が必要とされていたのであろうか。まず第一に指摘できることは、工場自動化を可能とするME技術革新の展開と激しい企業間競争の下では、機械装置の稼働時間を制限することはきわめて困難となり、労働時間の変則化と技術開発関連部門を中心にした時間延長の危険性が強まったことである。仕事量にみあった要員の確保と残業時間の厳格な規制を伴った時短要求でなければ、実労働時間短縮を実現することはますます困難になっていたと言えよう。

　第二に、ME技術革新の展開によって、職種が転換したり仕事内容が大きく変化するというケースが増えており、ますます増大すると思われていたことである。そうした事態に対応するためには、企業内でのOJTによる教育訓練だけでは決定的に不十分であり、労働者自身による自主的な学習の必要

性が大きくなっていた。そうした学習のための時間的余裕の確保が必要であり、それ無しには労働者の能力の向上を図ることはできず、また高い生産性を実現することもできなくなったのである。時短の経済的な効果はこれまで以上に大きくなっていたようにも思われる。

　第三に、テクノストレスの発生に伴い、精神衛生面からみた時間短縮の必要性が強まっていたことである。わが国のように「企業社会」に包摂されて「会社人間」化した労働者の場合、その必要性はより大きくなったのである。その場合に重視されなければならないのは、細切れの自由時間よりも一定のまとまった自由時間を確保することであった。心身ともに完全に仕事から分離され、リフレッシュすることが可能な条件が確保されなければならなかったからである。

　次に、サービス経済化が労働時間問題に与えた影響を取り上げてみよう。サービス経済化の進行はかなり早い時期から始まっていたが、それが社会的な注目を集めるに至ったのは、オイルショック以降の1980年代に入ってからである。サービスの生産と商品の生産との間には、大きな相違点がある。まず指摘しておかなければならないことは、前者においては、在庫と輸送が不可能だということである。サービスの生産と消費は、時間的にも場所的にも一致していなければならないからである。このことは、サービスの生産量が需要量によって決定されることを意味する。

　もう一つの相違点として、計画生産が不可能であることもあげられる。サービスの在庫が不可能なために、生産のレベルを平準化することが難しいのである。一般にサービス産業における需要は、時間的にも場所的にも集中と分散の波が大きく、またいくつかの業種を除けば需要はかなり細分化されている。更に「豊かな社会」における消費の差異化が進めば、需要者側のニーズも細分化してくるので、製造業のような大量生産システムがそのまま機能し得ないのである。

　以上のようなサービス産業の特徴は、そこでの労働時間のあり方にどのような影響を与えるであろうか。もっとも大きな問題は、サービスに対する需要が時間帯によって大きく変動するために、業務量もまた同じように大きな

変動を余儀なくされることである。しかもサービスの生産を機械化することが困難なことから、必然的に業務量の変動が雇用量の変動を規定してしまうことになる。

こうした事態に対応するために、ピーク時に必要とされる労働者数を常時雇用しておかなければならないとすれば、ボトム時には大量の余剰労働力が発生し手待ち時間のロスがさけられない。このため、サービス産業では業務量に対応して雇用量を変動させるために、きわめて特徴的な就業形態が生み出されることになる。まず第一には、ピーク時に雇用量が最大となるよう従業員の出勤日、出勤時間帯を管理・調整することである（「柔軟」な労働時間を求めるが故の無秩序な管理の出現）。第二には、ピーク時だけ出勤可能な雇用形態の労働者を発見することである（非正社員の積極的な活用）。

労働時間への影響はそれだけに留まらない。サービスの在庫と輸送が不可能なために、供給者と需要者は場所的に一定の距離以上離れることはできない。そのエリアに存在する需要者の量によって経営規模が規定されるため、通常の場合、多くのサービス産業の事業所は小規模となる。わが国では労働時間の企業規模別格差が大きいので、その影響も反映する。更にまた、先に触れたように生活様式の多様化がサービスに対する需要発生の時間帯を広げるため、営業時間の延長とそれに伴う労働時間の延長の危険性は強まることになる。

実態調査の結果をみても、営業活動の特徴としては①営業時間がきわめて長く、②営業休日が日曜以外の特定曜日だったり、年中無休や24時間営業であるものが多い、③営業の開始・終了時刻が業種によってかなり大きな違いがあり、④一日の時間帯や一週の曜日による営業の繁閑の差が大きい事業所が多い、といったことが指摘されていた。また正社員の勤務状況をみても、①週所定労働時間が長く、②出・退勤時刻にかなりのばらつきがあり、③毎日の勤務時間帯が不規則な者が多く、④交替制などのために週休日が特定の曜日に決まっていない者が多く、⑤年次有給休暇がまったく与えられていなかったり、取得日数が少ない者が多い、といったことが指摘されていた（労働省『第三次産業雇用実態調査』、1980年）。

こうした現実を踏まえたならば、労働時間短縮のための視点としてはどのようなことが考えられるであろうか。まず第一に指摘しておかなければならないことは、サービス経済化の進行自体が労働時間の無秩序化と延長の危険性を確実に強めるということである。先の実態調査の結果は、それが現実のものとなってきていることを教えていた。第二に、サービス経済化の下で増大している変則勤務が、経営上の効率だけではなく遂行さるべき業務の性格や労働者のニーズをも反映していることからみて、原則的な批判に留まらない対応の視点を確立しなければならないことである。経営サイドの恣意的な労働時間管理（あるいは「無管理」か？）を批判する視点を確立しなければならないのである。

第三に、こうした勤務・雇用形態の多様化の内容は、産業や業種によってかなり異なっていることからみて、きめ細かな規制が必要になっていることである。「弾力化」の是非だけではなく、どのような内容の「弾力化」なのかが問題とされなければならない。サービス産業に働く労働者の日常的な生活のサイクルのありかたを問題にしない「弾力化」は、必然的にサービスの質を低下させ、「豊かな社会」を貧困なものにすると言わねばならないだろう。第四に、サービス経済化の下で登場してきている新しい雇用形態についても、そのほとんどは変則勤務の一形態として捉えることが可能であり、労働時間問題と密接に関連していることが明らかである。身分保障と同時に労働時間についての規制を加えなければ、今日的な雇用形態として確立させることはできないだろう。

第2節　働き過ぎの社会はなぜ生まれたのか

経済社会との関わりでわが国の労働時間問題を考えようとするならば、「企業社会」との関連についても取り上げておかなければならないであろう。経営サイドの長時間労働容認の論理も、基本的にはここに立脚しているからである。例えば、「長期雇用の慣行があるため、不況時の雇用削減（アメリカのようなレイオフ）が容易でなく、従って、企業の側においては、好

図表Ⅱ-15 所定外労働時間の恒常的部分と景気変動部分の試算(製造業)

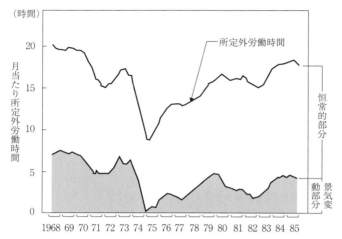

(出所)『労働白書』(1986年)

況時にも不況時のことを考え、雇用増よりも残業増で対処しようとするし、労働組合の建前論は別として一般労働者は残業の増えることを喜ぶ風潮がある」、「日本人は働くことに生きがいを感ずるという傾向が外国人よりも強いし、また一般社員にも重役、社長への昇進の途が開かれているのが普通、ないし日常茶飯事となっているから、昇進への刺激が、労働意欲の高揚につながっている」(以上は1985年版日経連『労働問題研究委員会報告』による)といった主張などはその典型である。

まず検討してみなければならないのは、果たしてわが国の長い残業時間が長期雇用慣行を維持するためのものであるのかどうかという点である。1986年版の『労働白書』は、[図表Ⅱ-15]に示したように、「所定外労働時間には景気変動に対する調整部分のほか恒常的部分がかなり多く、しかも、近年増加傾向にある」ことに加えて、「所定外労働時間が恒常的になるのは、企業にとって、新たな労働者を雇入れて働かせるよりも既存の労働者に追加的な労働を行わせる方が有利となるためと考えられる」こと、しかも「大規模

企業ほど固定的な労働費用の割合が高い結果、所定外労働の有利性がより大きい」ことを明らかにしていた。つまり、日本的経営を代表し長期雇用の維持に関心を払っているはずの大企業において、実は残業の有利性が大きいと言うのである。少なくとも恒常的な部分については、長期雇用の維持のためのものとは言えないことは明らかであった。

更に言えば、大企業においては中高年層を対象に配転、出向、転籍をかなり自由に行っており、恒常的な残業を維持しつつ雇用量を「弾力的」に調整しているという事実もあった。また大企業においては労働力の個人別管理が徹底しており、そこでは総体としての雇用量や支出労働量が問題となっていたのではなかった。たとえある企業で残業が広く行われていたとしても、当該の労働者が人員削減の対象に含まれれば、企業から排出させられることになる。長期雇用慣行を支えているものがあるとすれば、それは残業ではなく協調的な労使関係を維持したいという企業の側の労使関係上の「配慮」であったのではなかろうか。

次に検討しておきたいのは、わが国の労働者が働くことに生きがいを感じており、そのために「欧米人に比し、年次有給休暇の消化率が少ない」といった議論である。労働者が働くことに生きがいを感じたいと思うことは、自然かつ当然のことであろう。だがそうしたことで年休の消化率は低いのであろうか。この点については、次のような電機労連の指摘を紹介しておきたい。それによれば、年休の消化率がきわめて低いのは、「企業、工場の生産計画は95～96％の出勤率で計画がたてられているところに問題の一因があると言える。今後のあり方として、参加問題の一つとして、年休取得の運動の一環として、年休を消化できる程度の出勤率を予め考慮した計画を組むよう、生産計画の作成に組合の意志を反映し、具体化へのとりくみが必要になってきている」と述べられていたのである。

また先の『労働白書』は、「年次有給休暇の取得促進のためには、年次有給休暇の取得が精皆勤手当へはね返ることや査定に影響するといった、年次有給休暇制度本来の主旨に反するような措置を無くすことは言うまでもないが、企業があらかじめ年次有給休暇の完全取得を前提として労働者を配置す

ることが必要である」と指摘していた。こうした措置を取ること無しには、経営サイドの主張はリアリティを持たないのではなかろうか。勿論年休の消化率の低さは、日本的経営における「集団主義」とも関連している。そうしたところでは、個人別の分散取得により年休の消化率を高めることには限界があるようにも思われる。組合サイドからみても、個人の権利意識の確立だけでは問題は解決しないのであり、完全取得への手掛かりとして日本的な連続一斉取得の方法を考えていかなければならないだろう。

これまで述べてきたことからも明らかなように、経済成長に依存しつつ労働時間の短縮を進めるような時短のあり方は、もはや限界に来ているといわなければならない。特に最近の経済成長の質は、時短を阻害し逆に延長させるような誘因を強くもっていることが注意されなければならないだろう。そうであるとするならば、今われわれにとって必要なことは、労働時間の短縮を困難にするような経済成長のあり方に規制を加えることであり、そのための独自の視点を経済と産業の外側に確立することである。

大事なことは、経済構造や産業構造の変化とともに顕在化してきた社会構造の変化や生活構造の変化に十分な関心を払うことであろう。高齢者や女性、高学歴化した「新人類」、更にはハンディキャップを負った人々が労働市場に登場してきており、こうしたこれまで日本的経営の外部に位置付けられていた人々のニーズを重視しなければならないし、また「豊かな社会」が生み出した生活の質（家庭、地域、余暇、健康等）への関心の増大が、生活時間の増大欲求を強め、「企業社会」に生息するわが国の労働者のあり様に反省を迫ってもいたからである。

それと同時に、経済構造や産業構造の変化によって、職業構造のホワイトカラー化が進行していることにも注目しておかなければならないだろう。ホワイトカラー化は、知的・精神的な労働に従事する労働者を増大させることによって、現代労働の質を変化させてきているのである。これまでは、労働者にとっての労働時間は企業にとっての労働時間とほぼイコールであったと思われるが、最近では両者の間には乖離が生まれている。こうした事態は、ホワイトカラー化の進行と無縁ではない。

図表Ⅱ-16　男子労働者の職種別にみた週平均生活時間

(単位：分)

行　動　区　分	生産現場	製造技術・設計	研究開発	情報処理	事　務	販売・サービス
職　業　関　連　行　動　計	3,491	3,792	3,493	3,857	3,785	3,829
勤　　　　　　　　　務	2,926	3,210	3,004	3,294	3,126	3,172
小　集　団　活　動	39	14	14	21	11	11
持　ち　か　え　り　仕　事	30	44	31	15	24	19
副　業　・　内　職	25	8	2	28	56	1
通　　　　　　　　　勤	459	468	409	499	542	621
サ　ー　ビ　ス　勤　務	11	48	34	-	26	5
基　礎　的　生　活　行　動　計	4,365	4,227	4,278	4,231	4,207	4,242
睡　　　　　　　　　眠	3,160	3,060	3,158	2,995	3,098	3,168
食　　　　　　　　　事	548	536	505	514	527	551
保健・衛生・身の回りの用事	388	376	370	424	379	337
休　息　・　いっぷく	269	255	245	299	204	186
家　事　・　育　児	213	228	242	208	195	119
教育・娯楽・レクリエーション　計	1,236	1,227	1,388	1,166	1,244	1,083
運　動　・　ス　ポ　ー　ツ	120	153	239	99	188	155
趣　味　・　娯　楽	196	193	236	215	200	150
学習・研究・読書(会社関連)	66	67	115	58	74	55
学習・研究・読書(個人的)	57	117	160	64	102	97
テ　レ　ビ　・　ラ　ジ　オ	630	537	489	587	533	508
新　聞　・　雑　誌	166	159	150	138	148	119
人　間　関　係　・　社　会　的　活　動　計	706	546	629	578	616	772
職　業　関　連　の　交　際	85	50	61	34	58	101
同僚・友人との交流・付き合い	209	175	176	196	224	252
家族間の団らん・交流	195	183	214	194	184	142
そ　の　他　の　交　際	63	35	8	59	35	43
労　働　組　合　活　動	101	80	140	85	61	212
その他の社会的活動	52	25	30	11	54	22
そ　の　他	43	41	29	41	27	18
不　　　　　　　明	26	18	21	-	5	19
合　　　　　　　計	10,080	10,080	10,080	10,080	10,080	10,080
集　　計　　数	130	67	69	16	74	46

(出所) 電機労連「第3回生活時間調査」(『調査時報』No.211)

労働科学研究所が実施した電機労連の生活時間調査でも、［図表Ⅱ-16］に示したように、「小集団活動」、「持ちかえり仕事」、「サービス勤務」や会社関連の「学習・研究・読書」、「職業関連の交際」等に当てられている時間が無視できない時間量となっていることが明らかとなっている。例え企業にとっての労働時間に変化がなくとも、労働者にとっての労働時間は延長傾向にあるのである。会社を退社しても、頭は仕事で飽和状態の労働者が増えて来ており、今後ますます増え続けるものと思われる。現代労働の質的変化を踏まえるならば、長い会社時間の圧縮は急務なのである。

第3節　働き過ぎの社会はなぜ変わらないのか

ここまで、当時の労働時間問題の全体像を俯瞰してきたが、次に問題としたいのは、わが国における働きすぎの構造である。成熟し変容に向かった「企業社会」は、一体どのような形で働き過ぎを生み出していたのであろうか。そしてまた、働き過ぎは当時の労働者にどのように受け止められていたのであろうか。こうした問題にアプローチするための手掛かりとして、まずは、当時の時短をめぐる動向を簡単に整理しておくことにしよう。

連合が労働時間短縮闘争を賃上げと同等の力で取り組むことを表明したことなどもあって、1991年の春闘は「時短春闘」と呼ばれることになった。連合が時短元年をうちだしたのは既に2年前の1989年春闘のことであったが、この2年間について言えば、実はほとんど成果らしい成果を上げることが出来なかった。労働省の主要企業を対象にした調査結果をみても、1990年春闘で時短要求を提出した組合のうち、妥結したのは22％に過ぎなかったし、1990年度の年間総実労働時間は2,044時間（「毎月勤労統計調査」、事業所規模30人以上）で、前年度と比較してわずかに32時間しか短縮しなかったのである。時短は掛声倒れに終っていたと言っていいだろう。しかし、連合がみずから掲げた1,800時間達成の目標期限である1993年が近付いて来たこともあって、1991年は例年以上に時短に意欲的な姿勢を見せることになった訳である。

特に注目を集めたのは、鉄鋼大手５社の労使交渉の動向であった。鉄鋼労使は1990年春闘後、時短調査研究委員会を設置して時短のあり方をめぐり意見交換を重ねてきた。その結果1991年には、「労働時間短縮を積極的に推進するために、労働生産性の一層の向上を前提に、今後の経済環境に特段の変化がない限り、1990年代半ばまでに年間所定労働時間1,900時間を切ることを目標に段階的に所定休日を増加することとし、更に、年間総実労働時間については、景気の消長で変動はあるが、年休付与日数増などを検討することにより、1,800時間台になることを目標とする」という内容の「中期ビジョン」が策定された。組合側が「時短の新しい流れをつくり出しえた」と評価したように、さまざまな限定付きであるとは言え、ともかくも産別レベルで1,800時間台の目標が打ち出されたのである。

　鉄鋼労連の試算によると、当時の年間所定労働時間は1,971時間であったが、これを10日の休日増によって1,893時間にまで減らし、更に現在20日の年次有給休暇を25日にまで引上げて完全消化させると192時間の時短となり、これによって年間所定労働時間は1,700時間程度となる。現在の残業時間は180時間程度なので、これを加えると年間総実労働時間は1,880時間となるが、残業削減についても強力に取り組めば年間総実労働時間を1,800時間以下にすることは可能であるとされた。そして1991年春闘では、そのための足掛かりとして常昼勤については２日、交替勤については３日の休日増を獲得した。

　時短の取り組みは、鉄鋼だけではなく他の産業でも目立つようになり、かなり幅の広い動きとなってきていた。電機労連も1993年に1,800時間の実現を目指す中期プログラムを要求した。結果としては労使協議機関の設置と、祝祭日が土曜日と重なった場合の休日増に留まったが、1990年に既に「1993年度中に一人平均で年間総実労働時間1,800時間」を実現するということで労使が合意していた松下電器に加え、三洋も1993年度中の達成で合意した。これに対して自動車総連は中期プログラムを要求したが受け入れられず、時間外20％削減（80時間）と年休取得率の向上（３日＝24時間）によって年間100時間短縮することで合意した。

第Ⅱ部　「企業社会」の成熟と労働の変容

　時短のための中期プログラムの要求は、全電通を始めいくつかの単産で見られたが、期限については「1993年度までに」「1993年度を目途に」「5年以内に」「できるだけ早期に」といったようにさまざまであり、また達成すべき目標についても「年間総実労働時間1,800時間」から「年間所定内1,800時間台」（所定内ではほとんど何の意味もないうえに、1,800時間台とは！）までかなりばらついていたというのが実態であった。

　時短にむけて労働組合の真価が問われるのは、本当はこれからだと言っていいだろう。中期プログラムの実現にあたってネックとなったのは、実は所定労働時間の短縮などではなくて、長時間の残業の削減や年次有給休暇の取得率の向上だったからである。1991年春闘における交渉では、どのような手順で残業を削減し年休の消化率を引上げ、1,800時間を達成するのかという点については、労使間で特に何かが合意されていたわけではない。中期プログラムでは目標が定められたに過ぎないとも言えるからである。

　年休の消化率は、当時までの10年間で66％から57％にまで約10ポイントも低下していたし、電機労連の調査によると大手16社で切り捨てられた年休日数は180万日以上にも及んだと言う。また労働省の「毎月勤労統計調査」によると、金融・保険業はもっとも時短が進んだ産業ということになっているが、そこでサービス残業が横行していることは既に周知の事実となっていたのである。重要な問題が残されていたと言わねばならない。

　当時の時短をめぐる動向については、いくつかの厳しい評価があった。例えば、「かれらは1,800時間への到達を目玉に新たな大規模な『合理化』をねらっているのだ。その計画では一人ひとりの労働者は確かに1,800時間になるかもしれないが、製造業の現場を中心に24時間稼動態勢を当たり前にし、今よりももっともっと激しい搾取を強制しようとしている」（工藤光喜「労働時間短縮を口実にした動き」、『賃金と社会保障』1991年4月下旬号）といった指摘や、「主要企業で時短が形式上進んだとしても、労働者の過密労働や協力残業、末端中小の長時間労働の温存など、過労死を更に多発させるような要因を持っていることを見逃すことはできない」（金田豊「時短推進のために求められるもの」、『労働総研ニュース』No.15）といった指摘である。

第4章　働き方の変容と「企業社会」

　連合主導の時短の限界や危険性を認識しておくことは重要であり、また時短のために交替制勤務や変形労働時間制、あるいはサービス残業などが増えるのは大いに問題であると言うべきであるが、しかしそれにしても1,800時間達成に向けての労使合意が成立したということは、やはりきわめて大きな社会的意義を有していたのではなかろうか。全労連傘下の単産や単組も「一日8時間、週40時間」と「年間総労働時間1,800時間」の達成にむけての取り組みを強めつつあったが、連合傘下の組合とは違ったプログラムを積極的に策定しつつ、賃上げだけではなく時短においても連合と競争すべきであったようにも思われる。

　ところで、当時労働時間に関する二つの興味深い調査結果が、相次いで明らかにされた。一つは、『朝日新聞』(1991年8月9日)にも紹介されていた、連合総研が1990年に実施した「五か国生活時間調査」(日、米、英、独、仏の主に男子労働者を対象)の結果であり、もう一つは、労働省が1990年の暮に連合総研に委託して実施した「所定外労働の削減に関する調査」(連合傘下の労働組合と組合員が対象)の結果である。

　まず前者の結果から見てみよう。それによると、①ドイツ、フランスでは始業時刻の10分前に職場に入り終業時刻になるとすぐに退社しているが、日本の場合は平均して始業時刻の30分前には出社し、午後5時前後の終業時刻を過ぎても6時半で47％、7時で30％の労働者が会社に残っている、②1日の労働時間と通勤時間を合計すると、日本は最長の12時間となり、イギリス、ドイツ、フランスよりも2時間30分から3時間、アメリカよりも1時間40分も長くなる。この差の大半は、①からもわかるように残業時間によるものである。しかも他の諸国にはいないが、わが国の場合は帰宅後自宅で仕事を続ける労働者が4％いる、③この結果、平日の自由時間は日本が最短の2時間28分で、イギリス、ドイツよりも2時間弱、アメリカ、フランスよりも約1時間短くなる、というのであった。

　わが国においては、労働時間に関する雇用契約関係がかなり曖昧になっており、それによって、個人の自由時間が食い潰されていることが明らかである。この調査によると、自由時間のうち「家族どうしの付き合いなど私的交

133

際」はドイツでは32分であるが日本は1分、また家事時間はフランスでは59分であるが日本は8分に過ぎなかった。自由時間の圧縮が、地域における市民としてのつながりや家族との関わりを、かなり希薄なものにしていることが窺われる。

経済企画庁編の『1800労働時間社会の創造』(1989年) でも、「食事時間も十分取れているとは言えず、このことが日常的食文化の発展を不十分なものとし、また、家族・友人等との会話の機会を減少させている」、「父親は仕事で忙しすぎる、子供は勉強で忙しすぎる、家事・育児は専ら主婦が担当する、という具合で家族が共有する時間がない」ために、「日々の生活を共同で紡ぐという家庭生活の基本的意義が軽視されている」、「一般の人々が自由に参加しあい、少しずつ分担しあっているパブリックな活動が少なくなっている」、「社会の中核的な年齢層の文化活動への参加」が阻まれているなどと、かなり的確に指摘されていた。時間の貧しさが、こうした形で生活の質の貧しさと結び付いていたのである。

次に、後者の調査結果を見てみよう。それによると、わが国労働者の労働時間を最長にし自由時間を最短にしている残業が、どのようにして生まれてくるのかがある程度明らかになる。ポイントだけを紹介してみると、①所定外労働時間があらかじめ決まっている組合員(「あらかじめ決まっている」「所定外」労働時間という日本的現実を見よ!) が19％いる、②休日出勤や8時間を超える長時間残業を行った場合に、代休を「必ず取っている」者が24％、「だいたい取っている」者が11％で、約3分の1の組合員しか代休を取っていない、③「割増賃金が完全に支払われている」組合員は68％に留まり、残り32％は完全には支払われていない(そのなかには「まったく支払われていない」者も3％含まれる)のであった。

更に、④所定外労働を「なくした方がよい」(23％)と回答した組合員と「もっと減らすのがよい」(40％)と回答した組合員を合計すると6割を超える、⑤所定外労働を行う理由をみると、「仕事量に比べて人手が少なすぎるため」と答えた組合員が64％にも達してもっとも多く、「所定外賃金がないと生活が苦しい」と回答した組合員は22％に留まる、⑥所定外労働の削減の

第4章　働き方の変容と「企業社会」

ために望んでいるものとしては、「要員数を労使で協定して決める」と回答した組合員が56％でもっとも多く、「賃金水準の引上げ」（50％）を上回っている、⑦会社に所定外労働の削減を要求しておらず、その予定もない組合が29％ある、⑦所定外労働を削減するための目標値を設定している組合は40％に留まり、残り57％は目標値を設定していない（どうやって削減するのか？）、といった興味深い結果が得られていた。

　ところで、上記の調査結果を発表した労働省は、「所定外労働の存在を前提とするような企業の業務体制にも問題があるが、それに加えて、所定外労働を容認したり、むしろ歓迎したりする労働者の意識にも大きな問題があるのではないかと考えられる」とコメントし、わざわざタイトルに「労働者の賃金指向が所定外労働削減のネック」とまで掲げたのであるが、これには著者も開いた口が塞がらなかった。内容を読めばとてもそんなタイトルは出てこないし、むしろ先の④、⑤、⑥などからは逆の結論が得られたのではないかとさえ思っていたからである。

　また、この調査結果を報じた『赤旗』（1991年7月16日）の「『残業代は生活費に』8割」という見出しの記事にもやはり疑問が残った。それによると、「『所定外賃金を日常生活費に組み込んでいる』と答えた組合員は80.6％、また、労働時間短縮の問題点として『収入の減少』をあげた労働組合が6割を占め、組合員の3人に1人は『現状程度の所定外労働があってもよい』と答えています」として、こうした結果は「低賃金のために所定外労働を必要とし、時間短縮がすすまない実情を反映したもの」として捉えられていたのである。こうした理解は労働省のコメントとは真っ向から対立しているように見えながら、実は低賃金＝長時間労働仮説に依拠しているという点では同根のようにも思われる。

　その後同紙は、「残業減らぬ責任」を「労働者におしつけ」るものであるとの論説を掲げて、労働省のコメントに改めて反発した。その記事（7月24日）によると、「日本の労働者は、まだまだ低賃金のため、恒常的な残業による残業代が生活費に組み込まれていることは事実です。しかし、だからといって、実際に企業が時短を目指したくても労働者の収入が減るから残業削

135

第Ⅱ部 「企業社会」の成熟と労働の変容

減ができない、それが障害になっているという事例は、過分にして聞いたことがありません。逆に、企業は経費削減のためなら、労働者の生活などおかまい無しに、残業予算だけ減らし、仕事は減らさないのでサービス残業が増えるというのが現実です」と指摘されていた。

　こうした指摘は、きわめて正当であるように思われる。いわゆる低賃金＝長時間労働仮説は、かなり流布して通説化しており、当時でも根強かったのであるが、それは残業問題の一側面を捉えたものに過ぎないのではなかったか。より強調されるべきであったのは、恒常的な残業を前提にした生産計画が立てられていたために、慢性的な残業が生み出されているという現実の方であったろう。

　例えば今手元にある本をいくつか紐解いてみると、「日本の労働者は、勤勉性という美徳を持っているから好んで長時間労働をやっているというわけでは決してあり得ない。多くの労働者は何よりも低賃金であり、それをカバーするために残業して、その収入をあてにしない限り生活を維持できない」（『日本の労働組合運動3　要求・闘争論』、大月書店、1985年）、「低賃金を押しつけられているなかで、労働者も生活のために時間外労働に頼ることになり、日本の長時間労働が形成されるわけです」（『労働問題実践シリーズ2　人間らしく働く』、大月書店、1990年）、「恒常的残業は、過労死の温床である。それでも恒常的残業が多いのは、収入のなかで残業手当が大きな割合を占め、…これを解決する方法は、残業がなくても、基本給で生活できるようにすることである」（野澤正徳他編『自立と協同の経済システム』、大月書店、1991年）といった指摘をたちどころに発見することができる。

　このような仮説にこだわる限り、時短のためにも賃上げが必要であるといった実践的な結論に導かれやすく、時短闘争の独自の決定的な重要性が薄められてしまうのではなかろうか。過労死弁護団全国連絡会議事務局長の川人博は、「長時間残業の原因を、低賃金構造に求める見解、すなわち、残業賃金が魅力となって残業が多くなるとの見解は、一部の職場の付加的な要因の説明に過ぎない。製造・運輸などで残業代がきっちと支払われている職場に限って当てはまる説明であり、かつ、残業をする場合のいくつかの動機の一

第4章　働き方の変容と「企業社会」

つに過ぎない。過労死発生との関係で言えば、残業代のために死ぬまで働くといった実例に私は接したことがない」(『経済セミナー』1991年8月号)と述べていたが、こうした指摘の重要性を忘れてはなるまい。

　先に著者なりの労働省調査の要約を示したが、それを素直に読むならば、いつまでも低賃金＝長時間労働仮説にこだわるべきではなかろう。この仮説に立つと、サービス残業の広がりを説明することは困難である。いま労働組合に求められていることは、社会現象と化した過労死と、蔓延する過労死の不安を根絶することであり、そのためには低賃金＝長時間労働仮説の惰性を、早急に克服しなければならないだろう。

第4節　働き過ぎの社会はどこに向かうのか

　先の論文や『経済』(1991年8月号)、『朝日新聞』の「論壇」(1991年7月18日)などで川人が繰り返し指摘しているように、労働省の「毎月勤労統計調査」は企業が支払いの対象とした労働時間をカウントしたものに過ぎず、現実の労働時間の実態を正しく反映したものとは言い難いものであった。支払いの対象とされなかったサービス残業やフロシキ残業などは、当然ながらどこにも出てこないからである。2,064時間という当時のわが国の年間総実労働時間の数字は、「やや不正確といった程度の誤差ではなく、実態と大きく乖離している」と言わなければならなかったのである。

　同じ政府統計でも、労働者から直接アンケートをとる総務庁の1990年の「労働力調査」にもとづいて、非農林業従業者の年間総実労働時間を推計すると、男女平均で約2,400時間となり、男子労働者のみに限定すると約2,600時間となる。この調査は月末1週間の労働時間を調査しているので、実際の時間よりもやや長くなっている可能性があるが、少なくとも「毎月勤労統計調査」よりも実態に肉薄しているのではないかというのが川人の意見であった。サービス残業が根絶されなくては、1,800時間が達成されたのかどうかさえ明らかにすることはできない。残業代の完全な支払いと同時に残業時間そのものをきちんと記録するために、組合はまずもってタイムレコーダーの

137

第Ⅱ部 「企業社会」の成熟と労働の変容

設置を要求し、一頃のノーワーク・ノーペイではなくノーペイ・ノーワーク原則を確立すべきではなかったか。

　この男子労働者の2,600時間にしても平均値であるから、当然ながらこれをはるかに超える労働者も少なからずいる。森岡孝二が紹介している事例（山口正之他『どこへいく資本主義と社会主義』、1990年、大阪過労死問題連絡会編『さよなら過労死』、1990年、ともにかもがわブックレット）は次のようなものであった。日本生命労働組合の1989年の「調査季報」に紹介された「営業管理職の平均的職務像」によると、平常月で出社時刻は午前8時、退社時刻は午後8時30分、これが重大月（年4か月）となると退社時刻は更に1時間遅くなるのだと言う。

　この場合の年間総実労働時間は、昼休み1時間を除き1ヶ月の出勤日を21日で計算すると、平常月基準で約2900時間、重大月基準では3,150時間になり、年間でおおよそ3,000時間にも達することになる。先の川人によれば、過労死で倒れた労働者の年間総実労働時間を計算すると3,000時間前後がほとんどであると言う。だとすれば、生保の営業管理職などはいつ過労死してもおかしくはない状態に置かれていたということになる。かれらが過労死の不安を抱いても当然であったろう。

　新聞をみてもいささかショッキングな投書を当時もよく見かけた。「家計簿の余白に夫の在宅時間と、家での仕事時間（家に仕事を持ち帰るので）を記録することにした。タイムカードが無くなってしまったいま、万が一の時にと、（考えたくもないが）考えに考えた末のことです。記録をつけ始めて1か月、思っていた以上の忙しさだった。ある週は、徹夜1回、深夜帰宅（1時半ごろ）4回、朝は7時半には家を出ます。また出張の時などは、深夜帰宅後、家で書類の整理をし、朝6時前に出かけます。数時間の睡眠ができれば御の字です。…疲れ切ってぼろ布のようになってしまった夫を、今朝も、送りだしてしまった私。…」（『朝日新聞』1991年2月11日）というものもあった。

　また銀行員の妻からは「出社は午前9時だが、帰宅は夜の12時すぎ」の外回りの営業は大変だろうと家族で内勤を勧めたという。だが、「内勤に移ってみると、仕事は一層ハードになってしまった。出社は午前7時になり、帰

宅は午前1時をすぎる。…私は過労死相談室の電話番号を控えるようになった。銀行よ、夫を殺すな」（同1991年7月13日夕刊）という悲痛な叫びもあった。

　では何故にこのような事態が生まれるのであろうか。ストレス問題の研究者である山崎喜比古によると、近年のわが国の労働者を対象にしたストレスに関する多くの調査結果を振り返ってみると、職務上の要請や圧力が大きくなっていることに改めて気付かされると言う。ソフトウェア技術者のハイストレスなども、当初は「テクノストレス」などと呼ばれて、あたかもコンピュータ労働の特性にその多くが由来するかのようにみられてきたが、その実、それは主要には常態化した長時間労働のうえに納期を控えて仕事や課題が山のように膨れ上がり、しかもそれが繰り返されることによっているのであって、あえて言えば「ノルマストレス」だと述べ、これによって営業職などのハイストレスも説明できると言う。

　商社や金融・保険を始めとするサービス産業の大企業従業員に、最大のプレッシャーは何かと問えば、「ノルマ」や「目標」や「責任」といった言葉が返ってくるし、また、ホワイトカラーにおける強力なストレスフル・ライフイベントに、上司との間に生じた問題や配転・異動、単身赴任などと並んで業績不振、ノルマの未達成、仕事上の重大ミスが、上がってくることなども、「ノルマストレス」の強さを示すものだと言うのであった。そしてかれはまた、過大な「ノルマ」は多忙や長時間労働とそれによる過労を生み、また一種の「心理的呪縛状態」をつくり出しているとも言う（以上「ストレス・メンタルヘルス」、『日本労働研究雑誌』1990年1月号による。なおかれの「日本の労働者における疲労・ストレスの増大は止められるのか（上）（下）」、『労働法律旬報』No.1266、67号も参照されたい）。

　先の生保の営業管理職は勿論のこと、投書した2人の主婦の夫たちも、かれのいう「心理的呪縛状態」の下で逃れる術もなく仕事を続けている訳なのだろう。当然のことながら、低賃金なので長時間労働に向かっているわけではない。妻があれほど心配していても、夫は「いまの会社を辞めない限り、この忙しさは続く」と言い、そして「会社を辞めようとは思っていない」と

言うのであった（上記の2月11日の投書）。

　ではこうした「心理的呪縛状態」はどのようなメカニズムの下で作り出されているのであろうか。査定を軸とした労務管理システムについては後に触れることにして、ここではそれが長期雇用「幻想」によって作り出されているという奥田健二の見解をまず紹介してみよう（『季刊労働法』158号）。かれによれば、長期雇用「幻想」は企業の生産効率第一主義の厳しさを覆い隠し、あたかもそれが長期雇用を実現するためのものででもあるかのような甘い外装を被せる働きをもっていると言う。こうした *sugar coating* 作用によって、正社員の数をできるだけ少なくすることが必要であるという論理が生まれてくる。不況下においても長期雇用の慣行を貫くためには、その対象となる正社員の数を少なくしておかなければならないし、また景気が好転した時にも、正社員を増やすことは避けなければならない。そのため好況時には、現存の正社員の残業によって切り抜けなければならなくなると言うのであった。

　更に正社員の側にも、将来の不況時においても雇用を保障してもらうことの代償として、正社員の数を制限し従って仕事量の増大に対しては残業によって対処することを容認するような心理が根付いていく。こうした状況の下で従業員の昇進志向を充足させるためには、企業の無限の成長を追求しポストを増やすしかない。それによって、あたかも働く人々に恩恵を与えるための方策ででもあるかのように装いながら、企業は生産効率第一主義を追求することが可能になると言うのであった。

　そしてこうした状況の下では、家庭生活も顧みずに残業に耐える健康な男子正社員を重用するという人事労務政策が必然的に生まれてくる。長期雇用を維持し企業の成長を追求していくためには、弱者の排除も止むを得ないものとされることになるからである。こうして会社のことしか頭にない視野の狭い人間が、長期雇用「幻想」に覆われた閉鎖的な「企業社会」の内部に生まれてきたと言うわけである。

　長期雇用「幻想」が生産効率第一主義を覆い隠しているというかれの指摘は、山崎のいう「心理的呪縛状態」を説明するものとしてきわめて興味深

い。わが国においては、雇用の権利は長期雇用慣行としてしか存在しておらず、そのために労働者は企業に過度に依存せざるを得なくなる。企業の成長のためには残業も止むを得ないものとして受容しなければならず、その結果雇用契約関係すらもが曖昧なものにさせられていったのである。企業の成長の追求を疑ったり企業の要請を断わったりすることは許されず、それは一つの掟となって「企業社会」を覆い、過剰なまでの規律を生み出していくことになる。その掟や規律を「ノルマストレス」を生み出すまでにハードにしていたのが、今日まで続く企業間競争の激化であり、それを従業員どうしの競争に移しかえていく人事・労務管理システムの強化であった。

　当時日経連は職能資格制度の「人事トータルシステム」化を提唱していたが、そこで重要な位置付けを与えられていたのは人事考課であった。一人ひとりの能力を本当に生かせるのは、それぞれの職場での上司以外にはないということで、現場での個別管理が徹底され、面接を通じて、職能資格制度で示されている一般的な「等級基準」が、個人別に具体化されて「職務基準」に翻訳されていた。この面接では、上司から経営方針や事業計画に関する情報が提供され「共有」されたうえで、本人に期待されている役割が明示され、そのうえで本人の「同意」にもとづいてチャレンジングな「職務基準」＝ノルマが設定されるという訳である。そしてこの「職務基準」の遂行度が厳格な評価の対象とされたのである。

　このような仕組みにもとづく人事考課は、三つの「重＝高圧」を生み出した。それは、上司による個別＝日常的な管理の「重＝高圧」であり、自らも「同意」した「職務基準」＝ノルマの「重＝高圧」であり、そして査定とその結果要請されることになる能力開発の「重＝高圧」であった。こうした「重＝高圧」下で「自分の意思で目標設定に参加し、目標達成に努力するチャレンジシステム」が作り出され、「企業社会」は経営目標を高水準で達成しつつ「安定」していくことになった。労働組合は人事考課に対しては関与せず、日立の場合では苦情処理さえも関与の対象から排除された。その下で、能力平等思想と能力は高まり続けるという「幻想」が労使に共有され、「やればできる」世界が形成されていくことになったのである。

第Ⅱ部　「企業社会」の成熟と労働の変容

　まともな労働組合無しにこうした過剰規律の「企業社会」を改革していくことは難しい。そしてまた、ノルマの設定自体に労働組合が発言し規制を加えていかなければ、過労死を根絶することはできないのである。ダグラス・ラミスは斉藤茂男との対談（『何故日本人ハ死ヌマデ働クノデスカ』、1991年、岩波ブックレット）で、「会社に入っていてやめられない人間はどうすればいか。非常に古臭いように聞こえるでしょうが、昔のような労働組合運動を復活しない限り、解決はないと思います。会社を辞めろといったら無責任で、それぞれの生活があるから。つまり企業の民主化、仕事の民主化以外に希望はないと思います。それは政府がやるものじゃなくて、働いている人がなにかの組織で、自分の労働組合が御用組合ならば、組合の中にもう一つの組合をつくって頑張る以外、変えようがないと思うんです」と述べていたが、こうした指摘に著者も共感を覚える。

　組合独自の「残業管理基準」（遅くとも20時、週2回、月5回）をつくって1,800時間を実現した全損保東海支部のたたかいの経験が前掲の『さよなら過労死』で紹介されていたが、それによると「死んで職場を告発するのではもう遅い」し、「生きていて職場から告発することにこそ値打ちがある」と決意したものの、「残業するのが当たり前」で「5時に帰るなんて、それこそ異常」な職場で「残業ノー」と主張することはたいへんな勇気を必要としたし、「自分たち自身との戦いに勝つことが、一人ひとりの組合員に非常に求められ」たと言うことであった。こうした自らの力でライフスタイルを変革していこうとする勇気ある戦いが、更に広がっていくことを期待したい。

　連合が主催した時短討論集会では、親企業の必要に応じて少量の製品を頻繁に納入させるジャストインタイム方式や、「土曜夕方発注・日曜夜納入」といった無理な発注のあり方、多頻度小口配送の問題点などが指摘されるとともに、労働基準法の改正による時間外労働の上限規制や時間外割増率の大幅引き上げの必要性が強調されたようである。特に興味深かったのは、「日本全国が翌日配達圏と言われる陰で、膨大な数のトラックが昼夜を問わず走り回っている」現状は、労働力の確保だけではなく環境汚染や交通渋滞の面からも限界であるとの指摘や、ヨーロッパの自治体サービスの事例をふまえて

「多少のサービス低下を認められないか」といった問題提起であった（『週刊労働ニュース』1991年5月27日号）。

　生活に「ゆとり」がなければ大量消費・大量廃棄社会に埋没してしまって、リサイクル社会の実現も不可能であろう。それだけではない。長い労働時間は、性別役割分業を固定化して男女協同社会の実現をも難しくする。斉藤茂男が前掲の対談で述べているように、「性別役割分業と長時間労働と環境破壊がセットになっている」のがわが国の「企業社会」の現実だったのである。

　いま労働時間問題を通じて労働組合に問われているのは、「モノとカネの豊かさ」にとらわれて過剰消費・過剰効率・過剰規律化した企業優先の社会を、どのように改革していくのかということだろう。先に紹介した鉄鋼の「中期ビジョン」には、「労働生産性の一層の向上を前提に」という一節があるが、現代日本の労働組合はこうした前提をさえ疑わなければならないと言うべきである。それ無しに「企業社会」の改革は始まらない。

　「ゆとり」の創造を基軸にして、経済成長や経営効率を相対化し、働き過ぎと消費優先のフレームワークや、男性・若者・健常者・正社員優先のフレームワークを修正し、家庭・余暇・健康・環境・地域・福祉・協同といったこれまで軽視されてきた社会的な価値の復権を目指していかなければならないのではなかろうか。全労連は、時短闘争を「現在の日本人の生活と労働そのものを問い直し、日本の経済・社会のあり方を企業本位から労働者・国民生活優先に根本的に改めようとするもの」と位置付けていたが、こうした広い視野にたった闘争の発展こそが期待されていたのであった。

[参考文献]
大須賀哲夫・下山房雄『労働時間短縮』、御茶の水書房、1998年。
佐々木一郎・野原光・元島邦夫『働きすぎ社会の人間学』、労働旬報社、1988年。
川人博『過労死社会と日本』、花伝社、1992年。
川人博『過労自殺』、岩波書店、1998年。
西村直樹『休みは人権』、学習の友社、1992年。

第Ⅱ部　「企業社会」の成熟と労働の変容

森岡孝二『企業中心社会の時間構造』、青木書店、1995年。
山科三郎『自由時間の哲学』、青木書店、1993年。
労働時間問題研究会編『労働時間短縮への提言』、第一書林、1987年。

第5章　賃金・昇進管理の変容と「企業社会」

　「企業社会」の成熟期から変容期に差し掛かっていた1990年代に、企業の賃金と昇進に関する管理はどのように変わりつつあったのであろうか。その姿を当時の資料にもとづきながら明らかにしてみたい。労働者は、企業のなかで賃金と仕事と肩書によってさまざまに処遇されており、その処遇のシステムとそれを受容する労働者の生理と心理が、現実の経営秩序＝「企業社会」を形成することになる。賃金決定の「社会性」が既に弱められていた当時においては[1]、企業による労働者の支配と統合の根幹をなしている賃金と昇進をめぐる管理がもつ意味は、それだけ大きなものになっていたと言えるだろう。周知のように、「それぞれの企業が期待し求める能力（職能）像の職種別等級別の分類明細書」[2]である職能資格制度（その賃金における具体的な展開形態が職能給である）は、賃金と昇進を「職務遂行能力」にもとづいて管理しようとするものであったが、この職能資格制度は1990年代に「人事トータルシステム」として再編され、能力主義管理の一応の「完成」形態となっていた[3]。

　本章の課題は、現実の経営秩序＝「企業社会」の根幹をなした賃金・昇進管理の実像を解明するところにおかれているが、そのためには、①能力主義管理の現段階として「人事トータルシステム」を位置付け、②その理念と現実との相克の諸相を明らかにし、更には③「人事トータルシステム」の根幹におかれた人事考課をめぐる問題点を摘出することが不可欠であろう。

第1節　賃金・昇進管理はどう変わったのか

（1）賃金体系再編の新段階―併存型職能給体系にみる「二つの魂」

　賃金・昇進管理の到達段階を明らかにするための一つの素材として、1988

年に実施された鉄鋼大手における賃金体系の改定の意味を検討してみよう[4]。改定を促した主要な要因は、競争力の回復のために労務費の上昇圧力の増大を回避したいという経営サイドの願望であったと言えるだろう。その結果として、高年齢層の昇給カーブが抑制された「厳しい改定」が余儀なくされた訳である。それとともに注目しておかなければならないのは、変容著しい職場の実態と仕事給との矛盾が顕在化していたことである。

すなわち、生産設備の変化に伴い職務内容の「高位」平準化が進行し、更には、リストラクチャリングの過程で要員合理化と機動的な人員配置（職務の広域化や多能工化）の必要性が高まってきたために、これまでの仕事給では対応仕切れなくなっていたのである。そのために、仕事給のうちの職務給部分については、そのウェイトが低下させられるとともに弾力化（職務評価単位の大括り化、役割区分の新設、職務評価要素および職務評価方法の変更）されて、「職能給的な性格をもつ」ものに改編させられ、更に仕事給のうちの職能給部分については、そのウェイトが引上げられるとともに幅広い観点から考課要素が設定されて、「職務遂行能力」にもとづいた管理が強化されることになった。

この改定によって、年功給と仕事給の構成比は50：50から40：60に変えられ、基本賃金（年功給プラス仕事給）の18歳から60歳までの一貫管理が実現されることになったが、やはり大きな意味をもったのは仕事給比率が6割になったということであろう。年功賃金でいう年功が賃金決定基準としての地位を低下させて、年功賃金は「平均」的な「現象」としての右上りの昇給カーブをシンボライズするだけのものに過ぎなくなったと言えるかもしれないからである。そのことを端的に示していたのが、職務給の弾力化をも含んだ全体としての仕事給の職能給化の進展であった。この過程で、「職務遂行能力」に対する人事考課は深化し、賃金決定はより一層個人別に分断されることになった。企業別の賃金決定は個人別の賃金決定に細分化され、その具体的な決定過程は労働組合でさえ明らかにしかねるようなベールに覆われており、賃金決定における産業民主制は明らかに形骸化しつつあった。

このように、賃金体系は職能給化の方向で再編されつつあり、それはまた

第 5 章　賃金・昇進管理の変容と「企業社会」

「職務遂行能力」を評価する人事考課の役割を高めつつあることが改めて明らかとなったのであるが、問題は、その職能給化が職能給賃金体系として完全に自立しうるところまで進むかどうかということであった。「"能力主義的秩序"が日本の勤労者の公平観に内在的」[5]であるならばそうなってもおかしくはないが、当時の展開をみる限り自立することは難しいのではないかと思われる。

　職能給化は今後とも進行するであろうが、それはあくまでも年功賃金の絶えざる「修正」に留まり、併存型職能給体系が基本的には維持されることになるのではなかろうか。賃金制度の改編はもともとグラジュアルにしか行えないといった事情が問題なのではない。重要なことは、わが国の労働者が依然として賃金と昇進に関して「二つの魂」を抱いていたことであり、わが国の経営者が年功賃金のもつ賃金抑制機能と企業帰属意識維持機能に依然としてメリットを感じていたことである。

　つまり日本の労働者の場合、右上りの年功賃金カーブが維持される限りは、「能力」対応的な賃金と昇進だけではなく「生活」対応的な賃金と昇進をともにフェアであり不可欠であると見做していたのであり、かれらは前者のみをフェアであるとみるようなピュアな能力主義者とはなりえないのではないかと思われたからである。かれらの心理と同時に、生理が問題とされなければならないのである。経営サイドでも、労働者が賃金と昇進に対して抱く「二つの魂」を併存型職能給体系のうちに包摂して、それをかれらなりに意識的に活用しようとしていたのである。だからこそ「人間の成長の側に視点をすえた日本的人事を展開するには、キャリア形成に対応する職能給体系は、世帯形成のミニマムを維持する年齢給と併せて構成されることが不可欠」[6]であると指摘されることになったのではなかろうか。

（２）能力主義管理の現段階―職能資格制度から「人事トータルシステム」へ

　上述の鉄鋼の事例にも示されていたように、わが国における能力主義管理は職能給と職能資格制度として具体化され、当時それは「人事トータルシス

テム」として再編されるまでに至っていた。まず最初にその経過を簡単に振り返っておくことにしよう[7]。能力主義管理の第一段階は、1969年に日経連がまとめた『能力主義管理―その理論と実践―』によって開始されたと言えるだろう。これによって、能力主義管理の思想がその姿を整え、企業目的の達成のために貢献する「職務遂行能力」を基準とした個別管理が実践されることになったのである。

その過程で、1975年には楠田丘の『職能資格制度』が出版されるが、ここで明らかにされた「楠田方式」[8]によって職能給の導入はマニュアル化され、それが職能給の普及に一役買うことになった。また1977年には賃金制度研究会の報告書である『定年延長とこれからの賃金制度』がまとめられたが、そこでは、定年延長を実現するために年功昇給の抑制と同時に併存型職能給体系の導入が推奨され、職能給の導入が労働省の推奨を受けることになった。職能給は、こうした過程を経ながら民間大企業に普及していったのである。

しかしながら、職能給と職能資格制度に示される能力主義管理がその後順調に理念を現実化させることができた訳ではない。わが国における能力主義管理は、長期雇用慣行によって出口を塞がれた組織において、しかも労働者の組織志向性を利用した「小集団管理」によって補完されることによって、企業と職場を「高圧釜」[9]的状況に改編し得たのであって、その成功はもともと「日本的」なものに補完されていたことが忘れられるべきではない。職能給の導入が併存型職能給体系として実現をみたのも同じである。こうした現実は、「純粋」な能力主義管理の実現がきわめて難しいことを示していた。のちに詳しく触れるように、現実には、労働者が賃金と昇進に対して抱く「二つの魂」とぶつかるなかで年功的に運用されたり、「職務遂行能力」もたんに評価されただけに終って、その育成に結び付かないといった事態も生じたのである。

こうしたなかで、1980年には日経連が『新職能資格制度』をまとめて「人事トータルシステム」を提唱し、能力主義管理は第二段階を画することになった。日経連の主張によれば、①「人事トータルシステム」の基軸には職能

資格制度が置かれており、この職能資格制度は、昇格と役職昇進の分離による処遇の安定性と配置の機動性の確保を目的としていたが、②そうした目的を実現するためには、「職務遂行能力の発展段階にみあう職能資格等級を基準として、賃金・処遇、配置・移動・昇進・昇格、人事考課、教育訓練・能力開発といったさまざまな制度を有機的に統合し、円滑に機能させる」ことが必要であり、③職能資格制度は、そうした「人事トータルシステム」として再編されることによって、「低成長経済下の企業経営に合致した柔軟な効率的人事制度」[10]になりうる、と言うのであった。

上記のような主張からも明らかなように、「人事トータルシステム」はまさしく当時における人事改革として位置付けられていたと言えるだろう。こと改めて改革が叫ばれたからには、それなりの理念が必要であった。人事の要としての現場個別管理と面接制度の強化を重視した労務管理を推進し、管理職昇進、専門職昇進、専任職昇進を分離して昇進の多様化を図り、職能給を基軸にして賃金体系を整備・確立し、個別的・計画的・生涯的な能力開発を推進するとともに、そのすべてを貫くことになる人事考課については、絶対考課としての人事考課を確立すること、これが提起されていた理念の骨格であった。理念自体はいかようにも掲げうるものであるが、そこには能力主義管理の第一段階に孕まれた問題点が何らかの形で投影されていたはずである。それ故に、先のような理念の背後に存在するものが改めて検討されなければならないのである。

(3) いまなぜ「人事トータルシステム」なのか

では、能力主義管理の第一段階においてどのような問題点が顕在化していたのであろうか。もっとも大きな問題点は、現実には昇格が年功的に運用されたために職能資格制度が行き詰まったことであった[11]。その理由として指摘されなければならないことは、明示された職能資格基準が抽象的な内容に留まったので、どのようにでも解釈可能であったことであり[12]、また、人件費抑制のためにそれぞれの資格には定員枠が設けられ、それが故に昇格者の限定的で恣意的な選別がどうしても避けられなくなっていたことであ

149

る。こうしたところでは、相対評価による人事考課しか存在しえず、それはまた「職務遂行能力」という絶対的な評価基準を済し崩しにせざるをえなかった。こうして、労働者の間に客観性と納得性の欠如した人事考課に対する不満が醸成され、それが昇格の年功的な運用を生み出していったのである。

　顕在化した問題点はそれだけではなかった。その他にも、個別管理が主張されているにも関わらず、逆年功基準にもとづいて中高年層のマイナス一括処遇が行われるという能力主義管理とは矛盾するような事態が広がり、また「職務遂行能力」を顕在化させうる仕事と職場が欠如しているために、労働者の役職昇進への執着を弱めることができず、更にはサービス経済化やME技術革新の展開の下で、まともに生涯的なキャリア形成が追求されることはなく、能力主義管理が中高年層の排除の論理としてのみ位置付けられ機能したことなどが指摘できるだろう。

　端的に言えば、これまでの職能給と職能資格制度には、中高年層をターゲットにして労務費コストを抑制しポスト不足を回避しようとするマイナスイメージの影が絶えずちらついていたのである[13]。そうしたものに労働者が不満を抱いてもおかしくはない。職能資格制度が年功的に運用されることによって引き起こされた制度の形骸化と行き詰りは、そうした不満が生み出した産物であったとも言えよう。こうした問題点は、職能資格制度が「人事トータルシステム」に再編された当時においても、依然として解決されていなかったのである。

　勿論、「人事トータルシステム」が提唱されるにいたった背景は、それだけではなかった。もう一つ指摘しておかなければならないことは、1980年代に入って経営環境が大きな変貌を遂げ、それに伴って労働市場の構造が変容してきたことである。サービス経済化とME技術革新の進展によって、環境変化への柔軟な「適応」力が求められることになったし、本業の「成熟」と新規事業分野への参入が広がるなかで、生涯的能力開発の必要性も高まってきた。更には、経営の多角化や分社化・子会社化などによる企業組織の再編も加わって、労働力の流動化が一段と激しくなったために、労働者に対する個別管理が徹底されてきたことや、労働力の女性化・高学歴化・高齢化の

第5章　賃金・昇進管理の変容と「企業社会」

インパクトを受けて、性、学歴、勤続年数といった属人的処遇基準の地位が低下し、層別一括管理が更に弾力化されてきたことなども指摘しておかなければならないだろう。

ところで、ここで改めて問われなければならないのは、何故に上述したような問題点が当時においても解決され得なかったのかという疑問である。たんにこれまでの賃金・昇進管理が稚拙であったためなのであろうか。恐らくそうではあるまい。わが国の労働者は、賃金と昇進に対して「二つの魂」を抱いており、能力にもとづく処遇のみを公平であるとは考えていないということについては先に触れたが、それに加えて、労働者の期待する能力にもとづく処遇が、経営サイドの現実に展開する能力主義管理とずれていたことも指摘しておかなければならないだろう。

その淵源は、恐らく能力主義管理の現実がかれらの掲げる理念からも乖離していることにあったと思われるが、先のような現実の錯綜した諸関係を無視する訳にはいかないだろう。能力主義管理の提唱から当時でもほぼ20年になるにも拘わらず、わが国の労働者が期待する能力にもとづく処遇が、現実の能力主義管理のうちに包摂され得ていないという現実は、能力主義管理の「無理」を物語っていたのかもしれないのである。

わが国の労働者は、賃金と昇進の決定において、かれらが期待する「まぎれのないルール」を獲得できているわけではないが、さりとて経営サイドによる賃金・昇進管理が信頼するにたるルールにもとづいていると見ているわけでもない。基準を明確にして欲しいという声が当時でも圧倒的に高かったのは、明らかにそのことを示している。20年という年月を考えると、そこに孕まれている問題は、技術的な問題というよりも本質的な問題なのではないかという疑いが生ずる[14]。職能資格制度においては昇格管理が重要な位置を占めている訳であるが、それが年功的に運用されてしまうのは、日本的ではあれ「まぎれのないルール」を求めようとする労働者の声なき声を無視できなかったからではなかろうか。能力にもとづく処遇を「受容」した労働者も、そのルールなき現実に直面して改めてルールの明確化を求めることになり、その結果として昇格は年功的に運用されてしまったのである。

151

第Ⅱ部 「企業社会」の成熟と労働の変容

第2節　賃金・昇進管理の位相

(1)「人事トータルシステム」の展開過程

　「人事トータルシステム」が提起されてから当時でもほぼ10年経っていたが、この過程で職能資格制度はどのように再編されることになったのであろうか。ここでは「人事トータルシステム」の当時の状況を明らかにしつつ、そこに孕まれた問題点を改めて整理してみたい。「人事トータルシステム」の下では賃金も役職昇進も職能資格制度のサブシステムとして存在するに過ぎない。基軸となるのは「職務遂行能力」の評価を中心にした昇格管理のシステムである。このシステムの下では、労働者のライフサイクルは基本的には昇格を通じて決定されることになるのであり、ベ・アや定昇における査定も昇格に響くがゆえに問題となったと言えるだろう。そこで以下では、「人事トータルシステム」の核をなす昇格管理とそれを支えている人事考課について検討してみることにしよう。
　「人事トータルシステム」においては、昇格管理の理念として、定員枠を設けず、当該資格の職務遂行能力を獲得した時点で上位資格に昇格する「卒業方式」を原則としなければならないこと、またそうした昇格管理を支える人事考課の理念としては、これまでのような相対考課による評価のための評価や評価ルールの秘密主義を排することによって、「能力開発主義」、「絶対基準」による「絶対考課」、「公開主義」を原則としなければならないことが主張されていた[15]。
　まず問題とされなければならないのは、これらの理念が一体どこまで現実となっていたのかということである。まず昇格管理の理念から検討してみよう。「職務遂行能力」を評価するという限りは、昇格に定員枠があってはならないことになる。能力を開発し人材を育成するということであれば、「基準能力に到達した者は、絶対基準で全員昇格させなければならない」からである。「絶対基準」による絶対評価でなければ、「理屈が通らない」し労働者

第5章　賃金・昇進管理の変容と「企業社会」

を納得させることはできない[16]。

　しかしながら現実には、上位資格者が滞留することによって生ずる人件費の膨張を抑制しようとして、あらかじめ資格等級別の人数分布比率を設定して、昇格人員枠を決めたうえで昇格管理を行っているケースが依然としてかなり多かった。「職務遂行能力」が企業目的の達成に対する貢献度によって評価されるように、「人事トータルシステム」における昇格管理も、企業の労務費コストの管理の枠組から基本的に離れることはできなかったのである。そのために、本来であれば昇格は「卒業方式」でなければならないにも関わらず（そうでなければ能力の開発と育成を持続させることは不可能となる）、明らかに限定的で恣意的な選別を含むことにならざるをえない「入学方式」に切り替えられてしまうのである。現実は理念を裏切っていたと言わざるを得ない。

　人事考課の理念についても、同様のことが言えるだろう。これからの人事は、「人間の成長の側に視点をおいた能力育成人事」でなければならないし、「個をみつめた計画的能力開発」が重要であることが繰り返し主張されてはいた[17]。しかしながら、その「能力開発主義」について言えば、生涯キャリア開発の観点から従業員教育を制度化している企業はまだまだ少なく[18]、配転や出向・転籍の拡大に伴って、「能力開発主義」の対象者が企業の都合によって限定されているのが現実であった。また、結果のみを重視した粗野な業績主義やノルマ主義もサービス産業を中心にして広く蔓延しており、「能力開発主義」が定着しているとはとても言えなかったのである。そしてまた、「絶対評価」を実施している企業はせいぜい3割に留まるという調査結果にも示されているように、「絶対評価」も大きな限界に突きあたっていた[19]。

　人事考課の「ルール」についても、ほとんどの企業では公開されておらず、「公開主義」も有名無実化していた（ルールが公開されているのは、能力主義管理に異議申し立てをするような異端分子が排除されてしまったところである）。先のような昇格管理の下では、人事考課における「絶対基準」も「絶対評価」も成立しないし、それらを否定せざるをえないシステムがオープン

なシステムとなることもない。それどころか、組合差別や活動家差別の広がりのなかで、「主観的かつ恣意的なイメージ考課」[20]の様相を強めているのではないかとさえ疑われていたのである。

賃金体系に関する労使間の紛争は「消滅」しているものの、逆に労働委員会への救済申立が増大していたことは、先の推測を裏付けているとは言えないだろうか。「人事トータルシステム」は、結果として「企業側のメリットのみをつまみ食いしている」[21]だけのものに終っているといった厳しい見方もあながち的外れではなかった。

（２）「人事トータルシステム」と人事考課

このように、「人事トータルシステム」の現実は能力主義管理の理念からは少なからずずれたものであったが、このずれを修正することなくして能力主義管理の理念が生み出すはずであった成果を獲得するためには、現実に対してなんらかの力を「無理」にでも加えざるをえない。しかも当然であるが、このずれが大きければ大きいほどインプットされる力も大きくなる。わが国においてこの力を具体化したものこそが人事考課なのであり、先にみた理念に反してブラックボックス化された人事考課の実態は、こうしたところにその根拠を有していたと言うべきであろう。もしもそうであるとするならば、わが国における人事考課の「専制」性は、目標とされる能力主義管理がきわめて「純粋」であり過ぎるところに起因していたと言ってもいいのかもしれない。

現実の人事考課においては、「一人ひとりの能力を本当に活かせるのは、それぞれの職場での上司以外にはない」ということで、現場での個別管理が徹底して重視されてきた。特に重要な位置を占めたのは、個人別の期待像としての職務基準の設定プロセスである。上司との面接を通じて、統一的ではあるが抽象的な等級基準が個人別の具体的な職務基準へと翻訳されるわけであるが、その際に、神聖不可侵な経営方針や事業計画に関する情報が提供されるとともに「共有」され、それにもとづいて本人に与えられている役割＝責任と権限が明示される。その結果として、本人の「同意」にもとづくチャ

第5章　賃金・昇進管理の変容と「企業社会」

レンジングな職務基準が設定されることになるのであり、しかも、評価の「結果は、いかなる場合にも修正しない」という形で総括されたのである[22]。

こうした人事考課の具体的な展開は、前章でも触れたように、上司による日常的な個人別管理の重圧に加えて、本人も「同意」した職務基準によって示されるノルマの重圧や査定と能力開発の重圧を生み出し、三重の重圧状況をつくりだすことになった。しかも人事考課は、組合の非関与領域として労使双方から了解され、苦情処理の対象からも排除されていた[23]。こうして、「人事トータルシステム」は「自分の意思で目標設定に参加し、目標達成に努力するチャレンジシステム」[24]であることのみが強調されたために、重圧状況はいやがうえにも高められることになった。

その結果労働者の側にも、こうした純粋培養された能力主義管理によって能力は高まり続けるはずであり、また高め続けなければならないという脅迫的なまでの「幻想」が生み出されることになった。こうして能力は平等でありしかも高まり続けるという思想が労使に「共有」され、あとは本人の努力次第であるという「やればできる」世界が、企業と職場にきわめて濃密な形で形成されていったのである。

このような社会において、成果配分を超えた領域で労使の利害対立が成立しうる余地はきわめて小さい。職務基準の設定に関して利害対立を主張すること自体が、目標達成への努力を放棄した異端分子の反逆とされてしまうからである。言い換えるならば、人事考課の重圧によって作り出される「企業人」としての同質性が、労使の関係性そのものを排除してしまうのであり、わが国「企業社会」の「安定」は、そうした人事考課の重圧によって支えられてきたのである。

しかもそこには、形式的ではあれ労働者の「同意」の契機が埋め込まれていたために、その「安定」は労働者一人ひとりにとってきわめてストレスフルな性格を帯びざるを得なかったのである。わが国の労働者の自虐的なまでの企業への献身は、能力主義管理の「純粋」性とそれを支える人事考課の「専制」性によって担保されていたと言うべきだろう。このようにして義務の無限定性という「無理」が広がり、高い活力と深い疲弊が歯止めのないま

155

（3）人事考課の展開と「日本的経営」

　わが国における生産システムは、労働者の日常的な「参加」とかれらの労働内容への高い関心に支えられており、それが故に、労働の細分化とそれがもたらす労働生産性の低下に悩む硬直的な大量生産システムを超えた、ポストフォーディズムの柔軟で効率的な生産システムとして世界的にも高い評価を受けてきた。しかしながらわが国の生産システムは、上記のような「純粋」な能力主義管理と「専制」的な人事考課をワンセットにした「柔軟な効率的人事制度」によって成立していたのであり、柔軟で効率的な生産システムの核にあるとされるフレキシビリティーとチームワークも、そうした人事制度と無縁では有り得なかった。フレキシビリティーやチームワークも、それ自体として高い評価の対象になり得るかどうかは疑わしかったのである。

　「三種の神器」に象徴されるような労使関係は、効率的で弾力的な生産システムをつくりだすフレームワークではあるが、それのみでフレキシビリティーやチームワークが直ちに生れるわけではない。であるとするならば、先のような人事制度とフレキシビリティーやチームワークとの関わりが、改めて検討されなければならないだろう。

　まずフレキシビリティーと人事考課との関連を考察してみよう。「人事トータルシステム」の下では、「職務遂行能力」に関する統一的な評価基準が等級基準として設定されることになるが、こうした個々の職務を越えた評価基準の設定自体が配置の弾力性を高めることになった。もともと職能資格制度は、昇格と役職昇進の分離による処遇の安定性と配置の機動性の確保を目的としていたことが想起されるべきである。更には、等級基準を個人別に具体化した職務基準は、上司との面接とかれの指導の下にいかようにも設定可能なために、労働者各人の担う職務内容の弾力性も高められることになった。このようにして、経営目標が労働者の自己目標に読み替えられて「受容」され、その「受容」の程度が人事考課によって評価の対象とされるために、目標に対する高い達成意欲が醸成されたのである。

ではチームワークと人事考課との関連はどうであろうか。人事考課によって、上司からの期待の「受容」にもとづく労働者間の競争が組織されることになるが、この競争は他者との差異を生み出すことを目的とした個人主義者どうしの素朴で無秩序な競争なのではなかった。あくまでも「同意」された目標の達成をめぐって上司の下に組織された競争であり、基本的にはチームの全メンバーを同一レベルに到達させることを目標とした、言い換えるならばお互いの差異を消滅させることを目標とした競争なのであった[25]。各人の目標の達成は、チームワークを維持するためにこそ必要とされるのであり、落ちこぼれを防止するために、相互監視をも含んだ企業戦士の「戦友愛」[26]が喚起されることになった。こうしたところでは、仲間に迷惑をかける行動はチームワークを乱す「裏切り」とならざるをえない。

　「同意」された目標である職務基準は、チームワークの核となる「期待される従業員像」を具体化したものであり、目標を達成すること無しにチームのメンバーとなることはできなかった。こうして労働者の横並び意識が喚起され、労働者の多くは落ちこぼれに対する恐怖から現実に横に並んだのである。横に並んだ労働者を成績考課によって区別することは意外に難しい。区別し難い者を区別可能にするのが、チームの一員としての従業員の態度や意欲、性格などの適否を評価する情意考課であった。そこでは規律性や責任性、積極性、協調性といった評価者の主観が大きなウェイトを占める項目が重視されたために、労働者はチームへの全人格的なコミットメントを要求されることになった。わが国における競争は、このようにして組織目標の達成と組織への同化をめぐる競争へとソフィスティケートされており、落伍の許されない厳しい競争となっていたのである。

　「やればできる」世界の下では、「やる気」のない者に対する上司からのあるいは同僚からの批判は峻烈とならざるを得ない。人事考課は、効率的で弾力的な生産システムを相対化し職場における労働者の権利を主張する者に対して、みせしめ的な抑圧を加えることになる。義務を限定し権利を主張しようとするような存在は、「自分の意思で目標設定に参加し、目標達成に努力するチャレンジシステム」にはそぐわない異質物として、排除の対象とされ

たからである[27]。

「能力開発主義」の下で「やる気」を持続的に引き出すためには、賃金査定の幅をあまり大きくすることはできない。しかしながら、賃金査定の幅が小さければ「やる気」のない者を排除することも難しくなる。「人事トータルシステム」はこのジレンマを、賃金査定と昇格査定を組み合わせることによって解決しようとした。すなわち、昇格査定によって「やる気」がないとみなした者を意図的に排除し、そのうえで賃金査定によって「やる気」のある者の「やる気」のレベルを評価するというわけである。

経営環境の大きな変化の過程で、フレキシビリティーとチームワークが求められるメンバーはより限定されてきたと言えるだろう。複線型雇用管理が広がり賃金管理も多様化してきたからである。それは例えば、内部労働市場のスリム化によって「能力開発主義」の適用範囲が限定されたり、非正社員にはなじまない職能資格制度の下で差別の論理が徹底されたり、更にはキャリア形成が期待し得なくなった者を日常的に排除するような企業のビヘイビアとなって現われてきた。

その意味では、「人事トータルシステム」はその限界や負の側面を表出させつつあるように見えたのであるが、現実には労働組合も参加した全社的なプロジェクトチームによって「人事トータルシステム」が推進され、労使間で企業の維持と発展のための「価値」と「情報」と「運動」を「共有」するためのキャンペーンが展開されてきたのである。労働組合は、「人事トータルシステム」の運用に介入しないだけではなく、「やる気」のない者に対する共同の排除に向かう場合さえ稀ではなかった。フレキシビリティーやチームワークを評価する場合には、こうした広い視野からの再検討が求められていたのではなかろうか。

第3節 賃金・昇進管理の行方

「やる気」がないと見做された特定の労働者に対する経営サイドの差別の意志が、何らの制約も受けずに貫徹され（やりたいようにやれることとやりた

いようにやることとは別ではあるが）、その差別が「人事トータルシステム」からの排除という形で全人格の否定にまで及び、ミニマムの生活を脅かし、正常なライフサイクルの維持を困難にするほど「底無し」のものになりうるような状況が存在するということは、普通の労働者に対する無言の重圧となり、かれらによる「やる気」の自主的な発揮を確実なものにする。こうした状況の下で展開されているわが国の能力主義管理は、その意味でも「純粋」な性格を帯びていたと言えるだろう。このようにして、労働者のもつ権威主義的心性は増幅させられることになり、それがまた「純粋」な能力主義管理とそれを支える人事考課の「専制」性を強めていったのである。

こうした「純粋」かつ「底無し」の能力主義管理の展開は、一方で高い活力と深い疲弊を生み出すとともに、他方では、労働者を企業に同化させて視野狭窄的な「私民」主義者に変質させることになった。人事考課が「企業社会」の異端審問として機能する限り、「期待される従業員像」に沿って労働者は同質化されて企業に囲い込まれ、かれらは時間的にも空間的にもそして精神的にも市民との距離を広げていかざるを得なかったからである。

またこうした能力主義管理は、かれらの物質主義的な価値観を増幅させ、享楽主義的な「低賃金」意識を再生産させることになった。何故ならば、かれらはみずからの発揮した「やる気」にふさわしい賃金を受け取っていないという形でしか自己を主張できなかったからであり、無限に拡大する消費欲求を充足させ続けることによってしか、ストレスフルな日常生活から脱出できなかったからである。しかしながら、そうした自己主張や脱出によって「企業社会」を相対化することは難しいだろう。

わが国の「企業社会」は、労働者の企業への全人格的な統合によって支えられた、柔軟で効率的な生産システムを実現した社会として捉えることが可能である。こうした社会は、そのような生産システムを体現している限りではポストフォーディズムの社会と呼ぶことも可能であるが、それが抑圧構造としての人事考課を不可避に伴っている限り、日本型のものであると言わざるを得ないだろう。こうした社会においては、まさにその柔軟性と効率性が自由時間の圧縮と市民社会の衰退を生み出しており、それはまた達成される

第Ⅱ部　「企業社会」の成熟と労働の変容

べき将来社会でもある男女協同社会やリサイクル社会、更には安定した高齢化社会の実現を困難にしているのである。

　過剰なまでに柔軟で効率化した「企業社会」の行き着く先は、富の源泉としての人間と自然の解体、すなわち過労死と環境破壊の進行である。それを防止するためには、自由で公正で連帯的な市民社会のうちに「企業社会」を再吸収していかなければならないが、そのためには抑圧構造としての人事考課への挑戦が不可欠である。「人事トータルシステム」をめぐる問題は、わが国「企業社会」のポジとネガをめぐる問題に接続していたのである。

[注]
(1) 民間大企業の場合、公表されたベ・アのほかに、別原資による昇進、昇格などの際の実質的なベ・アが存在しており、これが「隠しベ・ア」と呼ばれて公然の秘密となっていた。また1991年の春闘において、連合は初任給上昇に伴う体系是正や中弛みの是正などの要求については、個別企業内において別原資で対応することを是認した。
(2) 楠田丘『職能資格制度』、経営書院、1991年、はしがき。
(3) 職能資格制度と職能給を労働組合サイドから包括的に批判したものとして、金田豊編『職能給とのたたかい』（学習の友社、1985年）がある。
(4) 鉄鋼大手の賃金体系改定に関する以下の叙述は、石塚拓郎「鉄鋼大手の賃金制度改訂─その背景と取組み経過─」（『賃金実務』593号）および同号所収の関連資料による。
(5) 石田光男「賃金体系と労使関係（下）」（『日本労働協会雑誌』316号）。その後この論文は、かれの『賃金の社会科学─日本とイギリス─』（中央経済社、1990年）に収録された。
(6) 楠田丘『職能資格制度』、1991年、52ページ。
(7) 能力主義管理をめぐる諸問題については、黒田兼一の「競争的職場秩序と労務管理─『能力主義管理』を中心に─」（戦後日本経済研究会編『日本経済の分水嶺』、文眞堂、1989年）および「職能資格制度と競争的職場秩序」（『激動期の日本労務管理』、高速印刷出版事業部、1991年）が詳しい。
(8) いわゆる「楠田方式」を批判した最近の論文に、小倉哲之「複線型人事＝賃金制度の検討と批判」（『賃金と社会保障』1069号）がある。
(9) 岩田龍子『日本の経営組織』、講談社、1985年、22～23ページ。
(10) 日経連『1985年版春季賃金交渉の手引き』、88～89ページ。
(11) 日経連『1989年版春季賃金交渉の手引き』では、「職能資格制度の設計・運用にあたっては、企業で必要な職務の内容を分類し、困難度（職務を遂行する能力のレベル）を

できるだけ明確にして、その職務の要求する能力基準を把握する必要があろう。そうしないと、各人に能力開発の目標を具体的に示し公正な評価を下すことは難しく、年功的運用に陥りやすい。実際、基準がはっきりしないため資格昇進＝年功的役職昇進となり、資格制度がゆきづまるケースも多数生じている」と指摘されている。
(12) 日経連職務分析センターの「管理職制度・資格制度等に関する管理職の意識調査」（1986年）によれば、現行資格制度の最大の問題点は「資格ごとに求められる要件があいまい」なことであった。
(13) 日経連『1991年版春季賃金交渉の手引き』によれば、「職能資格制度導入の当初には、本来の能力主義化よりも、年功制による労働コストの上昇や役職不足回避という、どちらかと言えばネガティブな目的で運用されていた」（134ページ）ということである。
(14) 石田光男はある座談会のなかで、「私の理解では、能力主義管理というのは基本的には昭和40年代初期に理念的に確立したし、企業の能力開発というのがセットになって40年代に広がりましたね。いま、私が勉強などをしていて疑問に思うのは、そうすると、昭和40年以降ここ数年前までの事態というのは一体何だったのか。その20年間というのはどういうふうに位置付けたらいいのかということを若干疑問に思いました」と述べている（京都府労働部労働問題調査室『京都の労働経済』、106号）。
(15) 楠田丘『新しい人事考課』、産業労働調査所、1990年、37〜44ページ。
(16) 斉藤清一「職能資格制度と昇格管理」（『賃金実務』1991年4月1日号）。
(17) 楠田丘『職能資格制度』、経営書院、1991年、50ページ。
(18) 雇用情報センターが1990年に実施した「複線型人事管理制度の下における賃金制度に関するアンケート調査」によれば、「生涯にわたったキャリア開発の観点から、従業員教育を考え、制度化している」企業は35％程度に留まっていた。
(19) 雇用職業研究所「資格制度に関する調査」、1984年。
(20) 楠田丘『新しい人事考課』、1990年、52ページ。
(21) 斉藤清一、前掲論文。
(22) 楠田丘『新しい人事考課』、1990年、35ページ。なお、人事考課の構造と機能については、熊沢誠『日本的経営の明暗』（筑摩書房、1989年）の第一部Ⅰ、Ⅱにおいて余すところなく論じられている。
(23) 日立中研賃金差別事件の審問において、会社側証人は、賃金・一時金の査定についての不満などは、労働協約で定義する「苦情」には相当するが、それが労使間協定の最低保障ラインを上回っていれば、「苦情処理の対象にはならないと考えている」と証言している（審問ニュース」19号）。また村田製作所では、差別された活動家が苦情処理委員会で上長評定や考課の根拠を説明するように申し出たところ、会社は「昇格選考についてそれはできない」と言い、組合の執行部も「止むを得ない」という立場をとったと言う（『ニューセラミック』56号）。
(24) 斉藤清一の前掲論文によれば、「社員一人ひとりの意思によって職務基準を編成し、

第Ⅱ部　「企業社会」の成熟と労働の変容

職務を通じてパフォーマンスを実現させる。そして、その結果として生産性向上に結び付ける成果を期待することになる。社員自らが自分の意思で目標設定に参加し、目標達成に努力するチャレンジシステムが盛り込まれているのが職能資格制度の本来の姿である」と言う。

(25) 楠田丘の『新しい人事考課』においては、「人事考課が査定だけを狙いとするのでは問題である。差をつけることも大切かもしれないが、職務の遂行度つまり成績とか各人間の能力の格差をできるだけなくするよう努力することは、終身雇用のわが国にあってはもっと基本的に大切なのである」(41ページ)と述べられている。

(26) 熊沢誠は「職場社会の戦後史」(清水慎三編『戦後労働組合運動史論』、日本評論社、1982年) において、昭和40年代を「戦友愛」の高揚を内容とするアメリカ型労務管理の「日本的修正」の時期として位置付けている。なお当時における「戦友愛」の情況については、『日本人ハ何故死ヌホド働クノデスカ？』(岩波ブックレット、1991年) におけるダグラス・ラミスの発言を参照されたい。

(27) 人事考課のもつ抑圧的な機能を東京電力における賃金差別事件に見てみよう。東京電力の労働者の処遇は「職級」によって決定されることになるが、この「職級」の決定に際しては、人事考課がきわめて重要な役割を果している。人事考課は「業績評定」(執務態度)と「能力評定」(人物所見)からなるが、異質物であると判定された人々はこの二つの評定を通じて差別される。まず「業績評定」によって、昇給と一時金が差別されるとともに差別的人事異動の対象とされ、また「能力評定」によって、昇進の年功的運用からの除外や仕事の取り上げ、研修からの排除が行われている。このようにして、活動家の低位「職級」への長期の固定化に加えて、基本給、定昇、一時金、資格手当、役職手当についての差別が累積され、多重査定によって「底無し」の差別が行われてきたのである。ここでは経営サイドのイデオロギッシュな労務政策と人事考課の恣意性が結合しているために、評定者訓練もなければ評定の基準・ウェイト・項目も非公開とされ、評定者の自由裁量の余地がきわめて大きくなっている。こうした人事考課の機能によって活動家はゲットー化され、「企業社会」の「安定」が図られて来たのである。

第5章　賃金・昇進管理の変容と「企業社会」

［補論２］　新たな賃金管理システムと「企業社会」

　ここでは、第5章で取り上げた企業の賃金・昇進管理の変容を補足するために、職能・業績反映型賃金管理システムと呼ばれた新たな賃金管理システムが登場した意味を明らかにしてみたい。社会政策学会第93回研究大会（1996年）は、「今日の賃金問題」を共通論題として開催された。そこでの報告の内容と問題点については、既に遠藤公嗣によって要を得て簡潔に紹介されているのでここではすべて割愛する（『大原社会問題研究所雑誌』461号参照。なおこれとは別に庄司博一が『労働総研クォータリー』26号に学会に関する辛口のコメントを寄せている）。この補論２では、大会での大きな論点の一つであった賃金の個別的決定（「賃金個別化」（下山房雄）や「労働条件決定の個人処遇化」（熊沢誠）なども同様である）について、日経連の『新時代の「日本的経営」―挑戦すべき方向とその具体策―』（1995年、以下報告と呼ぶ）を素材にしながら検討してみたい。
　この報告は、日本的経営の全面的な見直しを意図していたこともあって社会的関心も大きく、既に雇用や賃金については勿論のこと労働分野の規制緩和の面などからもかなり詳細に検討されており、既に議論は尽くされた感もないわけではない（当時の著作として牧野富夫他『財界新戦略と賃金』（新日本出版社、1997年）などがある）。しかし改めて振り返ってみると、報告で論じられている賃金問題のテーマは、先の学会での論点の一つであった賃金の個人別決定に他ならないことに気が付く。屋上屋を重ねることになるかもしれないが、報告を素材に賃金の個人別決定をめぐる現実の具体的な争点を再整理しておくことは無駄ではないだろう。
　報告が賃金問題で強調していたのは、「高コスト体質の改善」のために総額人件費管理を徹底することであり、そのために「職能・業績反映型賃金管理システム」を確立することであった。「職能・業績反映型賃金管理システム」とは、言い換えれば本人の職能や業績にもとづいて賃金を個人別に決定する制度のことである。よく知られた三タイプの労働者のうち、「高度専門

能力活用型」や「雇用柔軟型」グループの労働者を増やすこと自体が「高コスト体質の改善」に結びついたと思われるが、この報告で特に問題とされていたのは「長期蓄積能力活用型」グループの労働者の賃金である。そこでは、企業業績と連動して上下する一時金のウェイトを増やしたり、貢献度反映型の退職金制度を導入したり、年功的な定昇制度を廃止したり、年俸制や洗い替え職能給を導入することなどが提言されていた。いずれも賃金の個人別決定を強める方策である。

第1節　新たな賃金管理システムとは何か

「職能・業績反映型賃金管理システム」がもっとも典型的に現れていたのは、当時管理職層を対象に広がりつつあった年俸制であった。年俸制の下では、賃金総額そのものが本人の業績に応じて個人別に決定される。先の日経連の報告では、雇用期間に定めのない「長期蓄積能力活用型」グループの賃金については職能給タイプの月給制か年俸制の適用を、有期雇用契約の「高度専門能力活用型」グループについては業績給タイプの年俸制の適用を主張しており、年俸制の導入に大いに力を入れていた（報告は賃金プラス賞与の形式をとる日本型年俸制を推奨していた）。

これまでも、例えばプロ野球の選手などには年俸制が適用されてきた。しかしそれは、有期雇用契約で個人の実績が明瞭に把握でき、また転職も比較的容易な特殊専門職的な労働者を対象としたものであった（当時でも、転職能力の高い有期雇用契約の専門職種を対象に、年俸制を適用するケースが見られた）。だが報告の特徴としてより重視すべきことは、契約期間に定めのない普通の労働者をも対象にし、年俸制が導入されようとしていたことだろう。

年俸制には明確な定義があるわけではないので、名称は同じでもその内容はさまざまである。あえて共通する要素を探せば、①賃金の全部または相当部分が年単位で決められ、②年齢や勤続年数にもとづく属人給部分が廃止あるいは大幅に減額され、③労働者本人の業績にもとづいて（1995年の雇用情報センターの調査によれば、前年度の本人の業績にもとづくところが約8割であ

った）賃金が決定されていることなどであろう。企業は年俸制を導入する理由として、業績主義の強化や経営参画意識の強化などをあげていた（1996年の日経連の調査による）。職能資格制度による能力主義的な賃金を、顕在化された能力を重視してよりシンプルに業績主義化しようとしたのであり、またそのことを通じて、自分の賃金を自分で稼ぎ出すといった意識を植え付けたいということだったのであろう。

　上記のような理由があったことは明らかであったが、しかし勿論それだけではなかった。当時導入され始めた年俸制がこれまでの賃金決定システムと決定的に異なっていた点は、賃金が経営サイドの裁量にもとづいて完全に個人別に決定されたために、大幅な賃金減額さえ可能になっていたことである。これまでの賃金体系の下では、余程特別な事情がない限り賃金の減額は困難であったが（例えば定年延長に伴う賃金減額など）、年俸制を導入することによって、業績を理由に賃金が簡単にしかも大幅に減額されるケースが生まれていたのである（日本労働弁護団『季刊・労働者の権利』216号参照）。身も蓋もない話ではあるが、年俸制導入の目的はストレートなまでの「高コスト体質の改善」に他ならなかった。こうした日本的な現実をまずは直視すべきであろう。

　年功賃金修正論のすべてがそうであるように、年俸制の導入もまた、賃金面で「優遇」されるべき時期に到達した中高年層を「冷遇」した。これまで試みられてきた50歳前後からの定昇やベアの見直しでさえ問題が多かったのであるが、年俸制はそうした微温的な手法とは比べものにならない程シビアな賃金減額をもたらし得た。勿論、もしも年俸額の交渉が決裂した場合に転職が可能であれば、交渉当事者の対等性のミニマムは確保される（そうでなければ個々の年俸契約に市場原理は働かない）。しかしそのためには、当該職種について企業横断的な外部労働市場が形成されていなければならないが、日本では新規学卒者を除けば特殊な専門職にしかそうした市場は形成されていない。多くの労働者にとっては、年俸制導入の前提条件が成立していなかったのである。

　転職が不可能な場合には、たとえ年俸額が個別交渉によって決定されてい

ても（現実には交渉すらなく、経営サイドの一方的な金額の提示の場合も多い）労使対等の決定とは言えない。導入当初はそれなりの年俸額であっても、個人の業績（あるいは企業の業績）に応じて年俸額が引き下げられる可能性は高かった（雇用情報センターの調査では、改定期に年俸額が下がる場合もあるという企業が半数を超えていた）。

　また、個々の労働者の業績を基準として年俸額を決定するのであれば、業績に対して責任を負いうるだけの権限や裁量が労働者に付与されていなければならないはずである。そうした権限や裁量が付与されないままに年俸制が導入されれば、労働者は責任やリスクのみを負わされることになりかねないからである。それ故、年俸制の適用対象は、業績が労働者個人の能力や努力によって明らかに左右される職種や職位の労働者に限定されるべきであり、更に、業績評価の内容と方法が双方同意のうえで客観化され、業績評価の公正性を担保するために苦情申立制度が整備されなければならない。また生活保障のために、業績のいかんに関わらず最低限の年俸額が保障される必要もあるだろう。

　現実はどうだったのか。ほとんどの労働者は上司の指揮・命令・監督の下で職務を遂行しており、また日本的経営もこれまでチームワークを重視し集団的な業績の向上に力を入れてきたという経緯もあった。業績評価の内容には、部下の指導や育成、統率力、挑戦意欲といった項目まで加えられていたりしたため、客観的な評価は予想以上に困難であり、また苦情申立制度がない企業がほとんどであるという看過できない問題点も存在していた（雇用情報センターの調査では、苦情申立制度がない企業が9割弱を占めていた）。当時広がりつつあった年俸制は、中高年層の人件費を節減するという機能は果たしたのかもしれないが、このままでは経営専権の年俸制に留まり、「同意」された賃金決定システムとはなり難いものであったと言えよう。

第2節　新たな賃金管理システムの位相

　年俸制は賃金総額そのものを本人の業績にもとづいて個人別に決定するも

第5章　賃金・昇進管理の変容と「企業社会」

のであるが、さすがに日経連も年俸制をすべての労働者に適用できるとは考えていなかったようである。「長期蓄積能力活用型」グループの労働者の多くは、やはりこれまでのような職能給タイプの月給制とならざるをえない。そうであれば、ここでは賃金の上がり方を個人別に処理していくことが課題となった。そのために、定昇制度の廃止と洗い替え職能給の導入が必要だとされたのである（言うまでもないことではあるが、本人の業績で決まる年俸制では定昇の考え方自体が無くなる）。

　報告は、「ある一定の時期に全員を対象に賃金が上昇する仕組み」としての定期昇給が存続する限り、賃金体系を変えても賃金は年功的になるとして、定昇制度の廃止を提起していた。その内容としてあげられていたのは、①定期昇給という言葉をやめて昇給あるいは昇給制度に変え、②ある一定資格までは職能の伸びや生計費の高まりを考慮して賃金を上昇させるが、それ以降は、能力や業績の発揮の度合いで賃金が上下するラッパ型の賃金に変え、③中だるみが問題となっている中堅層の賃金を相対的に持ち上げ、洗い替え方式（複数賃率表）の職能給や年俸制に切り替えて、賃金についてのインセンティブを高めることなどであった。

　こうした日経連の主張が実現した場合、賃金はどのように変化するのであろうか。ある一定資格をどこまでとするかは企業によって異なるが（これまでよりも早まることは確実である）、基本的にはかなり早い時期から賃金は毎年自動的には上昇しなくなると見なければならないだろう。同一資格に留まり同一評価を受けても、ベ・アがなければ賃金はほとんど上昇しないので、賃金を引き上げるためには上位資格や上位評価を目指さなければならなくなる。これもまた「職能・業績反映型賃金管理システム」と呼ぶにふさわしい。報告は、洗い替え職能給（複数賃率表）の適用例として、［図表Ⅱ-17］のような事例を紹介していた。

　これによれば、初年度には1号俸が適用されるが、その際人事考課が標準のBであれば職能給は230,000円となり、2年目の2号俸の適用で評価が最高のSであれば247,800円と昇給するが、3年目の3号俸の適用で評価が標準以下のCであれば237,160円となり前年度を下回ることになるという（しか

167

第Ⅱ部 「企業社会」の成熟と労働の変容

図表Ⅱ-17　洗い替え職能給（複数賃率表）の一事例（職能資格5級の場合）

(単位：円)

号俸＼ランク	S	A	B	C	D
1	241,500	234,600	230,000	225,400	218,500
2	247,800	240,720	236,000	231,280	224,200
3	254,100	246,840	242,000	237,160	229,900
4	260,400	252,960	248,000	243,040	235,600
5	266,700	259,080	254,000	248,920	241,300
6	273,000	265,200	260,000	254,800	247,000
7	279,300	271,320	266,000	260,680	252,700
8	285,600	277,440	272,000	266,560	258,400
9	294,000	285,600	280,000	274,400	266,000

（出所）日経連『新時代の「日本的経営」』（1995年）

し、評価がこんなにもころころと変わりうるものなのだろうか。こうした評価の変動は、賃金の下方硬直性を維持しようとする労働者の側からの「何故」を誘発するはずである）。

　ここで重要なことは、たとえべ・アがあったとしてもそれが大幅でない限りは、本人の賃金は毎年増大したり減少したりするということである。[図表Ⅱ-18]からも明らかなように、洗い替え職能給（複数賃率表）の下では、年俸制の場合と同様賃金は前年を上回るとは限らないという点に注目すべきである。例えば、一度人事考課で高レベルの評価を得た場合でも、べ・アがない場合にはその後同じように高レベルの評価を続けない限り賃金は下がることになる。このようにして賃金に対するインセンティブが高められると言うのであった。

　これまでの職能給では、全員前年度の賃金水準を維持したうえで、人事考課によって次年度の賃金の上げ幅に差がでるというものであったが（降格させれば前年度の賃金水準を下回るという事態も生まれるが、能力水準が突然低下するとは考えにくいので、現実問題として降格させるのは簡単ではない。報告でも「規定があっても余程のことがない限り実施していないのが実態」と述べられ

第5章　賃金・昇進管理の変容と「企業社会」

図表Ⅱ-18　年俸制や洗い替え職能給（複数賃率表）のもとでの賃金

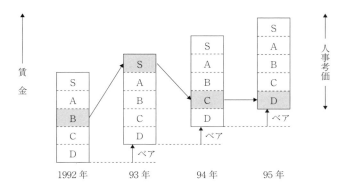

（出所）島田晴雄他『サラリーマン破壊』、中経出版、1996年、168ページ。

ていた）、洗い替え職能給（複数賃率表）では、降格というハードな手段をとらなくても昇給ストップやマイナス昇給があり得るので、賃金水準は容易にラッパ型に開いていくことになる。

　もともと定昇制度は年功賃金の根幹にあるもので、日本的経営を支えてきたと言ってもいいが、それを先のような形で改編した場合日本的経営が変質することは避けられない。報告では、「高コスト体質の改善」によって「企業の競争体質」を強めていくことばかりが強調されていたので、これまでの日本的経営は、「高コスト体質」をもたらした元凶としてしか位置付けられていなかったのであろう。

　そうであれば、「長期雇用システムは、OJTを通じて企業特殊的な人的資源を蓄積し、人的資源への投資の収益を回収し、また労働者のインセンティブを刺激するといった効果がある。従って、その投資収益の一部を年功的報酬の形で労働者に還元するのは合理的である」といった労働省サイドの議論（例えば「日本的雇用制度研究会」など）や、「適度の右上がり賃金がスキルの形成や労働効率の向上にプラスの効果を持つことは、疑いない」といった神代和欣の議論（「大競争時代の賃金決定」、『日本労働研究雑誌』436号）なども甘いということになるのだろう（ほんとうは、内部労働市場論者こそ報告を厳し

169

く批判してもよさそうなものであったのだが？）。

　「人間中心（尊重）の経営」や「長期的視野に立った経営」の理念を掲げていた日経連の報告は、上記のような「効果」を失った先に一体どんな経営を夢見ていたのであろうか。それが人間なき短期的視野の経営でなければ幸いではあったが、現実にはそうした経営らしからぬ経営が出現したのであった。

第3節　新たな賃金管理システムの行方

　定昇制度の廃止と洗い替え職能給（複数賃率表）が賃金の上がり方を個人別化するものであったとすれば、人事考課は賃金の決め方を個人別化するものであった。「職能・業績反映型賃金管理システム」を徹底させようとすれば、人事考課の役割はますます重要とならざるをえない。これが曖昧では賃金の個人別決定の土台そのものが崩れてしまうからである。年俸制の場合の業績評価でも、あるいはまた洗い替え職能給（複数賃率表）の場合の能力評価でも、人事考課の比重はこれまで以上に大きくなるはずである。

　人事考課はそれだけ重要な存在なのだが、報告では「人事評価制度の整備と活用」として、①職能資格制度、目標管理制度、人事評価制度が密接な関連を持って組み立てられ運用されなければならないこと、②評価者訓練を徹底して公正な評価を行うこと、③評価の重要性はその結果をどのように活用するかという点にあるので、今後は賃金、賞与の査定のみではなく能力開発や人材育成に活用していくこと、などをかなりあっさりと指摘しているに過ぎなかった。

　このように、ごく一般的で常識的な指摘に留まっていたのは何故なのだろうか。職能や業績の評価は、企業特殊的な性格が強く一般化できないという事情も勿論あったであろうが、改めてこうした指摘をせざるをえないほど、人事考課が基本的な問題点を抱え続けていたという事情も無視できない。これまでの人事考課が、「評価基準を明らかにしない」、「評価結果を教えない」、「高い評価を得るためにはどのような働き方を目指したらよいか指導し

ない」といった秘密主義で、「まったくもって不十分」なものだったと言われたりしていたのはその一例である（島田晴雄他『サラリーマン破壊』、中経出版、1996年）。

　にも拘わらず、「普通」の「男子」労働者の不満があまり高くはなかったのは、活動家差別や女性差別を除けば（これらの差別は、日本の人事考課が抱える「本質」的な問題ではあるのだが）職能資格制度がかなり年功的に運用されてきたからである。この年功的な運用を止めるというのであれば、人事考課の問題点が改めて本格的に検討されてしかるべきだったろう。

　職能資格制度はよく「金太郎飴」だと言われる。日常の仕事や現場の実態を熟知していないコンサルタントの指導にもとづいて、マニュアル通りに制度が導入されて来たからである。そのためか、実態にそぐわない職務基準や職能要件があったり、職名別に掲げられている資格と日常の仕事との関係が明らかでないといった不満が絶えなかった。

　人事考課についても同様である。評価要素とウェイトはマニュアル通りで独自性がない、各評価段階の定義がきわめて抽象的で曖昧である、考課者訓練も相変わらず満足に行われていないし、行われていても同じ結果が出ない、絶対評価のはずが最終的には人数調整が行われて相対評価に変わっている、人事考課が能力開発に活用されずたんに格差を付けるためだけに利用されている等々。最近チャレンジ方式による加点主義の重要性が叫ばれたりしているが（例えば社会経済生産性本部『21世紀における日本の人事賃金制度』、1995年など）、これも上位等級の仕事や新しい課題へのチャレンジが常態となれば、現在の等級の仕事を大過なくこなした程度ではマイナス評価となり、実質的には減点主義と変わらなくなる。

　報告で重視されていた目標管理制度も、これを導入し緻密化すればするほど管理者の負担増となって跳ね返ってくる。マニュアル通りにやれば、目標の設定と評価のために行われる面接の準備と後処理のほか、普段から部下に目を配って指導記録や観察記録を付けなければならず、これでは管理者本来の仕事ができないとの苦情も絶えなかった。また、「生活態度としての能力」（熊沢誠『能力主義と企業社会』、岩波書店、1997年）はほぼ似たり寄ったりな

ので、差を付けるのが難しいという悩みもあった。

　労働者に納得させる形で差を付けようとすれば、どうしても実績を重視しなければならない。たしかに個別化された仕事を遂行する労働者も増えてはいたが、それでも「長期蓄積能力活用型」の労働者のほとんどはチームで仕事を遂行しており、そうしたところでは、簡単に個人別の実績が明らかになるわけでもない。無理を承知で実績主義を貫こうとすれば、良好なチームワークが乱れる可能性も大きくなる。それにも関わらず、人事考課に占める実績評価のウェイトは高められつつあったのである。

　職能資格制度では、通常昇進や昇格についての目安（最短、標準、最長）が示されることが多いが、報告は、各等級への「在級年数は、標準在級年数に重きを置くと年功的になるため、最短在級年数のみ満たせば後は能力次第という考え方」に立つべきであると述べていた。それだけ経営サイドの人事考課の裁量の余地を大きくしたいということだったのだろう。しかしながら、裁量の余地を大きくすればするほど人事考課をめぐる不満は生まれやすくなる（そもそも人事考課に苦情は付き物である。その苦情をどこまでオープンにできるかは労使関係によって異なる）。ここでも、年俸制の場合と同様に、不満を救済するための苦情申立制度の整備が求められることになる。

　「自己申告制度、面接制度、そして評定者訓練―わが国企業では、成績査定の公正さを守るために、これら三つの制度が用意されている」（藤村博之「成績査定の国際比較」、『日本労働協会雑誌』362号）との見解もあるが、人事考課に関する苦情申立制度無しに公正さは担保されないはずである。そしてまた当然のことであるが、苦情の申立ては人事考課の評価項目、評価内容、評価基準がオープンでなければ生まれない。その意味では、人事考課の「合意」可能な姿をめぐる団体交渉が、いまこそ必要になっているのではあるまいか。年俸制や洗い替え職能給（複数賃率表）の場合もそうであったが、賃金の集団的な決定を極小化しようとする「職能・業績反映型賃金管理システム」が、団体交渉の必要性を浮かび上がらせるという「背理」のうちにこそ、真実は潜んでいたのかもしれない。

第6章　労使関係の変容と「企業社会」

第1節　労使関係はどう変わったのか

　本章では、「企業社会」の成熟期から変容期に差し掛かっていた1990年代に、わが国の労使関係がどのように変わりつつあったのかを検討してみたい。そこで、まずは当時の労使関係の状況を素描するところから始めてみよう。最初に指摘しておかなければならないことは、これまで日本的経営の特質とされてきたものが済し崩しに溶解していくなかで、経営サイドの主張がほぼ「無修正」で実現されつつあったことではなかろうか。労使間の妥協点が更に一段と経営サイドにシフトしたことは、労働組合の多くが、［図表Ⅱ－19］に示したように、自社のリストラに一定の「理解」を示し、「受容」していたことからも窺われる[1]。

　半ば現実＝半ば理念としての政策がほぼ「無修正」で実現されてしまったのは、主流の労働組合が対抗的な理念や政策や運動を打ち立てる意欲を失っていたからであろう。合理化や解雇の際に組合が「守ってくれる」と答えた組合員が半数しかおらず（連合総研、1993年調査）、企業から人員削減の提案があっても何もしない組合が2割を超えている（連合、1994年調査）ところで、労働組合の社会的な威信が揺らぐのは当然である。労働の世界におけるジャパン・プロブレムは、労働組合の無力化に余すところなく示されていたと言ってよい。

　わが国の民間大企業における労働組合の今日的な状況を象徴しているのは、次のような事実である。山一證券従業員組合の書記長が自社の破綻を知ったのは、『日本経済新聞』がその事実をスクープした早朝であり、経営陣から説明をうけたのは同日の夕方だったと言う[2]。7,500人の社員が解雇されるという一大事を、労働組合は事前にまったく知らなかったのである。日

第Ⅱ部　「企業社会」の成熟と労働の変容

図表Ⅱ-19　リストラの実施に対する労働組合の認識

［リストラが実施された企業＝100］

(単位：％)

	企業の生き残りのためにはリストラの実施も必要である。	雇用の維持がはかられるならば、リストラは実施してよい。	リストラの実施は避けられないとしても、労働条件の変更は最小限にとどめるべきである。	リストラを実施する必要性はない。	その他	不明
計	12.0	22.6	57.9	3.7	3.7	0.1

(出所)　労働省「労働組合活動等実態調査」(1995年)

本的経営の一つの特徴として「情報の共有」が指摘されたりもしたが、労働組合は肝心の情報を共有することさえできないような「マイナー・パートナー」だったということなのだろう。

　また、やはり経営破綻に見舞われた北海道拓殖銀行の場合は、社内に「御三家」と呼ばれるエリートコースがあって、「組合役員は、人事部、企画部とともにその一角を占め」ており、1990年から破綻直前の1997年までに、「拓銀の主要な役員ポストを務めた経営陣のうち、組合委員長の経験者は、頭取、副頭取を含めて10人前後にのぼる」と言う[3]。ここでは、労働組合は限りなく経営に癒着し埋没した組織となってしまっていたのである。

　経営破綻という究極の事態が、企業というメダルの裏側に生息する企業別組合の「危機」を余すところなく浮き彫りにしているのであるが、これは、それほどまでに深く労働組合が経営に癒着し埋没し、そしてまたその結果として「無視」されてきたことを示すものであろう。わが国の労働組合の多くは、連合という巨大なナショナルセンターを頂点にして集権化された組織をもち、財政も潤沢で、交渉・協議機構も整備されており、制度化された労働組合として傍目には何の問題もないかのようにさえ見える。だが本当にそうなのだろうか。

　制度化された労働組合の多くは、労使関係をクリアに意識させるような問題を絶えず周辺や外部にそしてまた個人に転嫁することによって、生き延びているのではないかとの疑問も沸く。わが国の労働組合は、独自の「運動理

第6章　労使関係の変容と「企業社会」

念を失い、便宜的なチェック・アンド・バランスで物事に対処」するだけの過剰に成熟した存在に「堕落」し、労働者は「労働の世界の風化現象の下で、自閉的に『生活の探究』に追いやられている」[4]との指摘が今更ながら思い起こされる。

　労働組合が対抗的な理念や政策、運動を失っていることを示す証拠はいくらもある。いくつか思い付くままにあげてみよう。例えば、組合役員選挙の無風化や組合幹部の管理職への転身がある。役員選挙での対立候補の有無を尋ねた当時の調査結果によれば、「委員長や副委員長、書記長といった三役ポストの選挙は、単一組織の組合の本部三役のみならず、支部三役ポストまで含めて、対立候補『なし』という回答が7〜9割」に達しており、「企業別組合における役員選挙は事実上長らく無風状態になっている」と言う。

　そうした労働組合においては、組合役員のありようにも緊張感は失われ、[図表Ⅱ-20]に見るように、企業別組合の役員が管理職に転身していくのはごくありふれた光景となってしまっていた。「（本部）委員長が組合役員を降りてすぐに管理職として職場復帰することはよく知られている事実」であるが、その割合は既に4割を超えると言うのである。「管理職になると非組合員扱いになる企業が多いので、1日にして組合側のリーダーが会社側の人間になってしまう」[5]ことになる。無風の役員選挙の下で、組合役員の管理職としての職場復帰が広範に広がっていることは、企業別組合が「草の根」からメルトダウンしつつあることを示していたようにも思われる。

　あるいはまた「紳士協定」化した労働協約がある。連合の調査によれば、企業から雇用調整の提案があった場合に団体交渉を行う組合は1割弱（労使協議を行う組合を加えても3割強）に留まるのに対し、驚くことに何もしない組合が2割強もあったと言う。こうした「ゆゆしき事態」は、労働協約に解雇についての規定がないところが3割強、希望退職についての規定がないところが5割近くにも達しているところにも現れていた。今日広範囲に広がった配転や出向、一時帰休、転籍などに関しても、労働協約に何の規定もない労働組合が4〜5割もあった[6]。労働協約はあっても、その内容はあまりにも貧しかったのである。

175

第Ⅱ部 「企業社会」の成熟と労働の変容

図表Ⅱ-20 ユニオン・リーダーの次の仕事

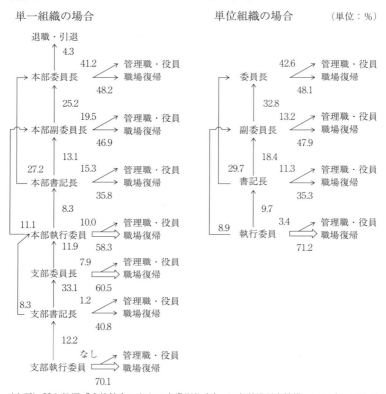

(出所) 稲上毅編『成熟社会のなかの企業別組合』、日本労働研究機構、1995年、120ページ。

　更には、よく知られた「一発回答」の広がりをあげることもできるだろう。全体では約5割、5,000人以上の大企業の労働組合に限定すれば約7割の組合では、一発回答による妥結が定着していると言う。「この10年ほどのうちに、一発回答による賃金決定方式の定着という意味での『安定的』な労使関係が相対的に小さな組合にも広く浸透した」[7]ようなのである。

　わが国の労使関係は、1960年代の中葉以降かなり安定した状況にある。こうした大状況そのものに変化はないが、その安定の質は、高成長期の労使紛争をも伴った安定構造から低成長期の協調的な安定構造へ、そしてまた協調

的な安定構造から企業補完的な安定構造へと推移してきている。大きな流れで言えば、企業別組合の「組合主義」的行動様式から「企業主義」的行動様式への変容である[8]。この間、個別企業の競争力の維持・強化のためにリストラという名の減量経営の徹底が進められたが、それがスムーズに進行しえた背景には、企業別組合が組織維持のために企業の「マイナー・パートナー」と化し、労使紛争が極小化したことを無視することはできないだろう。

　だがここには落とし穴があった。「マイナー・パートナー」化が強まり、労働組合が企業とほぼ同質の価値判断や行動様式を示すようになれば、組合の存在意義自体が危ういものにならざるをえないからである。組織維持の結果として労働組合が無力化し、その無力化が労働組合という組織を内部から腐食していくのである。連合が結成されてかなりの時間が経過したにも拘わらず、「市場原理」主義の猛威にさらされて労働組合の社会的威信は大きく揺らいだままである。こうした事態を前にすれば、ためらい無しに労働組合に未来はあると断言するのは難しい。果たして日本の労働組合はどこに向かおうとしているのであろうか。

第2節　日本的経営はどう見直されたのか

　経営サイドの動向を確認するうえで、日経連『新時代の「日本的経営」─挑戦すべき方向とその具体策─』（1995年、以下報告と呼ぶ）の検討を避けては通れない。いささか手垢にまみれた観もあるが、敢えて取り上げておこう。報告自身は、日本的経営を包括的に見直すに至った背景について詳細に論じているわけではない。そこでは、「これまで日本的経営の理念と運営を支えてきた諸条件が変わりつつあり、日本的経営はさまざまな環境変化のインパクトに対処しうるよう、新たな課題に挑戦する必要に迫られている」として、経営環境の変化要因が列挙されているだけである。キーワードは、①経済成長の鈍化、②ホワイトカラー部門や低生産性部門における過剰人員の発生、③企業のリストラによる高コスト体質の改善、④産業構造の転換や市場開放、規制緩和に伴う労働移動の活発化、⑤円高と途上国の追い上げによ

る産業の空洞化などである。

　しかし、こうしたキーワードのなかからも時代のトレンドは浮かび上がってくる。特に重要なのは、グローバリゼーションとメガ・コンペティションの時代への突入に伴って、生産拠点の海外移転と企業内国際分業の進展が本格化してきたことであろう。そこには、プロセス・イノベーションを基軸にした日本的生産システムが世界に波及し、これまでわが国が保持していた「比較優位」が色褪せつつあるとの認識もあった。導入技術の改良による汎用品の量産化のみでは、これからの時代を生き抜いていくことはできないとの不安である。

　また、後に触れる労働力の三タイプ論との関連では、経営と労働のドラスティックな変容（例えば、ホワイトカラー化やサービス経済化、情報ネットワーク化の進展に伴う労働の個別化や専門職の自立化、単純労働分野の拡大など）にも注目しておかなければならないだろう。いずれにしても、経営環境の変化をめぐる議論においては、低下しつつある競争力を再強化するための「高コスト体質の改善」が焦眉の課題として意識されていたと言ってよい。日経連はそれをマクロ戦略としての労働分野の規制緩和[9]とミクロ戦略としての日本的経営の見直しによって実現しようとしていたのである。

　「高コスト体質の改善」によって「企業の競争体質」を強めていくことが強調されていたことからすれば、これまでの日本的経営は、労使関係の安定を維持するための費用を内包した高コスト体質の組織として位置付けられることになる。そうであれば、「長期雇用システムは、OJTを通じて企業特殊的な人的資源を蓄積し、人的資源への投資の収益を回収し、また労働者のインセンティブを刺激するといった効果がある。従って、その投資収益の一部を年功的報酬の形で労働者に還元するのは合理的である」[10]といった労働省サイドの議論も批判の対象となるのだろう。

　そうした認識に立って「同意」調達のための費用を削減していった場合、そしてまた労働の世界においても「グローバル・スタンダード」なるものが無批判に受け入れられていった場合、当然ながら日本的経営の「含み資産」としての日本的な性格は弱められていくことになる。しかし報告は、一方で

は日本的経営の「含み資産」を消滅させる処方箋を書き連ねながら、他方ではその「理念」は不滅であることを強調していた。こうした綱渡りの芸当を可能にするのが、「リストラ協力コミュニケーション組織」[11]として重視されてきた企業別組合の存在である。企業が効率性を純化させれば、通常は労使摩擦が強まるはずであるが、それを極小化するのが企業別組合だとの認識である。目指すは労使摩擦なき「従業員管理型」のグローバル企業であり、これが日経連の描く新たな日本的経営の見取り図であったと言ってよい。

（１）変容する雇用と賃金──失われる「日本的性格」──

報告が注目されたのは、やはり「含み資産」の根幹をなす雇用と賃金の抜本的な改革に着手したからである。まず、有名になった労働力の三タイプ論から見てみよう。先に第３章の［図表Ⅱ-９］で示したように、報告はこれからの労働力を①長期蓄積能力活用型、②高度専門能力活用型、③雇用柔軟型の三タイプに分け、これまで①のタイプに含められていた労働者を可能な限り絞り込んで、①からはみ出した労働者を②や③のタイプに位置付けて活用しようとしていた[12]。「自社型雇用ポートフォリオ」の提唱は、より効率的で弾力的に労働力を編成したいとの願望の率直な表明に他ならなかった。

内部労働市場は、「入口」が狭められ（新規学卒者の採用の抑制）また逆に「出口」が広げられて（定年前退職者の増大と定年制の形骸化）、二重に圧縮されることになった。日本の昇進構造は、一律年功型－昇進スピード競争型－トーナメント型の三層構造をなしていると言われてきたが、「出口」が広げられるということは、「トーナメント型」の競争による選抜が早期化することを意味したのである[13]。

形式上は①の補完物とされていた②や③のタイプの労働者が、①と並ぶものとして浮かび上がってくれば、日本的経営は「ストック型」から「フロー型」の経営に本格的に転換することになる。これまで少なくとも「精神」としては維持されてきたはずの長期雇用慣行が放棄され[14]、あるいはまたこれまた少なくとも政策「目標」としては掲げられていたはずの完全雇用が放棄されることにもなろう。①と②と③の労働者の間には明確な境界は存在し

第Ⅱ部 「企業社会」の成熟と労働の変容

図表Ⅱ-21 日本的経営とジェンダーの関係性

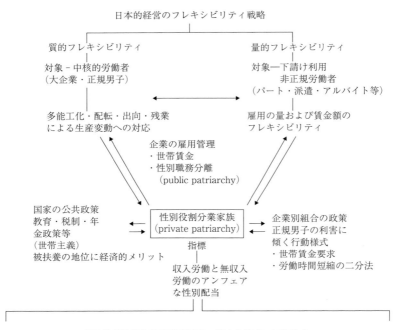

(出所) United Nations, *The World's Women 1970-1990, Trend and Statistics*, New York, 1991 p.101 より抽出。日本は総務庁「社会生活基本調査」1986 年（石畑良太郎他編『現代の社会政策（第3版）』、有斐閣、1996 年より引用）。

ないようなので、①から②や③への移動や①の②や③による代替は強まり、これからは②や③のタイプのコスト削減型の労働者の雇用増が主流となっていくことになる[15]。そして、事態はそのように展開した。

②や③のタイプの労働者は有期雇用契約の労働者となるので、かれらは不

180

安定な雇用のまま外部労働市場に投入され、ジャストインタイムの労働力となる可能性は高まる。内部化された労働市場に属する①のタイプの労働者も、これまでの①ではない。ここでは、裁量労働の拡大によるホワイトカラーの労働生産性の向上が見込まれており[16]、フレキシブルな働き方は更に強まると見てよい。わが国企業は、［図表Ⅱ-21］に示されたように、量的フレキシビリティーも質的フレキシビリティーもともに広げつつあったのである。

　次に賃金問題を取り上げてみよう。報告で強調されていたのは、「高コスト体質の改善」のために総額人件費管理を徹底し、「職能・業績反映型賃金管理システム」を確立することであった。②や③のタイプの労働者を増やすこと自体が「高コスト体質の改善」に結び付くが、ここで特に問題とされていたのは①のタイプの労働者である。そこでは、先の［図表Ⅱ-9］で見たように、企業業績と連動して上下する一時金のウェイトを増やしたり、貢献度反映型の退職金制度を導入したり、年功賃金を支える定昇制度を廃止したり、年俸制や洗い替え職能給を導入したり（高い評価を持続できなければ賃金は下がることになる）、人事考課では実績評価を重視したりすることなどが提言されていた。

　「職能・業績反映型賃金管理システム」の確立によって経営サイドが目指していたのは、賃金決定を可能な限り「個別化」し、わが国の賃金が依然として脱却できないでいる年功的性格と賃金のもつ下方硬直性を打破し、査定・実績・変動型の賃金に改編していくことであった[17]。具体的な動きとしてまず注目されたのは、先の裁量労働制と連動した「脱」年功賃金システムとしての年俸制の導入であった。職能資格制度による能力主義的な賃金決定を改変して、顕在化された能力にもとづきながら、賃金決定をよりシンプルに業績主義化したかったのであろう。

　年俸制を導入する理由として、業績主義の強化や経営参画意識の高揚などがあげられていたことからも分かるように、自分の賃金を自分で稼ぎ出すといった賃金の自己決定意識を植え付けたかったこともあったかもしれない。その特徴は、言うまでもなく定昇無しで賃下げも可能な実績主義そのものの

181

賃金だという点にあった[18]。これまでの賃金体系の下では、余程特別な事情のない限り賃金の減額は困難であった。しかし管理職を中心に年俸制が導入されることによって、実績を理由に賃金が簡単にしかも大幅に減額されるケースも生まれてきた。

　もう一つは、「非」年功賃金システムとしての職能資格制度の実績主義的な運用である。年俸制は、当然ながら形式上は業績に対して責任を負いうるだけの権限や裁量が付与されていることが前提となるので、すべての労働者に適用できるわけではない。①のタイプの労働者の多くは、やはりこれまでのような職能給の月給制とならざるを得ない。ここでの課題は、定昇制度の廃止と洗い替え職能給の導入であった。報告は、「ある一定の時期に全員を対象に賃金が上昇する仕組み」としての定期昇給が存続する限り、賃金体系を変えても賃金は年功的になるとして、定昇制度の廃止を提起するとともに、職能資格制度が資格の「上ずり現象」[19]によって現実には年功的に運用されていることを踏まえ、洗い替え職能給を導入して実績重視で運用しようとしたのである[20]。

　これまでの職能給では、全員が前年度の賃金水準を維持したうえで、人事考課によって次年度の賃金の上げ幅に差が生まれるというものであったが、洗い替え職能給（複数賃率表）では、降格という手荒な手段をとらなくても昇給ストップやマイナス昇給がありうるので、賃金水準は容易にラッパ型に開いていくことになる。

　年俸制にしても洗い替え職能給にしても、人事考課がこれまで以上に大きな位置を占め、しかもそこでは実績が決定的なあるいは中心的な評価対象にされようとしていた。それは何故だろうか。まず指摘できることは、［図表Ⅱ-22］に見るように、これまでの人事考課が能力や成績とともに情意までをも考課の対象としてきたこともあって、制度・運用上ある種の「あいまいさ」を抱え続けてきたことである[21]。連合総研が行った大手企業の事務・管理・営業部門に働くホワイトカラーを対象とした調査によると、自分の会社の人事制度のなかで、問題があるのは何処かという質問に対し、回答がもっとも集中したのは人事考課であったことなどもその一例であろう[22]。こ

第6章　労使関係の変容と「企業社会」

図表Ⅱ-22　人事考課の制度・運営上の問題点

(単位：％)

	調査産業計	5,000人～	1,000人～	300人～	100人～	30人～
人事考課制度のある企業	100.0	100.0	100.0	100.0	100.0	100.0
制度・運営上に問題点がある企業	90.5	97.7	96.9	95.4	92.4	87.9
	(100.0)	(100.0)	(100.0)	(100.0)	(100.0)	(100.0)
問題点／質の異なる仕事をする者への評価が難しい	(58.1)	(64.8)	(57.4)	(59.5)	(59.7)	(56.8)
考課者訓練が不十分	(53.2)	(56.0)	(61.3)	(62.3)	(58.0)	(47.6)
評価基準が不明確または統一が難しい	(45.3)	(64.1)	(64.1)	(54.6)	(48.8)	(39.7)
評価の寛大化のため格差が付かない	(37.9)	(51.3)	(42.3)	(37.4)	(36.8)	(38.2)
仕事の内容に精通していないと評価が難しい	(30.5)	(9.1)	(19.4)	(24.6)	(28.3)	(34.2)
能力開発・人材育成に役に立っていない	(24.9)	(28.2)	(29.3)	(29.5)	(24.7)	(23.6)
評価結果と賃金原資との間に不具合が生じる	(18.7)	(11.7)	(18.5)	(18.6)	(20.2)	(18.1)
ポスト不足で評価を昇進に反映しきれない	(13.4)	(12.1)	(13.8)	(10.5)	(9.8)	(16.2)
評価の厳格化のためモラールの低下が生じる	(2.4)	(2.7)	(3.2)	(2.1)	(2.3)	(2.4)
問題はない	6.3	1.3	1.9	2.7	5.2	8.1
無回答	3.2	1.0	1.2	1.9	2.4	4.0

(出所)　労働省「雇用管理調査」(1996年)

の「あいまいさ」を払拭したいとの思いが、労使の間に生じていたのである。

　そしてもう一つより重要なことは、情意考課を通じて「企業論理にとって異質な問題行為」[23]を封じ込めることにあらかた成功し、「生活態度としての能力」[24]をかなり高いレベルで均質化できたことが、逆に情意考課の役割を低めたという事情である。明瞭な違いは、もはや実績にしか現れなくなったのである。能力主義管理は、その過剰なまでの成功を通じて、必然的に実績賃金を産み落としたと言ってもいいのかもしれない。

　こうした経営サイドの動向は、労働組合の対応によっても支えられていた。電機連合や商業労連などは、能力主義を「受容」するに留まらず、より積極的に「推進」しようとする姿勢に転換しつつあった。そのことは、「能力発揮には個人差があり、適切な評価システムを導入することによって、公平・公正をたもちつつ、高い能力があると評価された場合にはより高い賃金を保障するシステムとすべきである」[25](電機連合)との主張や「従来の年齢に応じて上がる年功序列型賃金体系を大きく見直し、能力主義を基本に職能・業績のウェイトを強めた労働準拠型賃金体系へ移行」(商業労連)するとの主張からも窺うことができる。

183

そこから浮かび上がって来たのは、制度化された労働組合が経営サイドとほぼ共通の状況認識に立っているという事実であった。「日本の勤労者の培ってきた公平観が本来の労働組合主義（結局は仲間との競争の制限に尽きる）と重なりきらないという冷厳な事実」[26]は否定しようもないが、先のような実績主義に傾斜した組合の主張は、「がんばり」や「やる気」を軽視することによって、これまで「日本の勤労者の培ってきた公平観」をも踏み越えつつあったように見える。

（2）日本的経営の見直しと労働組合の課題

報告によれば、日本的経営の基本理念である「人間中心（尊重）の経営」や「長期的視野に立った経営」は、普遍的なものなので今後とも堅持すると言う。変えるべきものは実に即物的であるが、理念の方はあまりにも高邁過ぎていささか掴み所が無い。そうした理念によって、「個の主体性の確立」と「人間尊重」が実現されるとの御託宣であるが、その意味するところは、労働者間のサバイバル競争のなかで自己責任が明確にされ、結果責任を負わされるということに尽きる。

こうした身も蓋もない事態を、当時の日本生産性本部は「産業民主主義の危機」と呼んだが、著者の認識もそれに近い。雇用保障の衰退や人材育成投資の削減、更には実績主義の広がりなどによって、日本的経営の「含み資産」が消滅すれば、労働者の企業へのコミットメントは確実に希薄化する。しかしそうした希薄化は労働者の企業からの自立を意味するわけではなかった。産業民主主義が衰退したところに労働者の自立などは存立し得ず、かれらは寄る辺なき労働者の群れに投げ込まれるだけだったからである。

しかし、こうした日本的経営の見直しは、その理念を自らの理念に読み替えることによって運動理念なき便宜主義を糊塗してきた労働組合を、「緊張」させ「覚醒」させ、そして「自省」させる可能性をも孕んでいた。まず言えることは、①のタイプの労働者の減少と②や③のタイプの労働者の増大がもたらすインパクトである。これまでわが国では、「ホワイトカラー化」の進行がいささか過度に強調されてきた。例えば、「大企業の生産労働者（ブル

ーカラー）がホワイトカラー化し、大企業の経営者がホワイトカラー化するという二重のホワイトカラー化によって、企業社会はホワイトカラーの単一身分社会 single status になっていく」[27]といった主張などが典型である。だが現実をみれば、注目されるべきはむしろ二重の非ホワイトカラー化の進行だったのではないか。

　なぜそう言えるのか。それは、これまでホワイトカラーが保持してきた雇用の安定性が、非正社員の増大と正社員のリストラによる排出によって、揺らいできていたからである。しかもこうした事態は、「企業特殊的熟練」の薄さや「内部化」の浅さを浮き彫りにするとともに、労働者の生活がこれまでのように企業内では完結し得なくなっていることを、否応なく示していたようにも思われる。先の①のタイプの労働者のところでは、「労使コミュニケーション組織」としての企業別組合は生き残ると思われるが、しかし、問題を周辺や外部、そして個人に転嫁することによって制度化された労働組合は、そのこと故に、寄る辺なき労働者の大群に包囲されて「成果」を極小化させ、無力化し衰退していく可能性が高い。日本的経営の見直しは、そうしたパラドキシカルな構造を浮かび上がらせていたのである。

　男子正社員を主体とし、所得と消費レベルの引き上げにのみ収斂し、そしてまた企業内に閉塞した労働組合運動の保守性の打破が、言い換えれば、労働組合運動に「職場の市民運動」[28]としての要素を盛り込みながら、労働者と市民社会を再結合していくことが求められていたとも言えようか。

　浮かび上がってくるのは、企業横断的な労働条件規制や福祉、環境、フェミニズム、人権といった社会的・政治的なテーマに関心を強め、地域社会に密着し、個別の労使紛争にも普遍性を見い出すような social ユニオニズムへの期待である。「労働組合の再構築のポイントは、一つにはその組織の在り方が組織優先や団体主義から『開かれた組合』になることであろう。勿論ポスト産業社会になっても、労働組合から労働者の権利を守る活動が無くなるわけではない。ただ、国際化や規制緩和、情報化やサービス化がすすみ、特定の産業や企業に組織されない未組織な不安定雇用や外国人労働者が増えていくなかでは、企業を越えて『開かれた組合』が必要になるだろうし、更に

その活動の在り方は、組織を超えて『社会的役割』や『公共性』をもつことが必要になろう」[29]と指摘されてもいた。

当時、「多国籍企業による国民経済の破壊と新自由主義的再編」に対するオルタナティブとして、新たな福祉国家の構想と運動が既に提起されていたが、こうした戦略も上記の指摘と重なり合っていたのではあるまいか[30]。そのうえであえて問うてみなければならないのは、そうした戦略の担い手に労働組合がなりうるのかどうかという問題である。新福祉国家構想は、労働組合の再生戦略と結びつくことによって意味あるものとなるのであろう。

次に注目されるのは、先のような見直しがこれまで日本的経営が標榜してきた「階層平等主義」や「能力平等主義」そしてそれらに支えられた集団主義を希薄化させるために、その「反作用」としてさまざまな「格差縮小運動」[31]を生み落とす可能性があることだろう。わが国の労働者の間にも能力主義志向が強まりつつあることがよく指摘される。しかし、ことはそれほど単純ではないはずである。

たしかに労働者は「広い意味での能力主義の考え方（一人ひとりの能力や努力によって賃金や昇進に差がつく）に親和的」であるが、しかし他方では、こうしたノンエリートの穏健な能力主義が、男子大卒ホワイトカラー層の保持するハードな能力主義（ここでは弱肉強食のプロフェッショナリズムが鼓吹される）」[32]に飲み込まれることに対する本能的な警戒心も働いているとの指摘、あるいは、「職場社会の絆の中に自分の存在意義を嗅ぎ付けようとする労働者の欲求はかなり根源的なものであるから、競争主義文化をそうそう容易には職場と労働者の精神として受け入れはしない」[33]という指摘に注目すべきである。

非正社員が増大し「職能・業績反映型賃金管理システム」が導入されるに伴い、職場社会はより差別と格差に彩られた社会に移行する危険性を孕むことになる。しかし、経営専権の下での流動化や個別化は職場の集団主義を解体して処遇の不安定化をもたらすために、多様な労働者の相互のリンケージによる「格差縮小運動」への共鳴もまた広がりうる。労働者と職場の再結合を目指す *work-place* ユニオニズムに対する期待である。

第6章　労使関係の変容と「企業社会」

　わが国の現実をみれば、疑似パートの増大と賃金格差の拡大が指摘されるような状況にある。しかし他方では、男子正社員の限定と「労働力の女性化」の促進を背景として、ジェンダー視点からの「格差縮小運動」への関心は高まっている。長期勤続の女性正社員と長時間パートタイム労働者の増大は、男女正社員間に現れる間接差別や、正社員とパートタイム労働者との間に現れる直接差別への批判を強めざるを得ないからである。

　正社員とパートタイム労働者との間の「均等待遇」や労働時間における男女の「共通規制」といった、労働問題におけるグローバル・スタンダードのインパクトも見逃すことはできないだろう。アメリカのUPS争議では、パートタイム労働者の正社員化までもが争点とされていたのである。賃金差別の是正を目指した女性による裁判闘争の展開や、外国人労働者の人権に対する関心の高まりなども、こうした「格差縮小運動」の流れのなかに位置付けることができるのではなかろうか。

　そして最後に、非正社員の活用や成果主義賃金の導入によって、具体的な数値にもとづく成果の管理が強められていくために、多数の労働者がこれまで関心を抱いてきた「働きがい」や仕事の「やりがい」が奪われていく可能性が高いということも指摘しておきたい。成果を出すことだけが求められる仕事には、対価を求める気持ちは生まれても、「働きがい」や仕事の「やりがい」は感じにくいはずである。しかしそのことが逆に、現代の労働者が労働条件として捉えるにいたった「働きがい」を意識させ、労働者と仕事を再結合する *labor-oriented* ユニオニズムに対する関心を呼び起こすことにもなる。労働者が「働きがい」に関心をもつことにも、そしてまた労働組合が労働内容に発言することにも必然性がある。

　労働内容に発言するということは、自らの労働が「構想と実行」を結合したものとなっているかどうか、そしてまたその労働が社会にとって有用であるかどうかを問うことでもある。日本労働者協同組合では、「労働＝仕事そのものをいかにして社会的に有用なものとするか」という視点から、「よい仕事」原則を事業体の生命線と位置付け、そのために「よい仕事の自主的な判断基準をみずからの手でつくり出してきた」[34]と言う。ここでいう「よい

187

仕事」への社会の期待は大きく、その実現は何も労働者協同組合にのみ求められているものではない。

公務労働の分野においては、「手段主義的な労働観と裏腹の賃労働者としての狭い視点」を脱して、「人間らしい生活を支えていくにはどのようなものが役に立つか」、あるいはまた「財やサービスの生産にあたる自分自身にとって、人間らしい、そして仕事に意味を感じうるような働き方を実現していくためには、どのような仕事のあり方が望ましいか」[35]を検討していくことが必要であると指摘されていたし、また一般の労働の分野においても、「ふつうの職業につく労働者にとっては、働きやすい職場というものが不可欠」であり、そうした職場の条件として、「長く働き続けてゆけるゆとり、助けあうことのできるなかま、仕事の進め方に関する一定の決定権」が必要であると指摘されてもいた。

ここでいう「仕事の進め方に関する一定の決定権」とは、「労働者が仕事の手順やペース、そして場合によってはその具体的な内容を、ある限度内ではあってもみずから決定できること」[36]を指している。このように見てくると、現代の労働者は、程度の差はあったとしてもすべて*labor-oriented*な存在であるといってよいのではなかろうか。しかしそうした可能性は、激しい企業間競争によって、あるいはまた経営環境が悪化することによって、いつでも簡単に遮られることになる。だからこそ、意識的に*labor-oriented*であろうとする労働組合が求められるのである。

第3節　労働組合はどこに向かうのか

（1）労働組合の「危機」と組合離れ

日本的経営の見直しが労使関係に与えるインパクトを検討してみると、そうした見直しそのものが、これまでの日本的経営の「理念」を矮小化することによって、*social*ユニオニズムや*work-place*ユニオニズム、更には*labor-oriented*ユニオニズムの必要性を浮かび上がらせているようにも思われ

第6章　労使関係の変容と「企業社会」

る。ユニオニズムがユニオニズムである限り、さまざまな形で労働者を結合するはずであり、その結合が広がらなければユニオニズムとして成功したとは言えない。勿論結合のあり方は、制度化された労働組合のそれが唯一のものではない。日本的経営の見直しが、これまでの労働者の結合のあり方を多様化させつつある現実にも注目しておかなければならないだろう。以下では、組織としての労働組合の現状に焦点をあてながら、労働組合の課題を検討してみたい。

　労働省の「労働組合基礎調査」によれば、1997年の労働組合の推定組織率は前年の23.2％を0.6ポイント下回り22.6％となった。76年から続いている低落傾向に歯止めはかからず、戦後最低記録はまたまた塗り替えられることになった。そこで特に注目されたのは、組合員数が前年を16.6万人下回って2年連続16万人を超える大幅な減少を記録したことである。1995年にも8.5万人減少したので、これで3年連続減少したことになり、その数は総計で41万人にも達することになった。

　勿論これまでにも組合員数が減少した時期はあるが[37]、1970年代以降これほどの大幅な減少が続いたのは初めてである。厳しいリストラによって、労働組合は多くの組合員を失ってきたのである。組合組織率の低下は、増え続ける雇用者数に組織化が追いつかないだけではなく、労働組合員数の減少によってももたらされており、当時既に労働組合の危機は新たな局面に入りつつあったようにも見えた。

　こうした労働組合の危機は、争議件数や争議行為参加人員、労働損失日数の激減にも顕著に現れていた。「労働争議統計調査」によって20年程前の1975年を基準にした1996年のそれぞれの数字の百分比をみると、争議件数は9％、争議行為参加人員は4％、そして労働損失日数はわずかに0.5％でしかない。その激減ぶりに改めて驚かされる。10年程前の1985年を基準にしても、それぞれ16％、13％、16％となってかなり大幅に落ち込んできたことがわかる。

　勿論こうした労働争議の鎮静傾向は、日本だけではなく他の先進諸国にも共通して見られるが、そのなかでも日本は群を抜いており、「今では日本は

ストをしない国の一つになっている」[38]と指摘されたのであった。紛争の発生が予想されないところでは、権利・義務関係がきわめて曖昧な「非法的労使関係」が生まれ易く、そうしたところでは経営サイドの裁量の範囲はきわめて広くなる。日本的生産システムにおけるフレキシビリティーの高さは、企業別組合の「企業主義」的行動様式に支えられた「非法的労使関係」とワンセットなのである[39]。

　R・B・フリーマンとJ・L・メドフによれば、集団的発言機構としての労働組合は、労働者が企業から退出することによって不満を解決するのではなく、企業に留まって解決しようとする動きを促進することによって、結果として従業員の定着率を高めまた生産性の向上にも寄与していると言う[40]。また、かれらの仮説をわが国に適用した研究によっても、労働組合はかれらの指摘と同様に、①労働条件を向上させ、②労務管理制度を整備させ、③労使間のコミュニケーションを改善し、④集団的発言機構として従業員の不満をすくい上げることによって離職率を低下させ、以上の結果として、⑤企業の生産性にプラスの影響を与えたことが明らかにされていた[41]。

　長期的な視点から見れば、あるいはまた日経連のいう「長期蓄積能力活用型」の大企業男子正社員を中核にした労働組合に限定すれば、こうした議論もたしかに妥当性を持つ。長期雇用と年功賃金の終焉を声高に叫ぶ日経連が、企業別組合の「基本的な機能・役割は今後とも維持されなければならない」と主張したりするのも、③のコミュニケーション組織としての労働組合の役割を評価して、⑤の効果を期待しているからに他ならない。だがこうした文脈にあまりに寄りかかると、①における労使間の利害対立が過小評価され、短期的な視点からみたさまざまな労務費コストの削減策も、更にはその結果でもある労働組合の組織率の低下もうまく説明できなくなる。

　労働組合の組織率は何故低下し続けているのであろうか。一つの有力な見解として、低下の原因をサービス経済化やホワイトカラー化、雇用形態の多様化などの企業環境の変容に求める見解があった。しかし、こうした議論は、他の先進工業諸国で同様の現象が起こっているにも拘わらず、どの国でも組織率が低下している訳ではないという事実をうまく説明できず、その根

第6章　労使関係の変容と「企業社会」

拠はそれほど明確ではないという批判もあった[42]。もともと組織率の低いサービス業で雇用者が増大すればそれだけで組織率は低下するが、サービス業の組織率自体が低下していることにも注目すべきであろう。労働組合の組織化努力が弱まった結果、それぞれの産業部門内の新規の組織化が立ち後れていたのであり、環境変化だけではなく主体的な要因にも目を向けなければならないのである。

　だがここで重要なことは、労働組合の組織化努力が足りないことを指摘するだけでは、事態はなんら改善されないことである。その努力が企業別組合の枠内に留まる限り、大きな成果は期待できないからである。「組合が個別企業の労務政策への対応に重点を置いたため、新しく勃興してきた産業領域に組織を広げるために用いる資源が少なくなるとともに、新規に組織しようとする刺激が少ないものであったこと」が、換言すれば、「企業別組合運動というありようこそが組織率低下の原因」なのであるという指摘もある。

　企業別という分権的な労働組合運動が不況の影響を受け易く、またそうした運動が、「経済諸条件からして企業がその労働者の組織化をより受け入れなくなったとき、またかように、組合を承認したくない経営側に対して組合を組織することに力を入れようという関心が労働者に薄れたとき、企業を超えて、従ってまた産業部門を超えて労働者を組織するのは困難である」[43]といった基本的弱点を抱えていたからである。

　これまでもそうであったように、労働組合の新規の組織化はもっぱら産別やナショナルセンター、あるいはそれらの地域組織によって担われてきたのであり、今後もそうであろう。これらの企業別組合の外にある組織への人的資源の投入や財政基盤の強化を抜きに、組織率の低下傾向に歯止めをかけることはできない。

　例えば、非正社員の組織化に成功した例として生協の全国パート労働者懇談会があるが、こうした組織の発展は「生協労連が単産中央として責任をもって非正社員を組織化するという、産業別レベルでの取り組みの方針があったことが大事なのであって、企業別労働組合のレベルでどうこうという話ではない」[44]のである。注目されたゼンセン同盟の場合も、全国に配置された

191

第Ⅱ部 「企業社会」の成熟と労働の変容

都道府県支部の専従者と本部組織局の全国オルグが組織化に力を注いでいるが、それが可能なのは、ゼンセン同盟内部で役割分担がはっきりして効率的な組合運営ができ、財政と人事を本部が掌握して支部専従者に対する管理の仕組みが出来上がっているからだと言う[45]。

連合は発足当初の1989年に、1,000万の組織と30％の組織率を目指すと宣言したが、8年を経過した後でも、800万に届かないばかりか組織率の低下にも歯止めをかけることができないでいる。そのため1992年には「組織方針」を策定し、1996年には新たに「組織拡大方針」を明らかにしている。この「組織拡大方針」によれば、これまで組織化の成果が上がらなかったのは、①労働組合のリーダーの組織率の低下に対する危機感が不足していたこと、②組織の拡大こそが労働運動の総合力を強め、運動領域を拡大し、社会の発展にも貢献することに対する確信が欠如していたこと、③産業別組織への結集に拘るあまり、「クラフトユニオン」や「地域ユニオン」に対する認識が欠如していたこと、④組織拡大運動のための体制が不備であったこと、などによると言う[46]。

では何故、そもそも労働組合のリーダーたちは組織率の低下に対して深刻な危機感を抱かなかったのであろうか。それは、マクロレベルでは組織率が低下したとしても、ミクロの個別企業レベルでみれば、ユニオン・ショップ協定の下ではほぼ100％の組織率が維持されており、組織化は既に完了していると認識されていたからではなかろうか。もっとも100％とはいっても文字どおりの100％なのではない。管理職や非正社員を最初から組織化の対象外においた、つまり二重に限定された範囲内での100％なのである。

しかし現実には、管理職や非正社員という企業内未組織労働者が増大しているので、かれらを組織しなければ企業内の全雇用者を対象とした組織率（これを以下では企業内雇用者組織率と呼ぶ）は明らかに低下していく[47]。［図表Ⅱ-23］からも明らかなように、かれらを「組合員としていない」と回答した組合で、「特別に組織化の努力をしていない」ところが9割にも達しているのであるが、そうであっては企業内雇用者組織率の向上は望めないだろう[48]。労働組合が無力化したままでは、未組織労働者は組合を魅力的な存

第6章　労使関係の変容と「企業社会」

図表Ⅱ-23　労働者の種類別にみた労働組合への組織状況

| | 該当労働者がいる組合 | 組合員としている | \ | 小　計 | 組合員としていない（複数回答） | | | | 該当労働者がいる組合の割合 |
					準組合員としている	組織化の方向で努力している	該当労働者が加入している組織と連携している	特別に組織化の取組みはしていない	
使用者の利益代表者に該当しない管理職・専門職	100.0	30.6　(28.1)		69.4　(100.0)	(2.8)	(3.3)	(1.7)	(92.4)	84.0
臨　時　労　働　者	100.0	3.3　(4.7)		96.7　(100.0)	(3.2)	(7.3)	(0.9)	(89.3)	61.5
パートタイム労働者	100.0	8.9　(6.6)		91.1　(100.0)	(3.0)	(8.5)	(1.4)	(87.2)	69.6
定　年　退　職　者	100.0	3.5　(8.9)		96.5　(100.0)	(2.6)	(3.1)	(3.1)	(91.4)	59.4
関連企業への出向者	100.0	76.0　(73.5)		23.8　(100.0)	(6.3)	(4.8)	(7.9)	(81.2)	48.8
関連企業からの出向者	100.0	13.0　(14.5)		86.8　(100.0)	(1.2)	(2.4)	(13.2)	(84.2)	37.0
他社からの派遣労働者	100.0	1.4　(3.1)		98.6　(100.0)	(0.3)	(0.8)	(3.6)	(95.7)	35.9
下請企業等労働者	100.0	1.4　(1.0)		98.6　(100.0)	(0.3)	(3.4)	(6.5)	(90.2)	35.0
外　国　人　労　働　者	100.0	13.8		86.2　(100.0)	(0.6)	(0.4)	(0.3)	(98.7)	16.7

(注)　（　）は1988年の数字である。
(出所)　労働省「労働組合実態調査」(1993年)

在とは受け止めない。日本労働研究機構の調査によれば、勤め先企業に労働組合のない未組織労働者に組合の必要性を尋ねても、必要であると答える者が少数だったり、勤め先企業に労働組合のある未組織労働者に組合加入の意思を尋ねても、組合に加入する気はないと答える者が多数を占めるような状況が生まれていたのはそのためである[49]。

　多くの労働組合は、無力化を克服するためにユニオン・アイデンティティを改めて問い直したり、またそれをクリアにすべくシンボル革新を推進したりしてきたが[50]、こうした試みのみで無力化が克服されるわけではない。「組合離れは、組合への参加機会に関連する要因よりも、むしろ参加のインセンティブ要因によって規定」されており、しかもインセンティブ要因のうちでも、「労働条件に対する不満足度よりも、むしろ組合員が組合をどう評価しているかが重要」だと言う。従って、「組合離れは、組合員が重視する事項に対する組合の実績に、かれら自身が評価を下した結果なのであって、労働者の価値観やニーズの多様化それ自体によるものではない」し、「組合離れへの最も根本的な対応は、分散したニーズへの対応というよりも、むしろ組合員の重視する基本的労働条件事項への取り組みに対する高評価を勝ち

193

取ることにある」[51]と言うべきなのかもしれない。

(2) 新たな組織化の可能性

わが国の労働者の置かれた現実が労働組合を必要としないほどに恵まれたものならば、労働組合が無力化しても何も言う必要はないが、現実はそうではあるまい。上昇し続けてきた完全失業率の高さも、あるいはまた「過労死110番」や「社内イジメ110番」などへの電話相談の殺到も、制度化された労働組合から見放されたわが国の労働者の悲惨を象徴している。今のままでは、わが国の労働組合もまた「ゲットー・ユニオニズム」[52]に陥りかねない。だからこそ、組織化のための新たな試みが、既存の労働組合の内外に生まれ出てくるのであろう。

勿論、新たな試みの一つひとつは今の所小さな流れに過ぎないし、また今後どれほど組織を広げうるのかも未知数である。だがこれらの新たな組織化の動きは、労働組合の組織拡大への関心を高め、制度化された労働組合の組織改革へと接続していく可能性をも孕んでいる。その意味でも、労働組合の「階級的民主的強化」の主張を超えて、「組織論に深入りする」[53]ことが求められていたのではあるまいか。

まず最初に確認しておかなければならないことは、わが国の労働者がことのほか多様化しており、それぞれのタイプ別に組合組織のありようも異なっており、また異ならざるをえないということである。［図表Ⅱ-24］は、浅見和彦がわが国の労働者の存在形態を①査定型の年功的労働者、②査定排除型の年功的労働者、③年功性の弱い労働者、④非年功型の家計補助的労働者、⑤非年功型の職能的労働者に区分し、その組織化の現状を示したものである。

彼によれば、1975年から1995年の20年間における組合員の増減のバランスシートを検討すると、労働組合の規模別では「その他」として区分される「複数の企業の労働組合から組織されている労働組合および規模不明の労働組合」が、もっとも組織を伸ばしていると言う[54]。労働者のタイプで言えば主に⑤や③と④に含まれる労働者を組織している職能ユニオン、コミュニ

第6章 労使関係の変容と「企業社会」

図表Ⅱ-24　日本の労働者の5つの存在形態

①査定型の年功的労働者
定期昇給制度と内部昇進制度が確立し、人事考課が支配する年功的労働者
〈例〉民間大企業労働者
→労働組合は、鉄鋼労連、電機労連、自動車総連、造船重機労連などを集結した金属労協（IMF・JC）など「連合」の中核組合で企業別組合の典型

②査定排除型の年功的労働者
年功的労働者ではあるが、査定が基本的には排除されたり、査定の程度がかなり弱い分野の労働者
〈例〉公務員、旧公共企業体労働者など
→労働組合は、「連合」の自治労、日教組や、「全労連」の国公労連、自治労連、全教など
　労働組合の規制力の強い場合の中小企業労働者など

③年功性の弱い労働者
年功賃金といえるほど昇給曲線が上昇せず停滞的なカーブをもった労働者
〈例〉小・零細企業、臨時・日雇・パートタイム・社外工・派遣労働者、低学歴

の労働者、一般の正規女子労働者、民間大企業で査定評価のよくない労働者
→労働組合は、ほとんど組織されていない分野

④非年功型の家計補助的労働者
〈例〉女子パートタイム労働者、アルバイトなど
→労働組合はほとんど組織されていない
ゼンセン同盟（「連合」加盟）の流通部会や、生協労連（「全労連」加盟）のパート部会など

⑤非年功型の職能的労働者
〈例〉大工などの建築職人、ハイヤー・タクシー、トラック輸送の運転手、マスコミのフリーランス労働者や、看護婦、消防士、音楽家、カメラマン、プロ野球選手、審判員、デザイナー、システム・エンジニアなど
→労働組合は、全建総連（中立）、自交総連（「全労連」）、全自交（「連合」）、運輸労連（「連合」）、運輸一般（「全労連」）、出版労連（中立）、日本音楽家ユニオン（中立）、プロ野球選手会労組（中立）など

（出所）浅見和彦「労働組合運動の現状と組織論の研究」『うんゆ一般理論版』19号。

ティユニオン、管理職ユニオン、女性ユニオン（1995年に結成された女性ユニオン東京の組合員数は222名）、年金者組合（1989年結成）や退職者連合（1991年結成）などの試みがここに含まれる。

　これらの労働組合は、従来の企業別組合とは性格を異にした新しいタイプの労働組合である。先に触れた連合の「組織拡大方針」も、地域ユニオン（パートタイム労働者や派遣労働者）やクラフトユニオン（管理職や専門職）の組織化に言及していた。専門的な職能を基礎に労働条件の横断的な規制を目指す組織であったり、地域における流動的な労働市場の拡大に対応した組織（地域ユニオン）であったり、あるいはまた駆け込み寺的なシングルイッシュー解決型の「カウンセリング・ユニオン」[55]（女性ユニオン、管理職ユニオン）であったり、公的年金受給者を中心とした労使関係をもたない個人加盟の組

織であったりと組織の性格はさまざまであるが、企業を超えた個人加盟の組織という点で共通していた。

「二元的労働市場を想定すると、労働組合運動も二種類の労働市場にそれぞれ異なる対応を目指すことになろう。企業と従業員とのつながりの希薄な労働市場では、企業別組合とは異質の横断的組合が短期的利害を基準にして強力な主張を展開するといった、これまで日本では少なかった対抗的な組合主義が発展する可能性がある」[56]との指摘もあった。今後その可能性に注目すべきであろう。

現在3〜4万人の組合員を組織しているコミュニティユニオンについては、一方では、「地域の労働者たちが個人加盟する、企業の外に用意された労働組合」であり、「日本的なかたちの一般組合」[57]と見る見解があり、他方では、「地域における生活者の連帯組織」として「さまざまなマイノリティ集団の同権化をめざす活動」を展開していることから、狭義の労働組合としてよりも「新しいタイプの地域を基盤とした社会運動」[58]と見る見解もあった。また管理職ユニオンは、寄せられる相談内容が中高年・管理職層を超えて広がってきたことから、1998年の大会で「労働組合・ネットワークユニオン東京（略称ネットユニオン）」へと衣替えし、より一般組合的な性格を強めていった。いずれの組合も、威嚇効果は大きかったものの、組織の規模が小さいという新しい労働組合に固有の困難を抱えていた。

組織化に関する基本方針の策定はナショナルセンターや産別組織の役割であり、それを受けて、地方組織は未組織労働者の組織化に、既存の企業別組合は企業内の未組織労働者の組織化に着手することになる。企業別組合の課題は企業内雇用者組織率の向上である。具体的には、非正社員や管理職を組織化したり、出向者の組合籍を継続したり、あるいはまた企業グループ労連を結成するなどして、同一資本の傘下にある新規事業所の組織化に着手する試みなどである。今労働者の区分別に組織化の状況を見ると、先に示した〔図表Ⅱ-23〕のようになる。このなかでも特に注目すべきは非正社員の組織化と管理職・専門職の組織化であった。

パートタイム労働者の組織化については、ゼンセン同盟や生協労連の試み

第6章 労使関係の変容と「企業社会」

図表Ⅱ-25 職階別にみた労働組合への組織状況

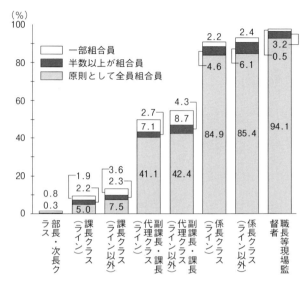

（出所）雇用促進事業団・連合総研「労働組合における組合員の範囲についての調査」（1994年）

がよく知られていた。当時既にパートタイム労働者の主流は、長時間、長勤続、基幹労働者化しつつあり、縁辺・補助労働者的な性格を脱しつつあった。そうであったならば、パートタイム労働者の組織化は、従業員代表組織としての性格を強くもった企業別組合の基本的任務の一つと言うべきであろう[59]。労働協約で臨時労働者やパートタイム労働者を除外している場合には、そうした条項の改定が必要となる。重要なのは組織化に向けた労働組合の主体的な意志である。だが現実には、パートタイム労働者を組合員としている労働組合は8.9％に留まり、組合員としていない労働組合では、「特に組織化の努力をしていない」ところが殆どであった。これでは企業内雇用者組織率の向上は期待できない。企業内組織率の向上にあたっても、ナショナルセンターや産別組織のリーダーシップが不可欠なのである。

増大した管理職がリストラの対象になるような状況が生まれるなかで、か

197

れらの組織化も当時注目を集めるに至っていた。組合員の範囲について、労働組合法は「使用者の利益を代表する者」の参加を認めていないが、その趣旨は、労働組合としての主体性や自主性、独立性を維持しなければならないと言うことなのであって、管理職のすべてを組合員から除外することを求めていた訳ではない。しかしながら、課長以上の管理職が組合員になれるところは2割程度に留まっていた[60]。

連合総研の調査によれば、[図表Ⅱ-25]に示したように、係長クラスまではほとんどが組合員であるのに対し、副課長・課長代理クラスでは組合員は4割、課長クラスでは1割以下である[61]。副課長・課長代理クラスが直接の人事権や政策決定権をもっているとは言い難いであろうし、課長クラスでもライン以外の課長はこうした権限をもっていないケースも多い。管理職の組織化については、いくつかのタイプがありうる。既存の組合への加入、管理職だけの新たな企業別組合の結成、先の管理職ユニオンへの加入などである[62]。

組織化運動を飛躍させるためには、大産別や複合産別、単産合同、一般組合化などのような既存の組織の再編に結びつくような試みも重要となる。既に触れたように、組織拡大に向けた活力は、構成組織の統合や産別組織の結集による組合資源の集中的な投入なくしては考えにくいからである。この間連合の結成に伴って産別組織の統合が進められてきたし[63]、これに加えて当時の特徴として、いわゆる複合産別化の動きも活発になっていた。複合産別化の組織方針を決定した電機連合や情報労連は、ソフトウェア労働者などの組織拡大に一定の成果を上げ、自治労なども地域の公共サービスに関わる労働者の組織化に取り組んでいた。

こうした成果の反面、産別を狭く捉えた業種的な産別では、現状以上の産別の範囲の拡大に躊躇していた。先の連合の「組織拡大方針」でも、「産業・業種・規模などの現状を直視して、大胆な再編・統合を着実に進める必要がある。このチャレンジを通じて、連合未加盟組織を巻き込み、連合への結集度を高めていくという発想も再認識しなければならない」と改めて指摘されていたのも、そのためであろう。

第6章　労使関係の変容と「企業社会」

　こうした問題点は、連合だけではなく全労連にも共通していたように思われる。あまりに規模の小さい産別組織が「乱立」したままでは、労働組合の「数の力」を発揮して交渉機構を確立することは難しかったからである[64]。単産合同の一つの試みとして建設一般、運輸一般、全動労の組織合同があげられるが、ここでは「産別機能を備えたゼネラルユニオン」が目標とされており、今後の行方が注目された[65]。分散する組合組織の再編と合同を進めることによって組織範囲を拡大し、労働組合のスケールメリットを追求して行かなければならないのではなかろうか。上記以外にも、活動家集団や争議支援組織などの結成を通じた「反」企業別組合の模索の試みもあった。それらはいずれもマイナーな存在ではあるが、企業別組合の抱える問題性を「細部」から照射し続けていたようにも思われる。

　当時の企業別組合は、リストラ受容のための「労使コミュニケーション組織」に陥りつつあり、組織の衰退はその原因でもありまた結果でもあった。こうした悪循環を断ち切るためには、ナショナルセンターや産別組織の組織拡大に向けた指導性こそが重要となる。「1,000万連合」と「200万全労連」を目指した組織化競争の展開が、組合再生のための一つの活路となることを期待されたのであるが、労働組合組織はその後更なる衰退に見舞われた。

　わが国よりも深刻な組合組織率の低下傾向に悩むアメリカでは、AFL-CIOが新会長スウィーニーの下で新しい組織化と運動の戦略を模索しつつあった。それは、ローカル・レベルでの大衆参加型運動の重視や地域社会との連帯の形成への着目などによって、「職場と地域からの運動の掘り起こし」を志向するとともに、ヒト・モノ・カネの運動資源を戦略的に再配分して組織対策の強化を図ることを目指した、組織化重視の「社会運動型労働組合（*Social Unionism*）」の模索であった。運動資源の再配分に関しては、AFL-CIO本部ならびに有力な全国組合で、組織化シフトとでも呼べるような予算や人員の組織化活動への重点配分が行われ（本部では、組織化予算の大幅な増額と同時に本部書記局の改編が行われた）、また、一連の労働組合再活性化のなかで、若い戦力とかれらのアイディアが積極的に活用されたと言う[66]。わが国にとっても大いに示唆的な試みだったのではあるまいか。

199

第Ⅱ部　「企業社会」の成熟と労働の変容

[注]

(1) 労働省「労働組合活動等実態調査」、1995年。
(2) 『朝日新聞』1997年11月30日。
(3) 『朝日新聞』1998年1月11日。
(4) 石田光男『賃金の社会科学―日本とイギリス―』、中央経済社、1990年、225ページ。
(5) 稲上毅編『成熟社会のなかの企業別組合』、日本労働研究機構、1995年、13ページ。
(6) 連合「雇用点検アンケート」、1995年。
(7) 稲上毅編、前掲書、15～17ページ。
(8) 田端博邦「現代日本社会と労使関係」(東京大学社会科学研究所編『現代日本社会 5　構造』、東京大学出版会、1991年)。
(9) 高梨昌日本労働研究機構会長（当時）が指摘するように、「メガコンペティション時代になったから規制緩和して自由競争しなければならない」などと言うことは、「処方箋としては愚にもつかない」(「戦後労働法制の総括と見直しの論点」、『労働経済旬報』1580号)ことのはずである。「自由化によって生じた雇用面の不安定性や安全面の問題は、労働者や利用者個人が自らの責任において負うべきもの」（古郡鞆子『働くことの経済学』、有斐閣、1998年、215～6ページ）であるといったいささか脳天気な議論等も、同様である。
(10) 例えば、労働省の私的研究会である「日本的雇用制度研究会」などの議論を参照されたい（『週刊労働ニュース』1995年4月10日号）。
(11) 下山房雄『現代世界と労働運動』、御茶の水書房、1997年、5章。
(12) 東城由紀彦の予測(「日経連『新時代の日本的経営』の再検討」(『季刊・労働者の権利』215号))では、①②③の割合は6：1：3から3：2：5へと変化し、結果として2,000万人の移動が見込まれると言う。
(13) 転籍出向の広がりや早期退職優遇制度（1997年の「雇用管理調査」によれば、5,000人以上の大企業の56％が導入していた）の普及も、それを裏付けるものであろう。
(14) 「長期雇用期待慣行」としての長期雇用慣行が無し崩しに溶解していることは、1997年の連合の調査が端的に物語っている。それによれば、定年前に会社から辞めさせられるかもしれないと思っている者が8割、また、これまでに会社を辞めたいと思った者も8割いると言うのである。重視すべきなのは量よりも質の問題である。
(15) ここで注目されたのは、派遣労働の「自由化」や有期雇用契約の「自由化」による非正社員の増大であった。前者は、派遣労働を「専門的な知識、技術又は経験」を必要とする業務以外にも拡大して、原則自由化＝ネガティブリスト化しようという動きであり、後者は、現行の労働基準法では1年以内に限定されていた雇用契約期間を、最長3年まで延長して、解雇予告付きの短期雇用契約を拡大しようという動きであった。
(16) ホワイトカラー全体への裁量労働制の導入は、サービス残業の「合法化」対策の側面もあるが、結果として労働時間概念が「空洞化」し無定量の働きぶりが常態化してい

第 6 章　労使関係の変容と「企業社会」

くことをより重視すべきであろう。こうした労働時間概念の「空洞化」は、変形労働時間制の規制緩和によっても強められることになった。
(17) 賃金のもつ生計費対応的な側面をゼロにはできないので右上がりの賃金カーブは残るはずであるが、しかしそれは「平均」や「結果」としてのみ残るのであって、「理念」としては廃棄されることになった。
(18) 降格させれば前年度の賃金水準を下回るという事態も生まれるが、能力水準が突然低下するとは考えにくいので、現実問題として降格させるのは簡単ではない。報告でも「規定があっても余程のことがない限り実施していないのが実態」と述べられていた。本書の補論2も参照されたい。
(19) 鈴木良始『日本的生産システムと企業社会』、北海道大学図書刊行会、1994年。
(20) 職能給が抱えている問題点は次のようなものである。「職能給の中にはいわゆる習熟昇給と言われる毎年の定期昇給が制度として織り込まれており、各資格ごとの賃金の上限も厳格に運用されていないケースも少なくないようである。これでは結果的に制度導入当初の意図とは異なり、年功的な運用となってしまう。本人の能力以上の資格に位置付けられてしまう、という現象である。これは制度的な『能力主義』の問題と言えよう。また、能力はひとたび身につけば、それは失われないという前提から、資格の降格は想定されていない。ここからは昇格することはあっても降格はない、という硬直性も指摘できる。また、工夫を凝らしても、『能力の程度』を文言として表すことは現実的には難しい」(廣石忠司「日本企業における賃金・処遇制度の課題」、『季刊労働法』185号)。
(21) 人事考課制度のある企業において公開制度のある企業の割合は、18.1％（5,000人以上の大企業で44.3％）に留まる（「雇用管理調査」、1996年）。公開内容としては、考課項目、考課項目ごとの判断基準、考課項目ごとのウェイト、考課者、考課の手順・手続き、考課結果の公開があげられている。人事考課に関するある調査結果をもとに、もう少し現実をリアルに眺めて見ると、「ちょっと強引に推測すると、――評価基準の公開（54％）は、会社が作ったものをただ告知すればいいから一番簡単だ。考課のブラックボックスを通して出した結果をそのまま知らせるのは、ちょっと抵抗があるが（42％）、それもよかろう。考課を複数の管理職にやらせるのは面倒だが、やってもいい（36％）。しかし、部下が上司に楯突くようなことは認めない（17％）」(『日本経済新聞』1997年7月4日)といったことになるのだろう。
(22) 兵藤釗『労働の戦後史』(下)、東京大学出版会、1997年、529〜530ページ。
(23) 鈴木良始、前掲書、227ページ。
(24) 熊沢誠『能力主義と企業社会』、岩波書店、1997年、40ページ。
(25) 富士通労働組合は、個々の組合員の賃金を基本的に成果にもとづいて決める新しい制度を、会社側と1998年秋までに詰めるという（『日本経済新聞』1998年6月19日）。
(26) 石田光男、前掲書、64ページ。

第Ⅱ部 「企業社会」の成熟と労働の変容

(27) 萩原進「現代日本経済と労使関係論」、『大原社会問題研究所雑誌』444号。
(28) 山口定他編『市民自立の政治戦略』、朝日新聞社、1992年、21～23ページ。
(29) ワーカーズ・コレクティブ調整センター編『労働者の対案戦略運動』、緑風出版、1995年、277～278ページ。
(30) 渡辺治、後藤道夫編『講座現代日本4 日本社会の対抗と構想』(大月書店、1997年)を参照されたい。
(31) 『週刊労働ニュース』1997年9月1日号。
(32) この辺の事情については、熊沢誠の前掲書3章の指摘が興味深い。
(33) 鈴木良始「競争主義的労働者像への反省」、札幌大学『経済と経営』第23巻第3号。
(34) 富沢賢治他編『労働者協同組合の新地平』(日本経済評論社、1996年)の9章(内山哲朗稿)を参照されたい。
(35) 宇沢弘文、高木郁朗編『市場・公共・人間』、第一書林、1992年、247ページ。
(36) 熊沢誠、前掲書、6ページ及び227ページ。
(37) 戦後的労資関係から日本の労使関係への転換期であった1949～51年にかけて99万人、第一次石油危機後の1975～79年にかけて28万人、そして1980年代の1982～88年にかけて30万人減少している。
(38) 藤本武『ストライキの歴史と理論』、新日本出版社、1994年、145ページ。
(39) 片岡昇、萬井隆令、西谷敏編『労使紛争と法』、有斐閣、1995年、249～250ページ。
(40) R・B・フリーマン、J・L メドフ(島田晴雄他訳)『労働組合の活路』、日本生産性本部、1987年。
(41) 中村圭介他『労働組合は本当に役に立っているのか』、総合労働研究所、1988年。
(42) 中村圭介「未組織労働者の組織化と産業別連合体」、『大原社会問題研究所雑誌』444号。
(43) 以上の引用はR・B・フリーマン、M・E・レビック「支柱が揺れる?」(『日本労働協会雑誌』361号)による。
(44) 浅見和彦「歴史的転換点に立つ労働組合運動のあり方」、『うんゆ一般理論版』19号。
(45) 中村圭介、前掲論文。
(46) 連合の「組織拡大方針」を巡る議論やその後の取り組みの状況については、『労働経済旬報』1559号および1589号を参照されたい。
(47) 逢見直人「組合員範囲と労働組合の課題」、『労働経済旬報』1517号。
(48) 労働省「労働組合実態調査」、1993年。
(49) 日本労働研究機構の『労働組合組織率低下の規定要因』(1993年)によると、労働組合が「できたほうがよい」と回答した者が40%、「ないほうがよい」が60%という結果であり、「ないほうがよい」理由としては、「組織に拘束されるのはわずらわしい」と並んで「組合がなくてもよい程度の賃金と労働条件が既に与えられている」が上位に上がっている。また、労働組合に「加入したい」と回答した者が14%、「加入したくない」

第 6 章　労使関係の変容と「企業社会」

　　が 86％という結果であり、「加入したくない」理由としては、ここでも「組織に拘束されるのはわずらわしい」がトップだが、次に「組合に入っても、賃金や労働条件は変わらない」が上がっている。
(50)　川喜多喬、佐藤博樹編『ユニオン・アイデンティティ大作戦』、総合労働研究所、1991 年。
(51)　都留康「現代日本の労働組合と組合員の組合離れ」(猪木武徳他編『日本の雇用システムと労働市場』、日本経済新聞社、1995 年)。
(52)　フリーマン＝レビックの前掲論文を参照されたい。そこでは、労働組合員が労働者のごく一部を占めるに過ぎない状態を指して、こう表現されている。
(53)　下山房雄「日本の労働組合運動の論点」、『賃金と社会保障』1017 号。
(54)　浅見和彦、前掲論文。
(55)　組合員 750 名の管理職ユニオンの場合、過去にトラブルを抱えていた組合員が 300 名、現在トラブルを抱えている組合員が 150 名いる。
(56)　社会経済生産性本部『1994 年版労使関係白書』、115 ページ。
(57)　熊沢誠「コミュニティ・ユニオンの明日」(『社会主義と労働運動』1996 年 5 月号)。
(58)　高木郁朗「コミュニティ・ユニオンの今後」(『労働調査』1996 年 5 月号)。
(59)　従来「1 日 6 時間以上で週 5 日、勤続半年以上」のパートタイム労働者を組織化の対象としてきたゼンセン同盟は、短時間のパートタイム労働者の増大を踏まえて、1998 年の大会で「無条件」とすることにした。
(60)　労働省「労働組合活動等実態調査」、1995 年。
(61)　雇用促進事業団、連合総研『労働組合における組合員の範囲についての調査研究報告書』、1994 年。
(62)　アメリカン・エキスプレス、セメダイン、日本航空、八王子信用金庫などでは、企業別に独自の管理職組合が組織されているし、JMIU 日本アイビーエム支部や銀行産業労働組合では、既存の組織に管理職を組織していた。当時、建設省にも管理職組合が結成され注目を集めた。
(63)　1990 年代に入って、食品労連、ゴム連合、CGS 連合、レジャーサービス連合、非鉄連合が結成され、対立関係にあった電力総連と全電力も統一された。更に、連合発足時に分裂した合化労連と全国化学が統一を目指して協議体を結成した。またゼンキン連合と金属機械は 1999 年に統一し、50 万人を超える単一の産業別組織が誕生した。
(64)　労働運動総合研究所『日本の団体交渉制度の現状』、1995 年。
(65)　こうしたゼネラルユニオンの試みについては、浅見和彦「労働組合組織論のスケッチと提言」(『賃金と社会保障』1183 号、1187 号) を参照されたい。
(66)　桑原靖夫・連合総合生活開発研究所『労働の未来を創る』、第一書林、1997 年、242～243 ページ。

第Ⅲ部
「企業社会」と新自由主義の改革

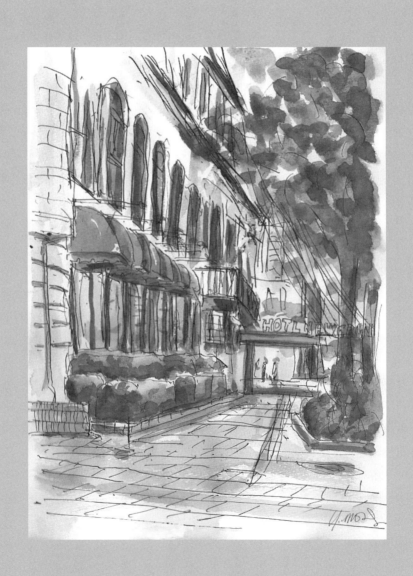

第7章　新自由主義と「企業社会」

第1節　「企業社会」をなぜ再論するのか

　本章では、今日の時点から「企業社会」を再論することによって、今ではいささか色褪せたかに見える「企業社会」の有り様を、改めて可能な限り包括的に見直してみたい。では何故、そうした問題意識をもつに至ったのか。昨今の動向からも明らかなように、労働の分野における新自由主義の改革とその帰結である格差と貧困の広がりと深まりについては、多くの論者によって実に詳細に論じられており、そのことについて詳述する必要はあまりない。問題となるのは、では何故そうした改革がこれほどまでに隆盛をきわめることができたのであろうか。そのことがまず問われなければならないだろう。

　またそうした改革が、しばらく前に一世を風靡したかに見えた「企業社会」の、一体何を変え、あるいはまた何を変えなかったのか。もしも「企業社会」が「変質」あるいは「解体」したと言うのであれば、現在の企業や労使関係を一体どのような性格のものとして把握すればよいのであろうか。こうしたことも、改めて問われて然るべきであろう。「企業社会」にいささかなりとも拘って議論を展開してきた著者としては、こうした疑問を少しでも解き明かすことによって、この機会に「企業社会」の来し方を振り返りつつ、そのいく末についてもきちんと見届けておきたい、細やかながらそんな思いさえも浮かんだのである。

　現代日本の消費市場には、次から次へと目新しい商品やサービスが登場する。アカデミズムの世界も似たようなもので、新たな理論や学説、研究が登場し紹介され、そしてそれらを消化し受容することが、あたかも最先端のファッションを身に纏うことででもあるかのような観を呈したりもする。目ま

ぐるしく移り行く時代の相を切り取ろうとしたのはいいが、その結果を見れば、流行に追随しただけの議論に堕しているようなケースも、決してないとは言えないのではあるまいか。

　これは労使双方に当てはまることではあるが、現代社会の最新の動向を紹介し、解説し、分析することを生業とするような人間は、「画期」や「転機」や「転換」などといった言葉の愛好者で（合わせて、「危機」や「再編」や「解体」なども大いに好む）、それらをやたらに多用するのであるが、いささか融通無碍に使用されるそうした言葉の「軽さ」が、今改めて問われているようにさえ思われるのである。これは、他人をあげつらい揶揄せんとして語っているのではない。過去のそしてまた現在の我が身について、自省を込めて述べている積もりである。

　著者はこれまでに、多くの研究者の先行研究を下敷きにしながら、「企業社会」について論じてきた[1]。そして、その後の「企業社会」の変容に関しても、今日まで細やかながら関心を払い続けてもきた。では、何故に何時までも「企業社会」といった表現に執着してきたのであろうか。その理由を簡潔に紹介してみれば、次のようになる。教科書的な議論に従えば、経営者と労働組合はともに労使関係の独立したアクターとして存在しているはずだが、そうした前提そのものが怪しくなるほどの「癒着」が、民間の大企業を中心に存在していたからであり、また、わが国の企業が非市場的な「組織的関係」の下で労働者を従業員として統合してきたがために、労働者は企業内において市民として生きることがきわめて難しかったからであり、しかも、こうした世界では企業内の地位をめぐる全員参加の長期の競争が組織されており、それが企業による労働者支配の構造を内側から支えてもいたからである。

　それ故、「企業社会」を狭義に捉えてみれば、「企業権力による物的・イデオロギー的支配を基軸にしつつも、内部化され企業リスクを負わされた労働者とそうした労働者によって組織される労働組合が、その支配を『受容』することによって形成される疑似『共同体』的な諸関係」と整理することが可能であろう。そしてまた、こうした狭義の「企業社会」のありようは、社会

の姿態にも影響を及ぼすことになる。成長重視の政策によって私的消費に大きく傾斜した「豊かな社会」が形成され、それが社会統合に大きな力を発揮したからである。その意味では、「企業社会」は「企業本位の市民社会」の土台を形成していると言ってもいいだろう。

勿論、労働者の側からみた「企業社会」の限界が意識されていなかったわけではない。昇給や昇進、配置を決定する人事考課が、「経営者の専制的で一元的なイニシアティブ」の下におかれ、企業別組合の職場規制力がきわめて脆弱なうえに、労働組合が事実上企業の「労務管理機構の一部に変質」しているような場合には、労働者の「旺盛な活力」が際限なく引き出されて、大衆消費社会としての「豊かな社会」が形成されてはいくものの、過剰化した労働は、「人間と社会の解体」をもたらしかねないものにまで行き着くようにも思われたからである。何故そうなるのか。わが国の人事考課は「無規定的な能力なるものを評価の対象としているために、それは全人格が評価の対象とされることと同義となり、人間存在そのものを秩序化していく手段として機能」するからである。

そうした世界の住人となった労働者は、「社会ではなく会社が何を許容して何を許容しないのかという境界線を内面化し、会社の『掟』に従って自己を律する術を身に付けていく」ことになる。その結果、「企業社会に浸食され衰退し解体する市民社会」、あるいは「マクロや公共や市民社会に対する問題関心を希薄化させた社会」が出現することになる。こうした「社会」の衰退によって生まれた広義の「企業社会」のありようは、後に詳しく触れるように、新自由主義による改革の帰結とも重なり合っているのである。

上記のような限界に加えて、狭義の「企業社会」における排他性や閉鎖性も問題となる。企業内における賃金の順当な上昇や昇進機会の確保、更には長期雇用の保障なども、「経営に対して協調的な正社員集団すなわち『企業人』たろうとする者以外の者には決して及ばないシステム」になっているのであり、「企業社会」は「経営内の非協調的な正社員や非正社員に対する分断、差別、抑圧」を前提とするとともに、下請・系列企業群に対する支配も加わって、「『企業社会』の内外にわたる強固な階層構造」に立脚しながら成

209

立していると考えられたからである。

　上記のような指摘は、非正社員が雇用労働者の４割近くにまで急増した現時点から見れば、より強調されるべき点であったかもしれない。古証文ででもあるかのような過去の指摘を今日の時点から振り返ってみると、さまざまな感懐が兆す。若気の至りで表現の生硬さは否めようもないし、狭義と広義の「企業社会」の異同などが十分には論じられていなかったり、労働者が「企業リスク」を負わされることになるメカニズムの解明や人事考課の位置付けなどが不十分であることなども、やはり気にはなる。しかしながら、自説の正しさを声高に吹聴する気など更々無いにも拘わらず、今でも内容的にはそれほど大きな違和感を感じなかったし、すっかり旧くなってしまったとも思えなかったのである。

　これまで「日本的経営」の「三種の神器」として常識的に語られてきた長期雇用慣行や年功賃金、企業別組合のありようは、労働の分野における新自由主義の改革によって、今日までに注目すべき変化を遂げてきた。それを象徴的に示しているのが、非正社員の増大であり、成果主義賃金の拡大であり、組合組織率の低下である。しかしながら著者には、「企業社会」こそが新自由主義の改革を受け入れる素地を作ってきたように思われるのであり、それ故、先のような変容が、「企業社会」の「変質」や「解体」をもたらしているなどとは到底思えないのである。

　「内部化され企業リスクを負わされた」労働者と労働組合は、長期雇用慣行が揺らぎ、賃金から年功的な要素が削ぎ落とされ、企業別組合の影響力が更に低下しても、あるいはまた、「総中流」のコーポラティズムから「格差社会」のデュアリズムへと移行して、格差と貧困が深刻な問題となって社会に浮上しても、「ミクロ・コーポラティズム」の「企業社会」から離脱しようとはしなかったからである。それどころか、冷静に事態を観察してみれば明らかなように、脅かされた「特権」を守ろうとして、より一層「企業社会」に閉塞しつつあるかのようでさえある。

　著者は現状を上記のように捉えているのであるが、周りを見渡せば、「企業社会」の「変質」や「解体」を指摘する論調が広がっている。それらのな

かから代表的な議論を紹介し、著者なりのコメントを付してみよう。橋本健二は、「企業社会」論は「マルクス主義階級理論の有効性を否定する議論の、『左翼』版ともいうべき存在」であり、「階級関係の重要性を否定する傾向」があると批判し、現代社会を「新しい階級社会」として把握すべきであると主張している[2]。

　かれは自らの著作において、これまでの「企業社会」に関する研究が「印象批評」に終わりがちであるとの文言のみを、山田鋭夫の論文から引用するのであるが、実は山田は「企業社会とは『エリート』の共同体なのであり、エリートのみの『平等』の世界」だとし、「企業社会」は「非企業社会を前提にし、またそれを踏み台として成立している」と述べ、企業主義が日本社会を「二重社会」化していると述べているのである[3]。日本における格差社会のありようを捉えた興味深い指摘であろう。

　大事なことは、階級の有無を論ずることではなくて、階級関係の日本における発現形態を論ずることではないのか。橋本はこれまでのさまざまな階級理論を渉猟、整理、批判したうえで、階級の存在を改めて確認する。だが、労働者階級は政治的な変革の中心的な主体にはなりえず、新中間階級にも夢を託すことはできないと述べ、「階級という枠」にとらわれることなく「新しい社会を構想」しなければならないのだと説く[4]。一体何のために階級を論じてきたのかがよく分からなくなるようで、何とも不可解な結論なのではあるまいか。

　これに対して、後藤道夫の場合はどうか。かれは日本型雇用の「解体」によって「企業主義統合」が「分解」し始めている（同じ論文で「企業主義統合の解体」とも言っている）と説くのであるが[5]、何をもって「分解」といい何をもって「解体」というのかが判然としないだけではなく、「解体」の結果についても何とも分かりにくい。かれの論理によれば、1990年代末の「日本型雇用の解体の開始」とともに、企業への強い帰属意識と企業間と労働者間に現れた二重の競争受容を基軸とした「企業主義統合」は、急速に「分解」したのであるが、その結果は生活不安を増大させただけではなく、「さまざまな社会領域の統合水準や社会秩序に対する『合意』の水準を切り下げる」

ことになったと言う。「企業主義統合」の「分解」の端的な表れとして列挙されているのは、若年層の離職率の高さや職場の強い人間関係への忌避意識の広がり、転職可能な技能蓄積欲求の広がりなどである。

しかし、こうしたものを指摘することによって「分解」や「解体」を論証できたかどうかは疑問である。山田が指摘するところの「印象批評」であろう。後藤は別の論文で、21世紀初頭に行われた大リストラが大きな抵抗なく進行したことをもって、「社会規範としての長期雇用が終焉」し「日本型雇用の最終解体」が行われたとも言う[6]。普通の労働者が長期雇用を願うのはごくごく自然な性向なのであって、社会規範としての長期雇用（あるいはその世俗的な表現としての正社員願望）がそれほど簡単に終焉するようには思えない。もう少し冷静な議論が必要なのではあるまいか。

次に、「日本的企業社会」からの「共同体的要素の後退」を説く西谷敏を取り上げよう[7]。かれは、伝統的な「企業社会」が1990年代にかなりの程度変容してきたことを確認したうえで、しかもそれが依然として変化の過程にあると述べる。西谷の議論は、「共同体的構造をもつ日本的企業社会」は、労働者の長期雇用慣行を前提としているが故に、信頼関係や帰属意識が芽生え、定着し得たのであると言う。しかしながら、1990年代のリストラによる企業帰属意識の希薄化、成果主義による労働者の個人主義化、処遇の個別化などによって、「日本的企業社会は、共同体的要素を後退させる方向で変化」せざるを得ないと述べる。こうした後退は、一方では「グローバル化のなかでの必然的な流れ」ではあるが、他方では生活保障機能の放棄や労働力の使い捨てなどの矛盾を生み出すと言う。

冷静な筆の運びではあるのだが、「企業社会」の核心を「共同体的構造」と捉え、きわめて特殊かつ前近代的なもののように説く議論には同意できない。また、個人主義化を企業からの自立の可能性を孕むかの如くに見るのも事実に反していよう。また、明確な将来展望なき「共同体的要素の後退」は、「つぎはぎの制度」を生むに過ぎないのかもしれないが、それがどのような存在なのかは定かではない。更に言えば、長期雇用慣行が揺らぐならば「企業社会」は変化すると見ているようであるが、「内部化され企業リスクを

負わされた」労働者の「企業社会」への統合は、かれが思う以上に深いのではあるまいか。

最後に、「新・日本的経営」戦略の目指すところは、「日本的経営」の「再編」ではなく「解体」であると強調する牧野富夫の見解も見ておこう[8]。かれは「企業社会」といった表現を用いてはいないが、長期雇用や年功賃金の「解体」によって、「日本的経営」もまた「解体」し、それとは異質の「ポスト日本的経営」になったという（その名称はまだ確定していないので、「X的経営」とされている）。しかしながら、そもそも最初から全労働者をカバーしていたわけではない長期雇用や年功賃金の「解体」を、データとして確認するのはそれほど容易ではない。そこで、牧野が労働者の企業への統合水準の代理指標として持ち出すのは企業帰属意識である。その弱化こそが長期雇用や年功賃金の「解体」を反映したものだと言うわけである。

かれの議論は、あれこれの夾雑物を排除しているために、大胆かつシンプルである。しかしながら、「日本的経営」の「解体」を強調することで、一体何を主張したことになるのであろうか。「解体」後も、企業内の労使関係は奇妙なまでの静寂を保ったままなのである。かれは、多くの研究者が「日本的経営」の「再編」論に取り込まれていると論難しているのであるが、そうだとすると、労働者もまた「X的経営」に取り込まれていると批判することになりかねないように思われるが、果たしてそれでいいのだろうか。そもそも、名称さえ不明な「X的経営」では、他人はその当否を検証することさえ不可能なのではあるまいか。不遜にもそうした疑問が浮かんで来るのである。

第2節 「企業社会」はどう変容したのか

言うまでもないことではあるが、「企業社会」はわが国における労使関係が析出させたものであり、その成立には長い前史がある。では、「企業社会」はどのようにして成立し、そしてまたどのように変容していったのであろうか。以下の章ではそうした問題について検討してみたい。以前著者は、「企

第Ⅲ部　「企業社会」と新自由主義の改革

業社会」成立の前史に登場する戦後的労資関係、日本的労使関係、日本的雇用慣行、日本的経営、日本的生産システムなどのキーワードを整理しつつ、「企業社会」成立のプロセスを歴史的に跡付けようとしたことがある[9]。今日の時点から見直してみると、旧稿の時期区分では、新自由主義の改革による「企業社会」の変容を位置付けることができなかったり、またある時期については、区分された期間が短か過ぎてその特徴が鮮明になっていないなどの問題点があった。そこで改めて整理してみると、既に第2章で示しておいたように、おおよそ以下のような時期区分が可能となる。

　　第一期　戦後的労資関係の形成と崩壊（1945年〜50年）
　　第二期　日本的労使関係の成立と雇用慣行の定着（1950年〜65年）
　　第三期　日本的労使関係から日本的経営へ（1965年〜80年）
　　第四期　「臨調・行革」の展開と「企業社会」の成立（1981年〜94年）
　　第五期　新自由主義の改革と「企業社会」の変容（1995年〜）

　第一期から第三期に関しては、既に第2章で詳しく触れたところなので、著者が本章で注目しているのは、言うまでもなく第四期と第五期である。しかしながら、戦後の労使関係を俯瞰するうえでは、それ以前の時期についてもごく簡単にではあれ振り返っておく方がいいかもしれない。
　労働組合の急速な組織化と運動の激化の下で、戦後改革期の組合主導の労資関係、すなわち「戦後的労資関係」が形成される。こうした労資関係は、占領政策の転換やレッドパージをも伴った産別会議から総評への組合運動のリーダーシップの交代、更には産業別の結集を目指した事業所別組合の企業内組合化によって終焉し、経営優位の「日本的労使関係」へと転換する。総評は、こうした「日本的労使関係」を、職場闘争の展開や春闘の高揚によって対等の労使関係に改革しようとしたが、こうした試みは、民間大企業において企業の職場支配が強められた結果挫折するに至る。しかしながら、大争議をも孕んだ労使の厳しいせめぎ合いと高度成長の過程で、長期雇用慣行と年功賃金を柱とした「日本的雇用慣行」が、社会に広く定着していくことに

なる(10)。

　こうした「日本的雇用慣行」の定着を背景にしながら、重化学工業部門の主要な民間大企業における労働組合のリーダーシップが交代を余儀なくされ、協調的労使関係が定着していくなかで、「日本的経営」は成立するのである。1960年代末には労使協議制が多くの企業に普及し、「一発回答」体制が広がっていった。その結果、ストライキ権はほとんど行使されなくなり、更には労働組合が企業レベルでの「合意」形成の「マイナー・パートナー」として位置付けられたために、民間大企業の労使関係からは対抗的な性格が剥離されるに至るのである。こうした労使の「相互信頼」（その根拠とされたのが「日本的雇用慣行」である）という外皮に覆われた大企業における経営者支配の仕組みこそ、「日本的経営」と呼ばれるものに他ならない。

　1970年代に入って、一方では、低成長への移行と「減量経営」の展開によって「日本的雇用慣行」は能力主義的に再編成され始めるが、他方では、この過程で「ムダ」を徹底的に排除したきわめて効率的な「日本的生産システム」が、世界的にも注目されるような状況も生まれた。その後、二度のオイル・ショックを乗り越え、「臨調・行革」と連合の結成による労使関係の官民一元化によって、「企業社会」はその姿を現していくことになる。こうして成立した「企業社会」は、1980年代から1990年代の前半にかけて「豊かな社会」を生み出して社会を統合していったが、グローバリゼーションの進行によって「日本的雇用慣行」は「高コスト体質」の元凶と見做されるようになり、新自由主義の改革によって「企業社会」は変容を遂げて、今日に至るのである。おおよその推移としては、このように整理することが可能であろう。

　現在にまで続く、第五期の新自由主義の改革による「企業社会」の変容については、次節で詳しく触れることにして、ここではまず、「企業社会」が成立し定着していった第四期の状況について、だいぶ重複してはいるのだが、改めて詳しく検討しておこう。何故かと言えば、「企業社会」を「日本的経営」や「日本的雇用慣行」とほとんど同義のように捉え、長期雇用慣行が揺らいだり賃金から年功的要素が削ぎ落とされてきていることをもって、「企

業社会」の「変質」や「解体」を論ずるような、あまりにも素朴な議論が多いようにも思われるからである。わが国の民間大企業における「企業社会」への労働者の統合の根深さを、われわれはいささかも軽視すべきではない。

また、第四期の始期を1981年からとしたのは、この年に臨調が発足するとともにそれを起点としながら国鉄改革が進められ、官公部門での労使関係の改編を梃子としながら連合が結成されていったことによる。この連合の結成によって、わが国の労使関係は今日のような形に大きく再編成され、「企業社会」は定着していったのである。

1980年代に入って、わが国経済は赤字国債の累積による深刻な財政危機や国際貿易摩擦の深化、先進国病の予防による経済・社会の活力の維持といった新たな課題に直面することになる。こうした事態を財界主導で打開し、国家の政策全般を新自由主義的な方向で改編しようとしたのが、臨時行政調査会による行政改革であった。1981年に発足した臨調は、「増税なき財政再建」をメインスローガンに、「活力ある福祉社会の建設」と「国際社会に対する積極的貢献」を二大目標として活動を開始した。そこでは、効率や競争を高く評価した民間活力論や規制緩和論がもてはやされ、そうした路線に沿って、福祉の切り捨てや第三セクター方式の採用、専売・電電・国鉄の民営化、社会的領域にまで及ぶ規制緩和、消費税の導入などが次々と強行されていったのである。

特に注目されるのは、民営化によって公労協が解体され、その中心だった国鉄労働組合が弱体化したことである。臨調は、国鉄の膨大な累積債務や親方日の丸的な経営姿勢、職場規律の乱れなどを問題とし、分割・民営化による経営形態の変更以外に国鉄再建の道はないと主張した。政府・自民党・臨調・マスコミによって国鉄批判の大キャンペーンが執拗に繰り返されるなかで、分割・民営化や余剰人員の整理、累積赤字の国民負担を柱とした最終答申が出され、1986年には国鉄改革法が成立してJRグループが発足したのであった。

分割・民営化の過程で、それまで総評労働運動と公労協の中核部隊であった国鉄労働組合に対する攻撃が強められ、「余剰人員」と見做された組合活

動家の「人材活用センター」への隔離や露骨な採用差別、更には本務ではなく関連業務への不当な配属も横行した。当局の激しい国労攻撃のなかで組合脱退者も続出し、更には100名を超える労働者が自ら命を絶った。こうして、臨調発足の1981年時点で24万名を超える組織を誇った国労は、分割・民営化後の1988年には4万名を割るに至ったのである。現場協議制の下にあった職場は民間並みに改編され、民間部門と官公部門といった労使関係の二元的な構造も一元化されることになった。こうした労使関係の激変を背景にして、「企業社会」は成立していったのである。

　上記のような動きのなかで、「日本的雇用慣行」が能力主義の方向で再編成され始めたことも注目されよう。1980年代にはパートタイム労働者が急増して、「雇用形態の多様化」と言われる事態が広がり（1985年には「労働者派遣事業法」が成立した）、長期雇用慣行が徐々に揺らぎ始めていったし、賃金も、従来の性と学歴と勤続年数を主要な基準としたものから、人事考課による職務遂行能力の評価のウェイトを高めた職能給へと変わっていったのである。労働組合について言えば、「スト権スト」の敗北や「減量経営」の遂行、「臨調・行革」による官公部門の労働組合の影響力の衰退によって、組織と闘争力は大きく低下した。組合組織率は1975年以降低下を続けて1983年には3割を切り、争議件数なども激減した。こうして、「癒着」をも含んだ安定的な労使関係が、社会を覆っていったのである。

　いわゆる「三種の神器」が、これまで労働者の企業へのコミットメントを高めてきたことは間違いないが、それを猛烈な働きぶりを含んだ「自発」による企業への統合に結び付けたのは、人事考課とQCサークル活動であったと言えよう。人事考課を通じて、職務遂行能力が経営サイドの一方的な評価にさらされ、それが労働者の処遇上の重要な諸決定と結び付けられたために、職場は労働者が自らの「やる気」を「自発的」に示さなければならない場へと変わったのである。「企業社会」を支えていたのは、もはや1960年代に成立した「日本的雇用慣行」そのものではなかったと言えよう。

　能力主義管理のもう一つの柱となった、QCサークル活動の展開についても触れておこう。1960年代に製造業の生産現場から始まったQCサークル活

動は、1970年代の後半にはTQC（＝全社的品質管理）として金融、サービス業や事務・管理部門にも広がって、わが国の多数の労働者を巻き込むまでになった。品質の向上と原価の低減に向けたきめ細かな作業改善の蓄積を、わが国の国際競争力の源泉として位置付けた企業は、現場監督者を使ってQCサークル活動の組織化に積極的に乗り出したのである。自発的な参加が企業によって強制されたということであろう。

　自主的であるとの建前にも拘わらず、職制によって参加が強制されたり、参加の程度が人事考課の対象とされたのはそのためである。しかしながら、そこには労働者が「主体的」に参加しているという側面が存在したことも無視はできない。職場内の意思疎通が促進されたり、管理業務の一部が加えられて職務が拡大したり、教育訓練の役割を果たしたり、仕事がやり易くなったりもしたからである。しかも、改善能力や管理能力は昇進にあたって必要とされる能力でもあった。だからこそ、多数の労働者がQCサークル活動に積極的に参加したのである。

　先に指摘したような経緯もあって、1970年代には総評労働運動が地盤沈下して、ナショナルセンター間の力関係が大きく変化したことは誰の目にも明らかとなったが、そうしたなかで再燃したのが労働戦線統一問題であった。さまざまな紆余曲折を経て、1989年には連合が誕生した。一方、連合加盟に反対した労働組合のうち統一労組懇に結集するグループは全労連を結成した（連合には批判的であるが、統一労組懇にも加盟していないその他の左派グループは、全労協を発足させた）。こうして1989年にわが国の労働組合の組織図は大きく塗り替えられたのであった。

　連合の運動理念は、その綱領的文書である「連合の進路」に示されているが、そこで「自由にして民主的な労働運動の伝統を継承」すると述べられていることからもわかるように、同盟やJCの運動理念とほぼ同一のものとなっていた。その意味では、連合の誕生は、これまでの協調的な労働組合運動の総決算であり帰結とも言うべきものであったろう。連合は自らの任務を、中央・地方における多面的な政・労・使協議のシステム作りに置くとともに、経済成長の成果配分における公正さを確保しようとした。政策参加を目

第 7 章　新自由主義と「企業社会」

指していたという点では「ネオ・コーポラティズム」と言えなくもなかったが、連合の主力が企業協調的な民間大企業の企業別組合にあり、政策参加による影響力の行使が微弱なものに留まっていたという点からすれば、きわめて日本的な「ネオ・コーポラティズム」と見ることができるだろう。

　1980年代後半からのわが国企業の急速な海外進出は世界的にも大きな関心の的となり、ポスト・フォーディズムの最先端に「日本的経営」のもつ柔軟な生産システムを位置付けるレギュラシオン派の議論なども登場した。この議論によれば、日本の生産システムはたんに効率的であるだけではなく、労働者にとっても評価すべき側面を持つというのである。つまりわが国の労働者は、QC サークル活動を通して現場において作業改善に参加していたし、更には単能工ではなくて多能工化しており、こうした労働編成は、作業の構想＝精神労働と実行＝肉体労働を分離させるとともに労働を細分化することによって生産性の上昇を目指した、フォーディズムの非人間的な労働編成を超えているという訳である。

　しかしながら、こうした理論は、過労死をも多発させたわが国の職場の現実を、そしてまた、にも拘わらず沈黙を続けてきたわが国の労働組合の実態を、一体どこまで踏まえていたであろうか。「日本的生産システム」に対する国の内外での評価が高まるなかで、「企業社会」は、一方では過剰富裕化を危惧されるほどの「豊かな社会」を出現させながら、他方では「過労死社会」をも生み出したのであった。

第 3 節　「企業社会」と新自由主義

　市場原理主義とも呼ばれた新自由主義の改革によって、労働の世界が大きく変容させられたことについては多くの論者が指摘しているところでもあり、それほどの贅言は要しまい。その様相を、『新自由主義』の著者デヴィッド・ハーヴェイは次のように描き出している。「各国内では、労働組合を始めとする労働者階級の諸機関の力が押さえ込まれ解体される（必要とあらば暴力によって）。フレキシブルな労働市場が確立される。国家は社会福祉の

219

給付から手を引き、雇用構造の再編を技術的に誘導する。それによって個人化され相対的に無力にされた労働者は、資本家の個々の要望にもとづく短期契約しかない労働市場に直面する」と。こうして、新自由主義の下では「『使い捨て労働者』が世界的規模で労働者の典型として現われ」、多くの人々が「最も安く最も従順な労働供給を見出すための『底辺へ向かう競争』に巻き込まれていく」と言うのである[11]。

100名を超える自殺者を出しつつ強行された国鉄の分割・民営化と国労潰し、労働者派遣事業法の度重なる改悪に典型的に示された労働市場の規制緩和の野放図な拡大、そして大量のワーキング・プアの堆積と続いてきたこの間のわが国の動向は、こうした指摘をまさに典型的に示しているのではあるまいか。

本節では、先に触れた第五期、すなわち1995年以降現在に至る「企業社会」の変容の過程を整理しておくことにしよう。1995年をこの期の始期としたのは、この年に当時の日経連が『新時代の「日本的経営」』を発表し、きわめてエポック・メーキングな「日本的経営」論を提起したからである[12]。何故こうしたものがこの時期にこと改めて提起されることになったのか。その背景から検討してみよう。

重要なのは、バブル経済の崩壊とその後の「失われた10年」と呼ばれた長期不況であり、しかもそうした事態がグローバル化の進展による「大競争の時代」の下で引き起こされたことであった。日本経済をめぐる大きな変化のなかで、「小さな政府」による財政負担の軽減、規制緩和による民間活力の培養、競争の強化と効率の重視といった、「自由」な「市場」を成長の主軸に据えた新自由主義の改革が、急速に広がっていったのである。そうした考え方の端緒は、第四期の臨時行政調査会による行政改革が開始された時期に既に現れていたが、それが体系的に示されることになったのは、1996年の橋本六大改革である。その後の紆余曲折を経て2001年に登場した小泉「構造改革」は、これをほぼ継承するものであった。小泉「構造改革」でとりわけ注目すべきは、経済財政諮問会議に代表されるような戦略型の政策形成機関が設置されたことであり、それにによってトップダウン型の政策形成が強化さ

れたことであろう。

　新自由主義の改革の下では、これまでの「日本的雇用慣行」が内包していた「高コスト体質」こそが問題であり、これを是正することが喫緊の課題とされたのであった。更に言えば、そうした改革によって「企業社会」を変容させたとしても、協調的な労使関係は十分に維持しうるとの判断もあったはずである。

　先の報告書『新時代の「日本的経営」』でもっとも注目されたのは、これからの労働力を①長期蓄積能力活用型（従来の長期継続雇用という考え方に立って、企業としても働いてほしい、従業員としても働きたいというグループ）、②高度専門能力活用型（企業の抱える課題解決に、専門的熟練・能力をもって応える、必ずしも長期雇用を前提としないグループ）、③雇用柔軟型（職務に応じて定型的業務から専門的業務を遂行できる人までいるグループ）の三タイプに分け、「高コスト体質」の是正のために、これまで①に位置付けられていた正社員を可能な限り限定し、それを代替するものとして②や③のタイプの非正社員を活用しようとしたことであった。ここで重要なことは、長期雇用慣行が初めて公然と放棄されるに至ったことであり、それまで形式上は①の補完物とされて、その周辺や底辺に位置付けられていた②や③の雇用形態が、①と並ぶような位置に迫り上がってきたことである。

　こうして、たとえ経営者が主張する建前に過ぎなかったとは言え、それまでの「日本的経営」を特徴付けてきたはずの「長期」的視点にたった「人間」的経営からの転換が始まり、「日本的経営」は内部の人材を育成する「ストック型」の経営の側面を弱め、外部の人材を活用する「フロー型」の経営の側面を強めていったのである。①と②や③の間に経験や知識、技能の点で明確な境界がなかった産業や業種では、①から②や③への代替がその後急速に進んでいった。②や③のようなタイプの労働力の活用自体が、「高コスト体質」の是正にストレートに結び付いていたからである。あるいは逆に、「名ばかり正社員」のように、①自体が②や③に近付いたケースもある。

　②や③のタイプの労働者は、短期の雇用契約や間接雇用の労働者であったので、流動化した労働市場のなかで使い捨ての労働力となる危険性は高まっ

たと言えるだろう。「専門的熟練・能力」をもった②のタイプの労働者や、「専門的業務」を遂行できる③のタイプの労働者などは、きわめて限定的に存在するに過ぎない。こうした②や③のタイプの労働者を活用するにあたっては、新自由主義の下での新たな「日本的経営」像に添う形で進められた労働市場の規制緩和が、大いに力を発揮したことは言うまでもない。

　雇用においては非正社員の急増が注目されたのであるが、では賃金についてはどうだろうか。第五期における賃金をめぐる新たな動向として注目されたのは、成果主義賃金の拡大である。人口に膾炙し喧伝されている割には、いまひとつその実態が明らかではないのであるが（2003年版の『労働経済白書』では、「従業員の個人業績を評価してその結果を賃金額に反映していく」賃金制度を成果主義的賃金制度と称している）、そこで課題とされてきたのは、職能給に付随した年功的性格の一掃による「高コスト体質」の是正である。先の「新時代の『日本的経営』」では、総額人件費管理を徹底し、「職能・業績反映型賃金管理システム」を確立することが強調されていたが、そこで経営サイドが目指していたものは、賃金決定を可能な限り「個別化」し、わが国の賃金が依然として脱却できないでいる年功的性格と賃金のもつ下方硬直性を打破し、査定・業績・変動賃金に改編していくことであったと言ってよい。

　わが国の賃金の中核を占めている基本給は、大きく括るならば年齢・勤続給部分と職能給部分からなり、両者の構成比は、職能資格等級が上位になればなるほど、前者よりも後者の割合が大きくなるように組み立てられてきた。この間能力主義管理が強められてきたこともあって、全体として職能給部分が膨らんできており、今日では基本給のもっとも重要な部分となっている。この職能給部分は、職能資格等級が上がれば上がるほど金額が上昇することになっており、そしてまた、職能資格等級の上昇すなわち昇級には、人事考課の結果が反映されているのである。

　その人事考課では、能力考課と情意考課と業績考課によって、労働者の企業への貢献度が評価されることになる。能力考課では、各職能資格が期待する資格要件が、どこまで充たされているのかが問われることになる。考課は

年1回行われ、その結果は昇級や昇格に反映される。情意考課では、仕事に向かう姿勢や日々の勤務態度が問題となる。そして業績考課では、一定期間にどの程度目に見える形で企業に貢献したかが達成した業績を通じて問われるのである。情意考課と業績考課は年2回行われている。

では、こうした賃金管理の一体何がどのように問題となったのか。まず職能給についてであるが、そこには、習熟昇給と呼ばれた毎年の定期昇給が制度として織り込まれていたり、職能資格等級ごとの賃金の上限も厳格に運用されていないケースも見られたと言う。また、能力はひとたび身に付けば失われないということで、職能資格等級の降格は想定されていなかったし、更に言えば、たとえ工夫を凝らしたとしても、職能資格等級ごとに期待される能力の違いを文言として表現し区別することはもともと難しかったのである。これらの問題点が、能力主義の厳格な適用を難しくして、職能給を「曖昧」な処遇制度にしていったと言えよう。

「曖昧」であれば処遇はどうなるのか。結果としては、どうしても「勤続」を評価した年功的なものになっていくのである。何故だろうか。おそらくは、そのような処遇が多数の労働者にとって「公正」であると意識されているからであろう。グローバルな競争に直面していた経営サイドが、こうした職能給の年功的なあり方に不満を募らせていたことは間違いない。

また人事考課について言えば、潜在能力までをも評価の対象にした能力考課や、仕事に対する姿勢や態度を評価の対象とした情意考課では、企業に対する貢献度の評価がここでもいささか「曖昧」になることは避けられない。顕在化した能力を重視すれば、それは業績に反映されるはずであり、業績考課に近付いていく。情意考課を通じて企業にとっての異質な問題行動を封じ込めることにあらかた成功し、「生活態度としての能力」をかなり高いレベルで均質化できたことも、情意考課の役割を低めていく。つまり、個人間の評価をいくら緻密化してみても、評価のための負担が大きい割には、それほどの違いが見出せなくなっていくのである。そうなると、ここでも評価は年功的にならざるをえない。違いを無理にでも明確にしようとすれば、もはや業績考課に頼るしかなくなっていたのである。業績考課のウェイトが大きく

なっていったのはそのためである。

　こうした職能給と人事考課に孕まれた問題点を克服して、「高コスト体質」を是正するために登場したのが、個人の業績に照準を合わせた成果主義賃金であった。具体的な動きとしてまず注目されたのは、年俸制の導入である。職能給による賃金決定を抜本的に改変して、顕在化された個人の業績のみを評価の対象にしようとしたのである。年俸制を導入する理由として、業績主義の強化や経営参画意識の高揚などがあげられていたことからもわかるように、自らの賃金を自らの努力で稼ぎ出すといった、賃金についての自己責任意識を植え付けようともしたのであろう。年俸制の特徴は、定昇もなく賃下げさえも可能な業績主義そのものの賃金だという点にある。年俸制は主に管理職を対象に導入されたのであるが、業績を口実にして、賃金が簡単にしかも大幅に減額されるようなケースも生まれたのであった。

　もう一つは、職能給を維持しながらも業績を重視した運用を行うと言うものである。年俸制は、そもそも業績に対して責任を負うことのできる権限や裁量が付与されていることが前提となるので、多くの労働者に適用するのはどうしても難しくなる。「長期蓄積能力活用型」の労働者の多くは、やはりこれまでのような職能給を基本とした月給制とならざるを得ない。そこで日経連報告は、定期昇給が存続する限り賃金体系を変えても賃金は年功的になるとして、定昇制度の廃止を提起するとともに、職能資格制度が資格の「上ずり現象」によって現実には年功的に運用されていることを踏まえ、洗い替え職能給を導入して実績重視で運用しようとしたのであった。

　では洗い替え職能給はどのように具体化されたのか。人事考課で業績考課のウェイトを大きくするとともに、そこに「目標管理制度」を導入して毎期ごとに個人目標を設定し、目標に対する達成度を個別に評価しそれにもとづいて賃金を決定すればよい。勿論、この目標は労働者が勝手に決定できる性格のものではない。上司による面接を通じて決められるのであり、その結果、企業が期待する目標が個人目標となって具体化されることになる。本人が「同意」したという形式をとったノルマとでも言えようか。これまでの職能給では、全員が前年度の賃金水準を維持したうえで、人事考課によって次

年度の賃金の上げ幅に差が生まれた訳であるが、「目標管理制度」を導入すれば、降格という手荒な手段を取らなくても昇給ストップやマイナス昇給があり得ることになる。

　成果主義賃金は、個人の業績の大小に賃金を連動させる仕組みとして「世俗化」し、新自由主義の思想とも共鳴したので（努力し頑張った者が報われる！）、わかりやすくしかも公正な賃金制度ででもあるかのように受け止められた。格差が生ずることが公正であると思われていたからである。導入当初、若年層や高学歴層に成果主義賃金に対する評価が相対的にではあれ高かったのも、そのためであろう。

　しかしながら、そこにはわかりやすいことの「無理」も存在した。自己完結的な労働の領域では、個人の業績は既に歩合＝出来高賃金として評価されてきたわけで、チームによって遂行される労働においては、もともと個々人の業績を短期のうちに明確に区分して評価していくこと自体が困難だったからである。だからこその時間賃金であり、「遅い選抜」だったはずである。そうしたところに成果主義賃金を導入すれば、当初は高い評価を受けようとして頑張る者が一部に現れるものの、時間が経過すればするほど、短期に個人の業績を評価することの「無理」が表面化し、不満が広がらざるを得なかったのである。ストレートな業績ではなくて、高い業績を上げ得るような行動特性としてのコンピテンシーが評価されたりしたのも、そうした「無理」を示していたのではなかろうか。

　上記のような形で、成果主義賃金は「高コスト体質」の是正に貢献したのではないかと思われるが、成果主義賃金の広がりと深まりがどの程度のものなのかがいささか漠としているので、その貢献度は大量の非正社員の活用よりはずっと小さかったであろう。著者としては、成果主義賃金については、そうしたことよりも以下のようなことを重視すべきではないかと思っている。つまり、個人の業績というものを経営の祭壇に祭り上げることによって、労働者の賃金に対する考え方を変え、職場における労働のあり方を変えたことである。生計費対応的な賃金は勿論のこと、時間賃金をも何か古臭いものででもあるかのように思わせたし、従来の所定労働時間プラス若干の残

業時間といった働き方を成果達成型の労働へと変え、これまでの長時間労働を遙かに超えた働き方を、労働者の「自発」を装いつつ強制したからである。

そうした「自発」は、若い正社員たちの間にいわゆる自己実現系のワーカホリックをも生み出していると言う[13]。「やりがい」のある仕事のためには、燃え尽きることさえ厭わないかのように見える真面目な若者たちの群れである。そこでのキーワードは、仕事の中身としての「働きがい」や「やりがい」指向であり、主体のあり方としての「自己実現」や「自分らしさ」指向である。かれらの描く成功モデルは「ニューリッチ」や「起業」であり、それを可能にするのは、仕事のプロフェッショナルへの成長や自己啓発を主体にしたキャリアの形成である。

フリーターやニートが問題とされた際には、若者たちの労働意欲の「過少」が話題となって、かれらに対するバッシングが広がったのであるが、他方でその対極には、あまりにも真面目すぎるが故の労働意欲の「過剰」が問題となってもいるのである。こうした若者たちの世界とそこに流れている仕事観は、時代の風潮を敏感に反映しているはずであり、かれらだけに現れている特殊なものなのでは、決してない。程度の差こそあれ、他の多くの世代にも共有されているはずであり、職場の底流にも潜んでいるようなものではなかったか。

上記のような職場においては、労使関係の存在自体が希薄となり、労働意欲の「過剰」ばかりが称揚され広がっていくのであるが、そうした労働者の「自発」は、財界が提唱するような「自律型」の人材や「価値創造型」の人材を育成しようとする試みへと接続していたようにも思われる[14]。希薄化した企業への帰属意識は、仕事への「前向き」な姿勢によって補完されているのかもしれない。

こうした世界では、企業内での訓練効率の高さを示すトレイナビリティーよりも、転職可能な被雇用能力の高さを示すエンプロイアビリティーを身に付けることが、より重視されることになる。自発的な転職がきわめて困難となった労働者は、「寄る辺」なき労働者となるかもしれない不安を打ち消そ

うとして、企業という組織に依存しない自立した自己を確立しようとしているのであり、そうした形で「企業社会」に統合されているのである。ここに見られるのは、新自由主義が描くような、「自己責任」を自覚し自立した個人として生きる労働者像である。

第4節 「企業社会」はどこに向かうのか

　個人の業績が「自己責任」と結び付けられることによって、企業はあたかも労使関係なき生産ユニットやビジネスユニットと化し、プロフェッショナルとしての「仕事術」や「自己啓発」を説くビジネス書が、何やら人生の指南書ででもあるかのように売れる時代となった。こうしたものがベストセラーとなるのも、「自己責任」論が社会に定着して、将来に対する漠然とした不安が、非正社員は勿論のこと正社員にも広がっているためであろう。誰にも頼ることはできないといった処世の感覚ばかりが蔓延し、「社会」が衰退していったのである。

　「日本的雇用」は「解体過程」に入ったのであり、「長期雇用という幻想」を捨てるように求める左右からの大合唱の下で[15]、長期、フルタイム、直接雇用を基本としてきたこれまでの雇用概念は、非正社員の間では無縁のものとなり、正社員の間でさえも揺らぎ始めている。雇用概念は風化を遂げ、不安定さを増しつつあるのである。しかしながら、こうした状況にあるにも関わらず、先のような新自由主義の改革によってもたらされた「企業社会」の変容は、そこから自立した新しいタイプの主体を生み出す可能性があるかのような、いささか牧歌的な言説をも生み出した[16]。こうした議論をあえて批判の俎上に載せるのは、冒頭で紹介した「企業社会」の「変質」や「解体」を主張する論者たちの多くは、そう主張することによって、直接的にまたは間接的にこうした議論と共鳴しあっているようにも思われるからである。

　典型的な議論をいくつか拾い出してみよう[17]。「能力主義の浸透は職場における個人主義的傾向を強化し、その結果、従業員の企業への帰属意識を弱

227

め」、「日本型企業主義の漸次的解体」をもたらすとか、新自由主義への転換は、「専門的技術を大事にし、従って賃金は性や年齢、思想、あるいは『年功』に関わらず能力や成果に応じたものとなり、またそのために労働者はよりよい条件を求めて転社が可能な、つまり閉鎖性を脱した明るく透明な企業づくり」へと向かわなければならず、「大局的にはそうした試みがつぎつぎと現れつつある」とか、「優勝劣敗の市場原理は、過酷な競争に人間を追い込み、弱者を切り捨てるというイメージで語られるが、そのような市場原理の把握は一面的」で、市場にはもう一つの側面、すなわち「封建的な旧い規範を崩壊させ、商品所有者相互の自由で対等な関係をつくりだすという側面がある」のであって、例えば、「年功的に処遇しない制度への転換は、家族賃金イデオロギーを崩壊させ、男女それぞれに対し、個人として生活をまかなう生存賃金を保障する道を拓くことにもつながる」などといった主張である。

わが国における「企業社会」と新自由主義の改革の現実を凝視することなく、「原理」や「理論」や「哲学」から問題を解明しようとする人々には、「自由」な「市場」と「自立」した「個人」を標榜する新自由主義は、その底流において存外に馴染みやすい側面を持っているのかもしれない。

だが、企業に依存しない自立した労働者、言い換えれば「自律型」の人材や「価値創造型」の人材を生み出すはずであった新自由主義の改革の結末は、何とも過酷なものであった。「寄る辺」を失い外部労働市場を漂流する大量の非正社員を生み出しただけではなく（著者の推定では、非自発的な選択によって非正社員とならざるを得なかった労働者は500万人近くに達する）、過酷な労働を強いられた「名ばかり管理職」に加えて、社会・労働保険の保護や定昇、一時金、退職金の保護なき正社員のような、いわゆる「名ばかり正社員」をも生み出したのであった。われわれが直面したのは、融解した雇用と過剰化した労働であり、働く人々の将来に対する「不安」と心身の「疲弊」である。それらを内攻させたのは、「自己責任」論がもたらした「諦念」ではなかったか。

『新時代の「日本的経営」』が徹底されていけば、「日本的雇用慣行」は失

第7章　新自由主義と「企業社会」

われていく。常識的に考えれば、その結果、労働者の企業へのコミットメントは希薄化してもおかしくはない。それ故、こうした新自由主義の改革を、「日本的経営」の「崩壊」や「企業主義統合」の「解体」をもたらすものとして捉えるような見解も生まれた訳であろう。

　だが、「企業社会」の変容は、そのこと自体で労働者の企業からの「自立」をもたらしはしなかった。正社員の場合は、依然として「内部化され企業リスクを負わされた」ままであり、「企業社会」の住人であり続けるために業績の達成を目指して過酷な労働に従事せざるをえなかったし、非正社員の場合は、「寄る辺」なき労働者の群れに投げ込まれ、日々の生存に追われて「発言」の機会も意欲も失ったからである。メンタルヘルスの不全に象徴される「燃え尽き」と、ワーキング・プアに象徴される「使い捨て」が、新自由主義がもたらした「企業社会」の変容の帰結であったと言えよう。

　ではこうした状況に対して、わが国の企業別組合はどのような対応を試みてきたのであろうか。非正社員の増大にしても、成果主義賃金の広がりにしても、そしてまた組合組織率の低下にしても、論者によっては「企業社会」の「変質」や「解体」を示す重要な指標のように思われたはずだし、労働組合運動の活性化に期待を寄せる向きさえあったのであるが、残念なことにそうした期待に反して、連合の主流を占める民間大企業の企業別組合は沈黙を守り続けてきたといってよい。

　何故なのだろうか。「内部化され企業リスクを負わされた」労働者と労働組合にとっては、非正社員の増大も成果主義賃金の増大も「高コスト体質」の是正のためには止むを得ないものとして認識されていたからである。経営目標の徹底した内面化である。組合組織率の低下にしても、ユニオン・ショップ協定によって、企業内の正社員についてはほぼ100パーセント組織していた企業別組合には、さほど深刻な問題とは受け止められなかったのではなかろうか。

　当時の連合の高木会長は、偽装請負の蔓延に関して「バブル崩壊後、コスト削減でこういう雇用形態の人が製造現場にも入ってくるのを知りながら（労組は）目をつぶっていた。言葉が過ぎるかもしれないが、消極的な幇助。

229

働くルールがゆがむことへの感度が弱かったと言われてもしょうがない」[18]と率直に自己批判したが、「社会」を見失っていた企業別組合には、新自由主義の改革への対抗が必要であるとの自覚すらもが薄らいでいたのではなかったか。

企業の側は、『新時代の「日本的経営」』でも強調されていたように、協調的な企業内労使関係については一貫して「重要」視し「維持」する姿勢を崩してはいなかった。現在もそうであろう。であるとすれば、「長期蓄積能力活用型」タイプの労働者のところでは企業別組合は生き残ることになるが、しかしそうした組織は、「寄る辺」なき労働者の大群に包囲され、ますます企業内に閉塞していかざるを得ない。職場における労働者の階層構造が一段と複雑化し、正社員の処遇も個別化するなかで「団結」や「連帯」が弱まり、民間大企業の企業別組合は力なき組織として存在し続けているのである。

労働者と労働組合の企業への深い統合によって生まれた「企業社会」の存在こそが、新自由主義の改革をほぼ無抵抗に受容させたのであり、1990年代後半以降の事態は、ひとまずは新自由主義の改革による「企業社会」の変容の過程として認識すべきではなかろうか。民間大企業の労働組合は、「企業の発展あるいは生き残りという言説」によって雇用の流動化や労働条件の見直しを受け入れ、「価値の多様化や個の重視という言説」によって集団主義的な活動スタイルを変えてきたのであるが[19]、伝統的な労働組合観からすれば組合らしからぬこうした民間大企業の企業別組合の思考様式は、新自由主義による「企業社会」の変容にきわめて適合的な労働組合のありようを示していたのかもしれない。

労使関係の様相を見ても、集団的労使関係は制度化された形式としては残っているものの、その内実は失われているようにも見える。代わって注目されるようになったのが、個別紛争の広がりに示されるような個別的労使関係であった[20]。労働組合の関与していないところで、労働問題が噴出しているのである。こうした事態に対応するために導入されたのが、個別労働紛争解決制度であり「労働審判制度」であった。

「自己責任」や「自立」や「業績」が、労働組合による職場規制を更に弱めたことも間違いなかろう。職場においても規制緩和が進められたとでも言えようか。パワーハラスメントやセクシュアルハラスメント、モラルハラスメントの広がりなども、職場における労働組合の更なる衰退と無縁ではない。こうして、企業別組合は春闘時にしか話題とはならない存在となっているのであるが、労働条件に対するこだわりもきわめて弱いものに過ぎなかったので、既に「賃上げ」組合ですら無くなっていたとも言えよう。その結果、労働分配率は低下し続けてきたのであった。

　企業内に閉塞した企業別組合は、組織のメンバーではない非正社員にはほとんど関心を払うことはなかったし、正社員についても平等な処遇にそれほどのこだわりをもっては来なかった。そのことの必然的な結果として、格差社会の現実に対しても無関心なままであったと言ってよい。もともと「社会」への関心が弱かった民間大企業の企業別組合から、「社会」は更に衰退していったのである。だからこそ、新自由主義の改革は大きな抵抗を受けることなく、猛威を振るえたのではなかったか。今日の事態は、「企業社会」の存在によって純粋培養された新自由主義の改革がもたらしたものであり、その意味では「社会」の荒廃は加重化されているようにも思われる。企業を「社会」に等値し、更にはまた市場を「社会」に等値し続けてきたが故の「痛み」なのだと言うべきであろうか。

　しかしながら、そうした「痛み」は過酷であればあるほど、新たな反発を産み落とすことになる。「企業社会」の外部から格差社会への批判が広がり始め、「社会」問題としての労働問題に対する関心が増大していった。狭義の「企業社会」の安定によって、広義の「企業社会」は不安定化したのであるが、その結果、格差を放置し底無しの貧困を生み出した広義の「企業社会」に対する批判が、急速に広がっていったのである。社会統合の危機と言ってもいい。そのインパクトが予想以上に大きかったことは、連合に非正規労働センターが、全労連に非正規雇用労働者全国センターが組織されたことにも象徴的に示されているのではなかろうか。

　今日の状況を冷徹に眺めれば、「企業社会」に閉塞し「社会」の衰退に無

231

関心な企業別組合は、形骸化し自然死する可能性さえある。そうした事態を回避して労働者が企業から「自立」しうるためには、労働組合が自ら「寄る辺」となるとともに、衰退した「社会」を再生させて「溜め」を作り出していかなければならないのだろう[21]。非正社員に組合戦略の照準を合わせながら、「社会」のありように着目する労働組合が求められているのである。新自由主義の改革を批判し、「社会」を可視化しようとするような労働組合運動、言い換えれば社会運動ユニオニズムへの転換が期待される所以である。

その際、ユニオン運動と呼ばれる新しいタイプの労働組合の実践とともに、既存のナショナルセンターや産別による「社会」への対応の強化や非正社員の組織化や正社員化などにも、もっと大きな関心が払われるべきである。労働運動に関心を寄せる論者には、新しいタイプの組織と運動に期待する余り、そうしたところにばかり注目する者が多い。新しいタイプの労働組合が、広義の「企業社会」や既存の労働組合運動に与えるインパクトを無視してはならないが、そうした少数の新しい運動をたんに称揚するだけでは、「社会」は可視化されることはない。1970年代には当時の総評によって国民春闘が取り組まれ、そこには「生活闘争」や「制度・政策要求」があり、「社会的弱者」に対する連帯があった。今そうした過去の運動経験を想起してみることも、決して無駄ではあるまい。

われわれが今後課題とすべきは、労働問題の世界から喪失させられていった「社会」を再浮上させることである。その際重要となるのは、労働者の人生に深く関わるが故に「社会」の重要な構成因子となっている、職場や企業、仕事、生活に関する新たな構想力であろう。ワーク・ルールや企業の社会的責任、ディーセント・ワーク、ワーク・ライフ・バランスなどが内包している「社会」思想の行方に注目すべきではなかろうか。

今焦点となっているのは、労働をめぐる「再規制」の動きである[22]。派遣労働に対する規制の復活や、最低賃金の引き上げ、不払い残業の根絶や時間外労働の規制、非正社員の社会・労働保険への包摂などが焦眉の課題となっているのであるが、こうしてここに掲げた課題を振り返ってみると、あま

第 7 章　新自由主義と「企業社会」

りにもオーソドックスかつクラシックなテーマであることに驚きを禁じ得ない。わが国の主流の労働組合が喪失してきた制度や政策に関わるような課題、すなわち「社会」のありように関わる課題が、新自由主義の改革の果てに再びクリアに浮かび上がって来ているのである。

　企業内への閉塞や市場における自由な競争のみで、人間的で良質かつ公正な「社会」が形成されるはずもない。「企業社会」と「市場社会」の二重の負債を克服して、労働と生活を基軸に据えた市民社会、言い換えれば「会社」主義ならぬ「社会」主義の市民社会に脱皮していくためは、「労働再規制」を通じて「社会」を再浮上させていかなければならないだろう。「日本的経営」の「崩壊」や「企業主義統合」の「解体」は、その先にしか見えてはこない。

[注]
(1) 拙著『企業社会と労働組合』（労働科学研究所出版部、1989年）の序章や『企業社会と労働者』（同、1990年）の第 6 章、更には『労務理論学会年報』第 3 号所収の「『企業社会』と労使関係の現地点」などである。本文中の引用箇所は、煩瑣になるのでいちいち明示しなかったが、いずれもこの三点からのものである。
(2) 橋本健二『現代日本の階級構造—理論・方法・計量分析—』、東信堂、1999年、97～99ページ。
(3) 山田鋭夫「企業社会と市民社会」（平田清明他『現代市民社会と企業国家』、御茶の水書房、1994年、67ページ）。
(4) 橋本健二『階級社会日本』、青木書店、2001年、234ページ。
(5) 後藤道夫「岐路に立つ日本」（後藤道夫編『岐路に立つ日本』、吉川弘文館、2004年、55～72ページ）。
(6) 座談会「総点検・構造改革」（『ポリティーク』12号）。
(7) 西谷敏『規制が支える自己決定』、法律文化社、2004年、35～36ページ。
(8) 牧野富夫「『新・日本的経営』の21世紀展開—『構造改革』との関連を中心として—」（労務理論学会誌第16号『「新・日本的経営」のその後』）
(9) 拙稿「日本における『企業社会』の形成に関する覚書」（専修大学社会科学研究所『社会科学年報』第30号）。
(10) ここでいう「日本的雇用慣行」については、すでに本書の第 2 章で紹介してあるので参照されたい。

第Ⅲ部　「企業社会」と新自由主義の改革

(11) デヴィッド・ハーヴェイ（渡辺治監訳）『新自由主義』、作品社、2007年、233～234ページ。
(12) この『新時代の「日本的経営」』に関しては、既に「日経連『新時代の「日本的経営」』をめぐって」（『労働法律旬報』1410号）、「現代日本の賃金問題の諸相」（社会政策叢書第21集『今日の賃金問題』）、「日本的経営の変貌と労働組合の行方」（日本労働社会学会年報第9号『労働組合に未来はあるか』）などで論じたことがある。
(13) 本田由紀「〈やりがい〉の搾取」（『世界』762号）。
(14) 経済産業省委託調査「人材マネジメントに関する研究会報告書」、2006年。
(15) 後藤の前掲論文に加えて、木下武男「日本型雇用・年功賃金の解体過程」（後藤道夫編『岐路に立つ日本』、吉川弘文館、2004年）があり、またかれらとは逆の立場からの議論として、柳川範之「長期雇用という幻想を捨てよ―産業構造変化に合った雇用システムに転換を」（NIRA研究報告書、2009年）がある。
(16) こうした議論に対する批判は、既に岩佐卓也（「『『働き方の多様化』の論理」、『ポリティーク』7号）によってなされている。
(17) 以下の引用は、碓井敏正、大西広編『ポスト戦後体制への政治経済学』（大月書店、2001年）所収の碓井敏正「『能力主義』社会の規範哲学序説」、大西広「企業社会の変容と転換」、石田好江「日本型ジェンダー構造の変容と転換」からのものである。
(18) 『朝日新聞』2006年8月9日。
(19) 鈴木玲「日本の労働運動」（新川敏光・篠田徹編『労働と福祉国家の可能性』、ミネルヴァ書房、2009年、40～43ページ）。
(20) 2008年度の総合労働相談件数は108万件、民事上の個別労働紛争相談件数は24万件にも達し、このところ共に大幅に増加している。
(21) 湯浅誠は、「一人前の福祉国家であれば、失業と野宿の間には膨大な『距離』がある」と指摘し、その距離を「溜め」と呼んでいる（『反貧困』、岩波書店、2008年、205ページ）。
(22) 「労働再規制」の意義とその背景については、五十嵐仁『労働再規制』（筑摩書房、2009年）および『労働政策』（日本経済評論社、2008年）を参照されたい。

第8章 「働き方改革」と「企業社会」

第1節 「働き方改革」はなぜ登場したのか

　第二次安倍内閣は2016年末に4年目を迎えたが、俗称「アベノミクス」と呼ばれる経済政策において、労働分野でこの間注目を集めてきたのは「働き方改革」である。本章では、「企業社会」の変容の果てに登場して来たかのようにも思われるこの「働き方改革」に焦点を当てながら、その深層に迫ってみることにしよう。

（1）停滞続ける個人消費

　まず最初に触れておきたいのはGDPの動向である[1]。景気指標のなかでもっとも重要なこのデータは、短期の景気動向を判断する材料としても活用されるので、4半期すなわち3カ月ごとに発表されている。そこで、直近のデータである2016年7～9月期のGDPの値を見てみよう。前の4半期と比較すると、成長率は名目で0.1％、実質で0.3％のプラスとなり、年率に換算すると、実質経済成長率はプラス1.3％という結果となった。GDPの二本柱と言われる個人消費と設備投資だが、個人消費はプラス0.3％、設備投資はマイナス0.4％なので、日本経済は依然として安定した回復軌道に乗れないでいるように見える。ユーロ加盟19カ国の平均の成長率が、2015年10～12月期まで11四半期連続してプラス成長だったということであるから、日本経済の低迷は際立っているようにも思われる。

　とくに注目されるのは個人消費の動向である。個人消費はGDPの5割半ば近くに達する（おおよそ530兆円のうちの290兆円）ようなきわめて大きなウェイトを占めているうえ、われわれの生活実態を反映した数字になるからである。その個人消費が前期比プラスとなったとはいえ依然として低調なの

第Ⅲ部　「企業社会」と新自由主義の改革

図表Ⅲ-1　低迷し続ける日本の賃金

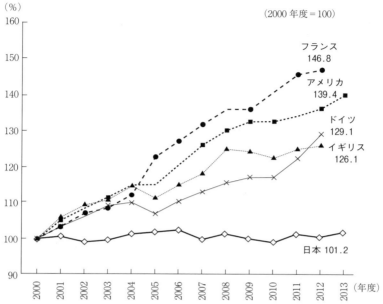

(注) 賃金は、製造業の時間当たり賃金である。
(出所) 日本労働政策研究・研修機構『データブック国際比較2015』

は、ごく常識的には、消費税増税の影響で消費が押し下げられ、それがまだ戻っていないと言われたりもしてきたが、2014年の8％への増税後既に3年近くも経過しているので、依然として消費が低迷しているのは、消費税増税の影響だけに留まらず、実質賃金が低下し続けており、その結果として実質消費支出が低迷しているからであろう。「内需総崩れ」あるいは「家計の逆襲」などとも評されたのは、そのためである。

「毎月勤労統計調査」によると、2015年度の実質賃金はマイナス0.1％だったので、この結果、実質賃金は5年連続してマイナスとなった。［図表Ⅲ-1］に見るように、先進国のなかで日本の賃金のみが長期にわたって低迷を

第8章 「働き方改革」と「企業社会」

図表Ⅲ-2　減少する実質賃金，増大するワーキングプア

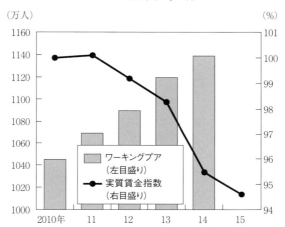

（注）ワーキングプアは、1年を通じて働いた給与所得者のうち年収200万円未満の人数。実質賃金指数は2010年を100としたもの。
（出所）国税庁「民間給与実態統計調査」、厚生労働省「毎月勤労統計調査」

続けているが、このことも注目すべき事実である。そうしたことの結果でもあるが、1年を通じて勤務した給与所得者4,756万人のうち、年収が200万円未満の働く貧困層と呼ばれるワーキングプアは、男性が301万人、女性が838万人、計1,139万人にも達しており、全体の24％を占めるに至っている。しかもこのワーキングプアの人数は、[図表Ⅲ-2] に見るように、2010年以降今日まで上昇し続けているのである。こうした事実を踏まえるならば、アベノミクスの成果が感じられないといった世間の受け止め方には、明らかに根拠があると言うべきであろう。

　あるエコノミストによれば、日本経済の潜在成長率は0.2％程度なので、もともとゼロ近辺の成長しか期待できないし、GDPが四半期ごとにプラスとマイナスを行ったり来たりしているのは当然で、そこに一喜一憂してもあまり意味がないとのことであるが、冷静な指摘なのではあるまいか。こうした指摘に同意するにやぶさかではないが、著者が常々疑問に思っているのは、いつも自明の理ででもあるかの如くに付け加えられる次のような常套句

237

の方である。例えば、『日本経済新聞』などには、毎度のように「政府は成長力の強化につながる労働や農業の規制改革などを迅速に実行に移す必要がある」といったコメントが載るのであるが、規制改革という名の規制緩和が、ほんとうに成長力の強化に繋がるのであろうか。その根拠がいくら新聞を精読しても見えてはこない。政府や財界が「岩盤」だとレッテルを張りさえすれば壊していい、そしてそれが改革であるといった風潮が、いつとはなしに世の中に広まっている（広められていると言うべきか）ようにも思われるのであるが、そうした風潮への違和感は拭えない。

（2）「節約」から「窮乏」へ

　国民が日々の暮らしを営むうえで必要となる家計支出のことを消費支出と言い[2]、その金額は、税込み収入である実収入から、非消費支出（税金や社会保険料のような消費を目的としない費用）と貯蓄を差し引くと得られる。貯蓄がゼロの世帯が増えているとの調査結果もあるので、実収入から非消費支出を差し引いた可処分所得のほとんどを、すべて消費支出にまわさざるを得ない世帯が増えているのであろう。ときには、「節約志向のマインド」が未だに解消されていないといった指摘もなされるが、「節約」というのは、倹約の余地が残されている人に対して言えるものであろう。これまで中流だった人々が、「クルマ、外食、旅行」などを節約しており、「偽装中流」化しているとのことだが（須田慎一郎『偽装中流』、KKベストセラーズ、2016年）、省くべき無駄を無くしてしまった人には、そもそも「節約」という表現は当てはまらない。その場合には「窮乏」と言うしかない。

　そうした、「節約」という表現が当てはまらない、つまり「窮乏」する人々が増えていることを想定させる調査結果もある。先頃の新聞報道によれば、消費支出に占める食糧費の割合を示す「エンゲル係数」が上がってきているという。生命を維持するためには最低限の食糧費が必要なので、これは他の費目に比べてそう大幅に圧縮することができない。それ故、生活が貧しくなると、消費支出に占める食糧費の割合が増加するという傾向がある。そのために、エンゲル係数はこれまで生活水準を示す指標だと言われてきたの

である。食糧費を削ることがもはや難しくなった人々が、他の費目を削らざるを得なくなり、その結果エンゲル係数が上がってきているという可能性は無視できないのではなかろうか。

　松尾匡の『この経済政策が民主主義を救う』（大月書店、2016年）には、「国民健康栄養調査」のデータが紹介されているが、それによれば、日本ではだいぶ前からエネルギー摂取量だけではなくタンパク質摂取量も減り続けているという。著者のような高齢者の場合などは、加齢に伴って基礎代謝が落ちてくるのでエネルギー摂取量が減って当然であるが、若者に限定した場合でもその傾向は顕著に見られるというのである。しかも、かれらの場合、失業率が上がるとエネルギー摂取量は減り、失業率が下がるとエネルギー摂取量は増えているとのことなので、経済状態が栄養状態にまで影響を及ぼしていることがよくわかる。

　こうしたデータが紹介されている経済政策の著作を著者は初めて手にしたが、何とも今日的ではある。そもそも経済学は、あまり見たくも論じたくもない現実を見たり論じたりしなければならないので、「陰鬱な学問」だと言われたりもするが、それを地でいくような話である。われわれは見たいものだけを見て、論じたいものだけを論じていることが多いものだが、見たくも論じたくもない現実のなかにこそ、大事なものはあるということなのだろう。今日の主流の経済学が「陽気な学問」になったとまでは言わないが、毎日、毎日、それどころか日に何度も、インターネットで株価と為替相場の動きを眺め、円高がどうした、新興国経済がどうした、原油価格がどうした、などと語ることだけが経済を論ずることなのではない。

　その松尾は、「失業していた若者たちはどんな食生活だったのか、どんなにたくさんの栄養不良の失業者がいたのかということが推測される」と述べるとともに、一頃話題となった「飽食日本」はもうとっくの昔に過去の話になっていて、今の日本に広がっているのは、「相対的貧困」でも「過剰富裕化」でもなく、きわめて古典的な「正真正銘の窮乏」だと言うのである。「清貧」などと言う言葉も昔流行ったが、今広がっているのは、自らが選び取った清らかな「貧」、あるいは贅肉を削ぎ落としたミニマリストの「貧」

のような立派なものではなくて、押し付けられた、そしてできることなら逃れたい「貧」であり、まさに貧困そのものなのであろうか。

ところが、いわゆるアベノミクスの提唱者やその周辺から聞こえてくるのは、そうした現実を直視しているとは思えない話ばかりである。そのいくつかを拾い上げてみると、「日本経済のファンダメンタルズ（＝基礎的条件）」はしっかりしており、企業の収益も「過去最高」となった。3年連続で「今世紀最高」の賃上げが行われたし、雇用指標とりわけ有効求人倍率も大きく改善して「人手不足」時代が到来している。そんな言説ばかりがまかり通っている。一見すると、アベノミクスは大きな「成功」を収めたかのようなのである。

ここまで大見得を切ってしまうと、自らがあれほどまでに強い口調で確約した消費税の増税を躊躇う必要など何もないはずであるが、にも関わらず、周辺から漏れ聞こえてくるのは、見送るべきだとのアドバイスである。2016年に開催された「国際金融経済分析会合」でも、そうした意見が著名な経済学者から聞かれたようであるが、そもそもこうした会合自体が、増税延期に向けての布石ではないかとの観測もしきりであった[3]。そして、予想通りに消費税の増税は延期され、その増税延期を争点に衆議院選挙に打って出て、安倍政権は大きな勝利を収めた。

先のような大見得を切った主張も、当然ながらデータにもとづいて行われている訳であるから、きちんと検証してみる必要があるのだが、それにしても現実認識のギャップが何故にここまで大きくなるのであろうか。政治の世界では、そう簡単には「失敗」を認めることができないといった事情もあるには違いない。まったくの個人的な感想を言えば、経済政策に自分の苗字まで冠してしまっては、何としても「失敗」を認めたくないという気持ちもきっと強く働くに違いなかろう。こうしたギャップがあるからこそ、深層にまで分け入らなければならないのである。

第2節　働き方はどう変わったのか

（1）問われる働き方

　まずは、働くということを経済との関わりで少し原理的に考えてみよう。現実の社会に生きるわれわれにとって、安心して働き続けることができるかどうかは、最重要のテーマとなっているはずである。安心して働き続けることができなければ、所得が安定することはありえないし、所得が安定しなければ消費が上向くこともありえない。当然ながら、デフレからの脱却も困難となる。こんなことはイロハのイのような気もするが、残念ながら今日の日本ではそのイにはなっていない。政策担当者だけではなく、「企業社会」にすっかり馴染んでしまったわれわれ自身も、イロハのイだとは思っていないからである。そんなことを言っても、「会社も厳しいから無理だ」の一言で片付けられてしまいかねない。

　バーニー・サンダースの「社会」主義的な主張との対比で言えば、われわれの経済の見方があまりにも「会社」主義的なのである。経済というものを論ずる際に、「企業」という存在に深く囚われ過ぎて、「社会」という視野が後景に退いているようにも思われる。「世界で企業がもっとも活躍しやすい国にする」ことが、経済政策の目標として堂々と臆面もなく掲げられたりするのは、日本が「企業社会」へと変質し尽くしたことを象徴的に示しているのではなかろうか。さすがに最近は、企業が活躍してもトリクルダウン・セオリーが機能しないことが明らかとなってきたために、「企業の活躍」から突如「一億総活躍」に転じ、挙句の果てには「人づくり革命」にまで辿り着いたのであろうが…。

　そんな状況にあればこそ、もう一度イロハのイに立ち返ることが必要なのである。著者自身は、今俎上に上っている「働き方改革」には批判的であるが、働き方（雇用と賃金と労働時間がその根幹をなしている）こそが経済の土台であるべきだという年来の主張は、今でも変わってはいない。そして意外

なことではあるが、アベノミクスのこの間の経験から浮かび上がってきたのは、まさしくそうしたことだったのではなかろうか。結局のところ、働き方を安定したものにしない限り、持続的な成長など覚束ないということなのだろう。「雇用なき成長」(*jobless recovery*) や「賃金なき成長」(*wageless recovery*) では、*recovery* 自体が長続きしないのである。

今日の日本経済の停滞の中身は、雇用と所得の停滞を起点とした悪循環の構造にあると言えるだろう。すなわち、工藤昌宏が指摘しているように(『経済』2016年6月号)、設備投資、雇用、所得、消費、生産といった経済の基本的カテゴリーがうまく連結されていないが故に、いつまでたっても不安定な状況から抜け出すことができないのである。今うまく連結されていないと述べたが、それは例えば、生産が伸びても設備投資につながらず、設備投資が伸びても雇用増につながらず、雇用が伸びても所得増につながらず、所得が伸びても消費増につながらない、といった事態が生まれていることを指している。

その原因は、経済の土台となるべき働き方が今日大きく揺らいでいるからである。もう一つの「働き方改革」が求められる所以である。アベノミクスの「成功」を示すあれこれの指標がないわけではない。しかしながら、例えあったとしても、それらはいずれもデフレ不況を反転させるだけの力を欠いた部分指標に留まっているために、いつまでも安定的な成長軌道に乗ることができないのである。

今改めて注目すべきなのは、悪循環の構造や連結不全の状況を生み出す起点となっている雇用と所得の停滞であろう。雇用と所得、つまり働き方が問われているのである。新三本の矢が提唱されることになった背景には、旧三本の矢では働き方はいっこうに改善されず、その結果、雇用と所得の停滞を打破することができなかったという認識があるからなのではなかろうか。選挙向けの政策として掲げたという意図も勿論あったはずだが、しかし、たとえ選挙向けであったとしても、「企業社会」の変容が「働き方改革」を掲げざるを得ない状況を生み出していたということが大事なのである。

第8章　「働き方改革」と「企業社会」

（2）「人が動く」ということ

　そこで、起点となっている雇用と所得の停滞、すなわち働き方をめぐる論点をもう少し掘り下げてみよう。まずは雇用をめぐる問題である。今更言うまでもないが、働くことは生きるためでもあり、そしてまた生きることでもある。このあまりにも自明な事実の重要性を、自明であるが故にわれわれは忘れがちなのである。アベノミクスでは、企業の活躍をもたらすものとして「働き方改革」が位置付けられており、その際に称揚されてきたのは、キーワードとしての「人が動く」ということであった。「人が動く」ことによって、柔軟で多様な働き方が可能になり、それが生産性を向上させ、企業の成長に結び付くはずであると考えられてきたからである。そうした主張が、人々の働くという営みをどのように位置付けており、そしてまたどのように変えようとしているのかを、今この時点で改めて振り返ってみなければならないだろう。

　因みに、非正社員はもともと流動的な労働力であり、その多くは常日頃から動いているわけで、今さら動くことを指摘してもらう必要もない。であるとすれば、「人が動く」、そしてまた動くことによって可能となる「多様な働き方」の実現のためには、抽象的な「人」ではなくて、動かないあるいは動かしにくい人である「正社員」を動かさなければならないということになる。「働き方改革」の根幹にあるのは、「企業社会」に生きる正社員の「働き方改革」であり、「正社員改革」なのである。「限定正社員」や「ジョブ型正社員」（地域や仕事内容が限定された正社員）などが取り沙汰されてきたのも、それ故であろう。これまでの議論の流れから言えば、こうした新たなタイプの正社員は、非正社員の処遇を改善するという方向性を部分的には持ってはいるものの、主要には正社員を更に動かし易くするものとして位置付けられていると言わなければならないだろう。

　例えば、しばらく前の「産業競争力会議」の場で、財界メンバーの一人は、「正規雇用者の雇用が流動化すれば待機失業者が減り、若年労働者の雇用も増加すると同時に、正規雇用者と非正規雇用者の格差を埋めることにも

第Ⅲ部 「企業社会」と新自由主義の改革

図表Ⅲ-3 OECD諸国における一般労働者の雇用保護指数

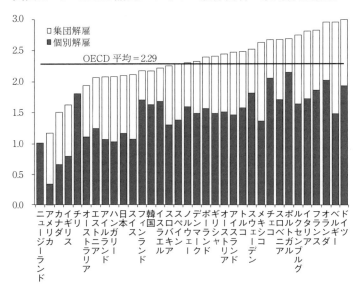

(出所) OECD, *Employment Outlook*, 2013

なる」と述べたようであるが、こうしたところに「働き方改革」の原型が浮き彫りにされていると言えるのではあるまいか。しかしながら、これでは低位に平準化する形で格差が解消されることになりかねない。こうした改革では、先に触れたような雇用と所得の停滞を起点とした悪循環の構造を打開できるはずもないし、それどころか、悪循環を深めかねないようにさえ思われるのである。人件費を削減し、人材の育成を軽視したフロー型で短期指向型の経営が広がれば広がるほど、こうした悪循環の構造から抜け出せなくなっていくのではなかろうか。

こうした指摘に関連して更に付け加えておくならば、厚生労働省は「解雇の金銭解決」制度についての検討会を設置して、議論を始めたとのことである。この制度は、たとえ裁判で当該の解雇は不当であり無効だとの判決が出たとしても、金銭を支払うことによって労働者を解雇できるようにするとい

第8章 「働き方改革」と「企業社会」

図表Ⅲ-4　OECD諸国における有期労働者の雇用保護指数

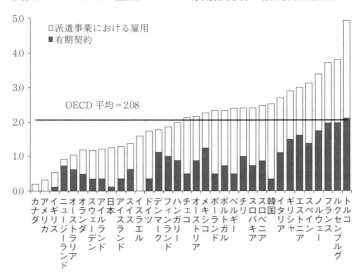

（出所）図表Ⅲ-3に同じ。

うものである。「限定正社員」や「ジョブ型正社員」は、当然のことながらこの制度の対象となるはずだが、それだけではなく、広く正社員全体が対象となりそうな気配も感じられる。こうした制度もまた、解雇という形で正社員を動かすことになるわけで、財界が要望する正社員の「働き方改革」の一環として捉えることができるだろう。

　労働組合サイドからは、解雇を自由化するものだとの当然の批判があるが、それと同時に著者が気になるのは、こうした動きが、雇用が更に不安定になるのではないかといった「ぼんやりとした不安」（芥川龍之介）を、社会に確実に広げていることである。景気は「気」だとの名言（あるいは迷言か？）があったが、明らかにその「気」なるものを削いでいるのではなかろうか。わが国の正社員の雇用は、別に「岩盤」などと目の敵にされるほど硬直的な訳ではない。そのことは、[図表Ⅲ-3] や [図表Ⅲ-4] に示したOECDの *Employment Outlook* 2013に紹介されている一般労働者の雇用保

245

護指標や有期労働者の雇用保護指標に関する国際比較のデータを見れば、明らかである。先のような議論が為にするものだということがよくわかる結果である[4]。

わが国の場合、一般労働者も有期労働者も雇用保護が弱すぎることが問題だと言っても言い過ぎではない。森永卓郎の『雇用破壊』（角川書店、2016年）には、以前富士通の成果主義を批判して名を売った城繁幸のネット上での発言が紹介されている。城によれば、日本は「ガチガチの解雇規制国家」だということだが、こうしたものをまさに妄言と言うのであろう。その城は、解雇規制の緩和を批判する森永の主張を「評論家の戯言」だと批判しているようだが、その科白はそっくりそのまま城に返さなければなるまい。

（3）新自由主義と働き方の変容

ところで、これまでみてきた政府や財界の主張、とりわけ「人が動く」といった主張などは、時代の潮流となった新自由主義の言説と深い関わりを持っているように思われる。新自由主義は、労働の世界にも大きな影響を及ぼしているからである。ジークムント・バウマンは、『リキッド・モダニティ』（森田典正訳、大月書店、2001年）のなかで、現代においては、「仕事はもはや自己、アイデンティティ、生活設計の足場にはなり得ない。それは社会の倫理的基礎とも、個人生活の道徳的基軸ともみられなくなった」と述べている。また、リチャード・セネットの『不安な経済／漂流する個人』（森田典正訳、大月書店、2008年）には、人々は「物語的主体」となることを阻まれて「漂流する個人」となったと言った記述もある。

これらの指摘は、新自由主義の下での労働の変容を鋭く切り取っており、働くということが不安定化してその足場を失いつつある事態が、きわめて的確に描かれているようにも思われる。リキッドつまり「液状」化した社会を「漂流」する、これはすなわち「人が動く」ということでもある訳だが、そのことによって、働くことが本来持っていたはずの人間にとっての重みや安定感が失われつつある、そうしたことが指摘されているのである。

しかしながらそうは言っても、多くの人々は、働くことを通じて細やかな

人生の物語を紡いでいかざるを得ない。そこにしか生きる術のない人々は、仕事に対する強く深く広い関心から逃れることはできないからである。そうした抜き差しならない現実を踏まえるならば、省みられるべきはロベール・カステルの主張の方であろう。かれは『社会喪失の時代─プレカリテの社会学─』（北垣徹訳、明石書店、2015年）において、次のように述べている。

「仕事は多くの者にとって、出発点として未来の掌握を可能にする安定した土台として考えられているのではなく、むしろ不安というかたちで経験されており、極端な場合には惨事として経験されている。とは言え、有職中であれ失業中であれ、安定した職であれ不安定な職であれ、現代人の大多数の運命を今日においても左右しているのは、依然として仕事である」と。「不安」や「惨事」として経験されているにも拘わらず、あるいはそれだからこそ、働くことは依然としてわれわれの運命を左右し続けていると言わなければならないのである。

時代の主たる潮流がもたらす影響をもっとも強く受けるのは、やはり若者の方だろう。今も昔も若者は「時代の鏡」だからである。2014年版の内閣府の『子ども・若者白書』には、「わが国と諸外国の若者の意識に関する調査」の結果が紹介されているが、それによると、わが国の若者は諸外国の若者と比較してみると、①自己を肯定的に捉えている者の割合が低く、自分に誇りを持っている者の割合も低い、②うまくいくかどうかわからないことに対し意欲的に取り組むという意識が低く、つまらない、やる気が出ないと感じる若者が多い、そして③自分の将来に明るい希望を持っていない、とのことである。働くということに関連がより深いであろうと思われる職場の満足度に関しても、④わが国の若者の職場に対する満足度は、諸外国と比べて低いだけでなく、働くことに関する現在または将来への不安が多くの項目で高くなっていると言うのである。

こうした①から④に現れた意識状況を関連付けて見るならば、常識的にはおおよそ次のようなことになるだろう。①のように自己肯定感が低いことの結果として、②や③のように意欲も希望も持てない状況が生み出されており、それらに加えて、この間野放図なまでに広がった労働環境の悪化が、④

に示されているように働くことへの不満と不安を高めている、そんなふうにも思われるのである。だがこれを別な角度から眺めて見るならば、①で示されているような自己肯定感の低さは、④のような状況にも規定されているのであって、生きることの土台となるべきはずの仕事が、「社会の倫理的基礎」とも「個人生活の道徳的基軸」とも見做されなくなっていること、あるいはその結果として、社会が「漂流する個人」が形成する物語なき社会へと変容してきたこと、そうしたことと無関係だとは言えないようにも思われるのである。

時代の閉塞感や漂流感がいつまでも解消されないでいるのは、働くことをめぐる「不安」や「惨事」が、「企業社会」の下で未解決のままに放置されているためでもあるだろう。更に言えば、「時代閉塞の現状」（石川啄木）が深刻な様相を示しているのは、先のような「不安」や「惨事」が、「自己責任」の結果として労働者本人の側へと回収され、深く内部化されてしまっているからでもあるだろう。

第3節　正社員の「働き方改革」の行方

（1）職業・産業構造の変化と働き方

経済の土台に働くことを据えるためには、働くことをそもそものところから考え直してみる必要もあるだろう。現代社会において人間が生きていくためには、実にさまざまな財やサービスを消費し続けなければならない。聖書には「人はパンのみにて生くるにあらず」とあって、物質的な欲望の充足を超えて宗教的な世界においても生きることが人間の証であるとされているが、現実の労働問題を理解する際に重要となるのは、人間はパンなしでは生きていくことができないといういささか身も蓋もない現実であろう。パンすなわち私たちが日々消費し続けている財やサービスは、さまざまな人々がさまざまな職業に就いて働くことによってしか生み出されないからである。

このように、人間と社会にとってきわめて重要な活動であるからこそ、労

第 8 章 「働き方改革」と「企業社会」

図表Ⅲ-5　職業別にみた就業者の構成

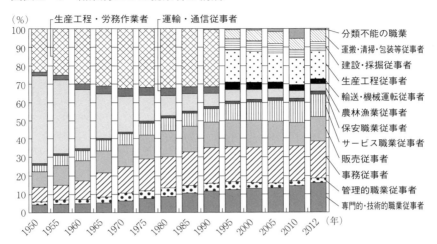

（注）1995年、2000年及び2005年は、総務省統計局による抽出詳細集計にもとづく推計と集計である。1990年までとは職業の表章が異なっており、接合は行えない。
（出所）厚生労働省『労働経済白書』（2013年）

働は実にさまざまに表現されている。労働と言えばいささか硬い表現になるが、普段は主に働き方に着目した仕事という表現の方がよく使われる。ところで、私たちの働き方も多様だが、仕事の中身も職業によってかなり異なってくる。今日では、多くの人々は日々何らかの仕事をし、その対価としての収入を得て生活を支えているが、そこでの仕事の具体的な中身に着目すると、職業という表現になる。職業とは、生計を維持するために行われる継続的で社会的に有用な活動を言うが、この間の動向で注目されるのは、［図表Ⅲ-5］に見るように、専門的・技術的職業や管理的職業、事務、販売といったホワイトカラーの職業に従事する人々が増えて、就業者の5割を超えたことである。このホワイトカラー化の動きは、後に触れるように、人々の働き方にさまざまな影響を及ぼしている。

　また今日の社会では、多くの人々は収入を得るために他人に雇われて働くことになるので、雇用という概念がきわめて重要となってくる。雇われれ

249

第Ⅲ部 「企業社会」と新自由主義の改革

図表Ⅲ-6 産業別にみた就業者の構成

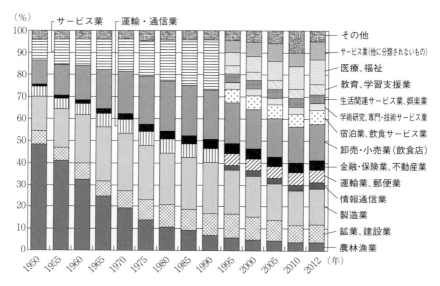

(注) 1) 1995年、2000年及び2005年は、総務省統計局による抽出詳細集計にもとづく推計と集計である。1990年までとは産業の表章が異なっており、接合は行えない。
2) 1995年以降の運輸業には郵便業を含み、金融・保険業、不動産業には物品賃貸業を含む。また、飲食店、宿泊業は宿泊業、飲食サービス業としている。
3) 1990年までの卸売・小売業には飲食店を含む。
4) 2010年は「労働者派遣事業所の派遣社員」を派遣先の産業に分類していることから、派遣元である「サービス業（他に分類されないもの）」に分類している他の年との比較には注意を要する。
(出所) 図表Ⅲ-5に同じ。

ば、私たちは労働者となり、経営者の指揮・命令・監督の下で時間を決めて働くことになる。雇用関係は、形式上は自由で平等な関係のように見えるが、その実質においては管理と支配の関係を必ず伴っているので、雇用関係は不自由で不平等な関係とならざるを得ない。雇用先はさまざまであるが、この間の動向で注目されるのは、［図表Ⅲ-6］に見るように、生産拠点の海外移転もあって製造業で働く人々が1,000万人を切り、今や卸売・小売業が最大の産業となったことであり、更には医療・福祉分野で働く就業者数が急増していることだろう。しかも、こうした分野では不安定な雇用や低賃金で

働く人が多数を占めるので、産業構造の変化自体が内需を引き下げる要因ともなっているのである。

　労働はよりよく生きようとする人間の営みであるが、それだからこそ、よりよく生きるに相応しい働き方が求められることにもなる。労働基準法の第１条で、「労働条件は、労働者が人たるに値する生活を営むための必要を充たすべきものでなければならない」と定められているのもそれ故である。比較的安定した雇用関係が存在し、同じ職場で働く同僚を仲間として意識することができ、それなりの労働条件の下で少しは幅や深みあるいは面白味のある仕事に従事できるならば、私たちは労働を通して、人と人や人と社会との繋がりを感じ、更には、働くことを通して「やりがい」や達成感なども感じることができるようになる。現実には、誰もが同じように「やりがい」や達成感を感じているわけでは勿論ないが、それにも関わらず、私たちはそうした願望を抱きながら働いているのである。

　そうだとすると、人々は働くことによって社会的承認を獲得するとともに、自己実現を図ろうとしていることにもなる。働くことは収入を得るための「手段」でもあり、社会的承認を得るための「契機」でもあり、そしてまた、自己実現のための「領域」でもあると言うこともできるであろう。非正社員の苦悩や絶望は、これらのすべてが極小化されているところにこそあるのではなかろうか。

　この三つの側面の組み合わせはさまざまなので、労働条件や仕事内容、職場の人間関係などによって、かなりバラエティーに富んだものとなる。しかしながら、労働条件が劣悪であっては働き続けることすら難しくなるので、そうしたところには、当然ながら社会的承認も自己実現も成立することはない。社会的承認や自己実現ばかりが過度に強調されてしまうと、働き方を支えることになる労働条件の重要性が見えなくなりがちである。「企業社会」に親和的な若者達の場合には、そうした傾向が色濃く現れてもいる。それ故、働き方を論ずる際には、労働条件を問うというスタンスが不可欠であるということを、改めて強調しておかなければならない。

251

（2）プロフェッショナルな働き方とは

　これまで見てきたような職業構造や産業構造の変化は、人々の働き方にもさまざまな影響を与えており、「働き方改革」の深層をなしている。まずは、ホワイトカラー化の影響から取り上げてみよう。ここで重要なのは、ホワイトカラーの正社員の方がブルーカラーの正社員よりも長時間働く人が多かったり、サービス残業が当たり前になっていたり、年休が取れなかったりするような現実があるということである。わかりやすく言えば、機械従属的ではないオフィスでの働き方の方が、工場でのブルーカラーの働き方よりも、時間管理がルーズになったり曖昧になりがちなのである。たとえ形式的ではあっても、働き方に裁量労働的な側面が付き纏ってくるからであろう。こうした事態が放置され更には悪用されるならば、「企業社会」はいつでも長時間労働の温床となっていくのである。

　労働時間が長くなると、それに伴ってサービス残業も増えていく。2014年度のサービス残業代は、是正された額（100万円以上の支払いのみ）だけに限定しても143億円にも上っている。今ここではサービス残業という表現を使用したが、サービスすることを求めているのは企業の方なので、正確には不払い残業と言うべきなのであろう。「企業社会」において不払いとなるのは残業代だけではない。少数精鋭化された職場環境の下では、年次有給休暇なども未消化となりがちであるが、こうしたものも含めるならば広く不払い労働と捉えるべきである。因みにわが国の年休の取得率は、21世紀に入ってから今日まで5割を切り続けている。アメリカなどでも不払い労働は大きな社会問題となっており、英語では「賃金窃盗」（*wage theft*）と呼ばれていると言う。不払い労働を無くすためには、サービスではなく窃盗と呼ぶような厳しさが求められているようにも思われる。

　労働時間に関しては、とりわけホワイトカラーの職場で労働基準法違反が広がっているという現実があるので、それを踏まえるならば、まずは使用者に対して、労働時間の把握と管理を義務付けることが必要となる。現行の労働基準法には、そもそもそうした規定自体が存在しないからである。そのう

えで、残業時間の上限を規制することが求められるであろう。上限が規制されていないがために、日本はILOの第1号条約さえ批准できないでいるからである。上限の目安としては、1998年の「大臣告示」によって行政指導の規準とされてきた、月45時間、年360時間が考えられる。その法制化が検討されて然るべきではなかろうか。こうした「働き方改革」がまずは求められることになる。

しかしながら、現実の「働き方改革」では、ホワイトカラーの働き方は時間でではなく成果で評価されるべきだということで、高度な専門職で一定の収入以上の労働者を対象に「高度プロフェッショナル制度」（特定高度専門業務・成果型労働制）を導入して、残業といった考え方そのものを失くそうとしたり、あるいはまた裁量労働制の対象を法人営業職等にまで拡大しようとしている。前者について言えば、これは第一次安倍内閣で導入されようとした所謂「残業代ゼロ法案」を再現させたものと言ってもいいであろう。今回もまた、ともかくも労働時間規制の適用が除外される制度を何としても導入しようと言うわけである。労働時間が管理されない労働者とは、論理矛盾した表現のはずであり、こうした事態は企業内における非労働者化の動きとでも言えるのかもしれない（企業外における非労働者化の動きは「個人請負」となって広がっている）。

残業代が支払われないということになったら労働者はさっさと帰宅するはずだという論理と、残業代を支払わなくてもいいのなら経営者は労働者を「使い放題」にして、いくらでも働かせるようにはずだという論理、このどちらの論理にリアリティーがあるだろうか。職場における圧倒的に企業優位の労使関係や、既に不払い労働が広範囲に広がっている現実を直視するならば、後者の論理が現実化する可能性はかなり高いと考えて間違いなかろう。「企業社会」は、もはや時間管理を必要としないところにまで到達したと言うべきなのであろうか。

ちなみに、ネット上には、「このところ話題となっている残業代ゼロ制度はいつから導入されるのでしょうか？　当社では従業員の残業時間が年々増加してきており、残業を合法的に行わせながら、残業代を削減する方法を模

索しているところです。できるのであれば、すぐにでも残業代ゼロ制度を導入したいと考えています」などといった、あまりにも明け透けな問い合わせが登場していたりするので、「使い放題」といった想定は杞憂に過ぎないなどとはとても言えまい。

(3)「岩盤」としての長時間労働

労働時間に関する規制があまりにも緩やかなために、過労死・過労自殺が大きな社会問題となっているわが国において、更なる労働時間規制の適用除外制度を作ろうというのであるから、「高度プロフェッショナル制度」に対する働く人々の側からの抵抗は、思いの外強い。「何時間働こうが、あるいは働くまいが、会社が一定の賃金を支払う」と言われても、「あるいは働くまいが」などといった事態が絶対に生まれないことを、労働者は本能的に察知しているからである。こうした抵抗を「岩盤」などと称して、それを打破することが成長戦略ででもあるかのように語るエコノミストや学者やメディ

図表Ⅲ-7 規模別にみた特別条項付きの36協定の締結状況

従業員数	特別条項がある	1ヶ月の延長時間				1年の延長時間			
		平均時間	60時間超	80時間超	100時間超	平均時間	600時間超	800時間超	1000時間超
計	40.5%	77:52	72.5%	21.5%	5.5%	650:54	57.9%	15.0%	1.2%
1～9人	35.7%	79:02	75.0%	20.4%	6.2%	652:44	60.3%	14.6%	1.3%
10～30人	45.6%	75:38	67.4%	22.8%	3.3%	648:00	54.5%	16.5%	0.8%
31～100人	52.5%	76:28	71.3%	20.5%	5.7%	643:26	53.9%	12.3%	1.7%
101～300人	68.1%	80:14	73.0%	29.5%	8.9%	659:30	56.7%	17.7%	2.4%
301人～	96.1%	83:10	82.8%	34.7%	10.6%	679:22	62.3%	22.1%	1.7%

(出所) 厚生労働省「労働時間等総合実態調査」(2013年)

第 8 章　「働き方改革」と「企業社会」

アが今でも後を絶たないが、実はそうした主張こそが、デフレ不況の起点となっている雇用と所得の停滞から逃れることを難しくしていると言わなければならない。

　最近安倍内閣は、「高度プロフェッショナル制度」の不人気を埋め合わせるかのように、36協定の見直しによる労働時間の規制「強化」を主張し始めた。日本においては、労使協定（すなわち36協定）を結べば、労働基準法に定められた一日8時間、週40時間の上限を超えて働かせることが可能になり、更に特別条項をつければ、先に紹介した行政指導の限度を超えて働かせることも可能となる。つまり、労働時間については「青天井」となっているからである。

　特別条項付きの36協定は、[図表Ⅲ-7]に見るように、約4割の企業で締結されており、大規模企業ではほとんどの企業に及んでいるという現実がある。そうしたことから言えば、特別条項付きの36協定の見直しは当然のことであり、遅きに失した感さえある。更に言えば、こうしたことは労働組合こそが真っ先に問題とすべきことであったろう。そもそも、労使協定無しには36協定は締結できず、特別条項を付けた労使協定がなければ、行政指導の限度を超えた残業などもあり得ないからである。「企業社会」における労働組合の不在は、こうしたところにも如実に現れていると言えよう。

　労働時間に関しては、一見すると規制の緩和と規制の強化が同時に併存しているように見えなくもない。[図表Ⅲ-8]が教えているように、日本を代表する名だたる大企業の労使が、「過労死ライン」とも評される月80時間を超えるような異常に長い36協定を締結している現実があるので、そうした協定を見直すこと自体は勿論評価すべきことである。そのうえで考慮すべきことは、突如語られることになった規制の強化が、一体どの程度の水準のものになるのかということであろう。更に付け加えておくならば、「高度プロフェッショナル制度」が導入されれば、そこには残業と言う考え方自体が存在しなくなり、その結果、残業の上限を規制をしようがしまいがどうでもよくなることになる。そうしたことにも十分に注意を払っておかなければならないのではなかろうか。

第Ⅲ部　「企業社会」と新自由主義の改革

図表Ⅲ-8　東証一部上場売り上げ上位100社の36協定の残業上限時間（月間）

関西電力	193	富士フイルム	3ヵ月250
日本たばこ産業	180	三菱重工業	3ヵ月240
三菱自動車	160	キリンビール	3ヵ月240
ソニー	150	東京ガス	3ヵ月240
清水建設	150	三井化学	3ヵ月240
三菱マテリアル	145	三菱東京UFJ銀行	3ヵ月240
東京電力	144(+54)	トヨタ自動車	80
昭和シェル石油	140	三井住友銀行	80
NTT	139	出光興産	80
東芝	130	キヤノン	80
日立製作所	3ヵ月384	デンソー	80
NEC	3ヵ月360	シャープ	80
丸紅	120(-30)	ソフトバンク	80
京セラ	120	スズキ	80
パナソニック	120(+37)	アイシン精機	80
中部電力	115(-20)	リコー	80
三菱電機	112	ダイハツ工業	80
三井物産	104	商船三井	80
ヤマト運輸	101	豊田自動織機	80
大日本印刷	100(-100)	全日本空輸	80
鹿島	100	住友商事	80
豊田通商	100	大和ハウス工業	80(+10)
三菱商事	100	マツダ	80(+20)
富士通	100	東レ	79(-20)
新日鉄住金	100	富士重工業	79
住友金属工業（新日鉄と合併）	-	旭化成	75
伊藤忠商事	100	ヤマダ電機	75(-5)
三井住友海上火災保険	100	メディセオ	75
三菱化学	100	電通	75
コスモ石油	100	KDDI	75
住友化学	100	野村證券	72
九州電力	100	スズケン	70(-30)
川崎重工業	100	損保ジャパン	70(-10)
JFE商事	100	大同生命保険	70(-10)
双日	100	コマツ	70
ブリヂストン	100	武田薬品工業	70
積水ハウス	100(+40)	阪和興業	70
凸版印刷	100	神戸製鋼所	70
住友電気工業	99	JX 日鉱日石エネルギー	69
東北電力	3ヵ月270(+20)	いすゞ自動車	3ヵ月200
アサヒビール	90(-10)	日産自動車	3ヵ月180
ヤマハ発動機	90(-10)	JFEスチール	3ヵ月180
JR東日本	90	東京海上日動火災保険	60
日本郵船	90	日本通運	60
JR東海	90	セブン-イレブン・ジャパン	60(+15)
みずほ銀行	90	東燃ゼネラル石油	56
三井不動産	90	第一生命保険	3ヵ月160
ホンダ	90(+15)	イオン	50(-20)
NTTドコモ	89(-40)	アルフレッサ	45

| 日野自動車 | 3ヵ月265 | 三越伊勢丹 | 45 |

(注)　(　)内は 2012 年調査からの増減時間（一ヵ月当たり）。分単位は切り捨て。持株会社は代表的な子会社の協定届を請求した。職種により異なる場合は、最も長い協定時間。前回調査では、法定労働時間と別基準で協定届を出した企業があり、企業に確認の上、前回数値を修正したものもある。
(出所)『東京新聞』2015 年 6 月 1 日

　厚生労働省は、「過労死等防止対策推進法」にもとづいて、2014年度の勤務実態に関する調査結果を公表したが、それによると、一ヵ月の残業がもっとも長かった正社員の残業時間が80〜100時間だったと答えた企業が11％、100時間を超えた企業が12％に上ったとのことである。合計すると23％の企業に、過労死の際の労災認定基準とされている80時間を超えた労働者がいたという結果である。更に興味深いことは、従業員規模1,000人以上の大企業で、そうした労働者がいた企業が5割を超えていたことである。とりわけ大企業が、労働時間の側面からみた「働き方改革」にいかに鈍感であるかがわかる。

　労災認定基準となるような時間を超える働き方が許されている社会は、異常だという他はない。疑い深い著者としては、「働き方改革」の深層は「高度プロフェッショナル制度」に現れているような規制の緩和にあり、36協定の見直しは表層なのではないかと見ているが、いずれにしても、わが国の長時間労働の「岩盤」（これこそが「岩盤」と呼ばれるべきである）を崩すような「大胆」な「転換」があってこそ、「働き方改革」の名に相応しいものになるのではなかろうか[5]。

（4）動かざるをえない人々

　働くことは、今日でも依然としてわれわれの運命を左右しているので、その意味では、働くことができるかどうかは労働者にとって大きな問題となる。［図表Ⅲ-9］に示したように、労働経済論では、働くということを基準にして人々をさまざまに区分している。雇われて働く人は雇用者であり、雇われないで働く人は自営業主や家族従業者として区分されているが、そうし

第Ⅲ部　「企業社会」と新自由主義の改革

図表Ⅲ-9　日本における労働力の構造

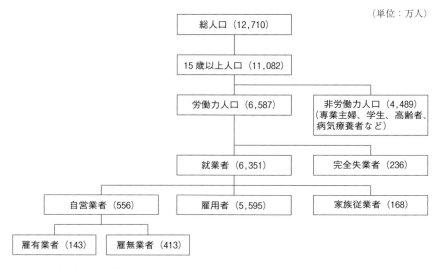

（出所）総務省統計局「労働力調査年報」(2014年)

た違いを別にすれば、働く人々はすべて就業者と呼ばれている。しかしながら、他方では働きたいと思っているにも関わらず働くことができない状態の人もおり、そうした人は失業者と呼ばれる。毎月月末には前月の失業者数や失業率が公表されているが、その数字を完全失業者や完全失業率と言う。わざわざ完全と付けられているのは、仕事をしていない人が失業者なのではなく、職探しをしているにも関わらず仕事を得られない人のみが失業者とされ、失業率が算定されているからである。

　もう少し詳しく紹介してみると、完全失業者の定義は次のようになる。①仕事がなくて、②調査期間中（月末の1週間）に少しも仕事をしなかった者のうち、③就業が可能で、④これを希望し、⑤かつ仕事を探していた者、および⑥仕事があればすぐつける状態で、⑦過去に行った求職活動の結果を待っている人（このうち主要な指標となっているのは①と③と⑤である）のことである。現に働いている就業者は、たとえ日々うんざりしながら働いていたと

しても、働く意志を持っている人と見做されている。完全失業者も職探しをしているので、現に働いている就業者と同様に、働く意志を持っている人だということになる。

　この両者、すなわち就業者と完全失業者を合計した人数は労働力人口と呼ばれており、労働力人口に占める完全失業者の割合が完全失業率である。この完全失業者のプールにはいつも出入りがあり、比較的短期のうちに次の仕事に就くことが出来る人もいるが、なかには、長期にわたって失業したままの人もいる。失業期間が１年以上に及ぶ完全失業者は、長期失業者と呼ばれている。中高年の失業者の場合は、一旦働けない状態に陥ってしまうと、働きたいと思っていても次の仕事を得ることがきわめて困難なために、長期の失業者になり易いのである。

　完全失業者のなかには、仕事を辞めたために求職している人と、新たに求職を始めた人がいる。仕事を辞めたために求職している人は、「非自発的な離職」による人と「自発的な離職」による人（自分または家族の都合により前職を離職した者）からなる。問題となる「非自発的な離職」に関して言えば、リーマンショック時には大規模な「派遣切り」が大きな社会問題となったが、雇用契約を打ち切られて動かざるを得なくなるのは、なにも非正社員にのみ限られているわけではない。近年電機産業においては大規模なリストラが続発しているが、そうしたところでは、正社員に対する退職勧奨が広がって日常化しているのである。

　非正社員の増大によって、これまでの長期雇用慣行のカバー範囲はかなり狭まったが、それに加えて、正社員への「退職勧奨」の広がりなどによって、狭められた慣行の中身自体がかなり薄められて来てもいる。「追い出し部屋」（社員を退職に追い込むために配属させる部署）に押し込められたり、嫌がらせの転勤を押し付けられた人は、止むを得ず「自発的」に会社を辞めて完全失業者に移行していく。「自発的な離職」によって失業した人のすべてを、本人の全くの自由な意思にもとづいて離職した人ででもあるかのように捉えるのは、皮相な理解と言うべきであろう。

第Ⅲ部　「企業社会」と新自由主義の改革

（5）「失業なき移動」の現実

　近年話題となったのは、「追い出し部屋」の変形（あるいは進化形か）でもある「辞めさせ部屋」をめぐる問題である。「ローパフォーマー」（略称はローパーと言うようだが、勝ち組負け組といいこのローパーといい、成果主義的賃金思想が生み出した何とも品のない言葉である）と呼ばれる低評価の社員を辞めさせたい企業に対し、人材派遣会社が人員削減の手法を提供し、更には企業から人材派遣会社に出向させるという形で再就職支援も引き受け、その結果、「労働移動支援助成金」が人材派遣会社に流れていると言うのである。ある人材派遣会社は、「戦力入れ替え」のお勧めまでしていたと言う。新聞の記事では、「人材会社の利益のために、必要以上のリストラが誘発されかねない」と指摘されてもいた。マネーを動かすことが収益につながるだけではなく、人材を派遣するだけではなく、辞めさせるという形で動かすことも収益に繋がっていることがよくわかる。

　辞めさせたい社員に働きかけて、自己都合による退職に追いやる一つの手法が「追い出し部屋」であった。「追い出し部屋」は勿論正式な名称ではない。正式には「事業・人材強化センター」などと呼ばれたりしている。リストラの対象とされた社員は、会社が募集する希望退職に応じるか、それとも「追い出し部屋」への異動を受け入れるか、この二者択一を上司から迫られてきた。しかしながら、こうしたやり方では企業がどうしても退職勧奨を口にせざるをえないし、強引な退職勧奨が社会的な批判を招いてもきた。そこでそうした事態を避けるために、間に人材派遣会社を入れることによって、企業は退職を強制している訳ではないような装いを取るようになったのである。有体に言えば、リストラをリストラとは思わせないような工夫が凝らされてきたと言うことだろうか。

　人材派遣会社に流れていた「労働移動支援助成金」というのは、企業が雇用を維持できない状況に陥った際に、労働者の再就職を目的として人材派遣会社などに再就職支援の業務を委託した企業に、支給されるものである。そもそもの出発点は、「日本再興戦略」で言うところの「行き過ぎた『雇用維

持型』から『労働移動支援型』への政策転換を図る（失業なき労働移動の実現）」という「働き方改革」の一環として拡充され、予算も増額された制度であった。「日本再興戦略」で謳われた「雇用制度改革・人材力の強化」という節の冒頭には、「リーマンショック以降の急激な雇用情勢の悪化に対応するために拡大した雇用維持型の政策を改め、個人が円滑に転職等を行い、能力を発揮し、経済成長の担い手として活躍できるよう、能力開発支援を含めた労働移動支援型の政策に大胆に転換する」という文言が掲げられていたことからもわかる。

「労働移動支援助成金」が膨らむのとは対照的に、休業措置などで労働者の雇用を維持する企業に支給される「雇用調整助成金」は、いつの間にやら半減された。それ故、「労働移動支援助成金」はもともと雇用維持を弱めるためのものだったのであり、その意味では間接的な形ではあれリストラ支援の助成金制度だった訳である。そうした理解に立てば、リストラを誘発するのはある意味当然と言えば当然であろう。「失業なき転職」によって「人が動く」と言えば何とも美しく聞こえるが、こうした人材派遣会社を活用することによって生み出された「働き方改革」も、無理に人を動かすことによって働く人の人権を貶めかねないのであり、結局のところは退職強要と表裏一体のものとなっているのである。

（6）雇用環境の「改善」と「人手不足」

ところでもしかすると、「自発的な離職」によって完全失業者となった人は、雇用保険を当てにして仕事を辞めたり、雇用保険があるために仕事を選り好みしていつまでも働かない人なのではないかと考える人もいるかもしれない。だが果たしてそうだろうか。無味乾燥な仕事内容、劣悪な労働条件、見えない将来展望などが、働く人を「自発的な離職」に追い込んでいる可能性は十分に有ると言うべきだろう。完全失業者は雇用保険を受給しているはずだと思っている人も多いはずだが、実際はそうではない。［図表Ⅲ-10］に見るように、完全失業者の約8割は雇用保険を受給できないまま職を探しているからである。

第Ⅲ部 「企業社会」と新自由主義の改革

図表Ⅲ-10 失業給付を受けていない失業者の割合

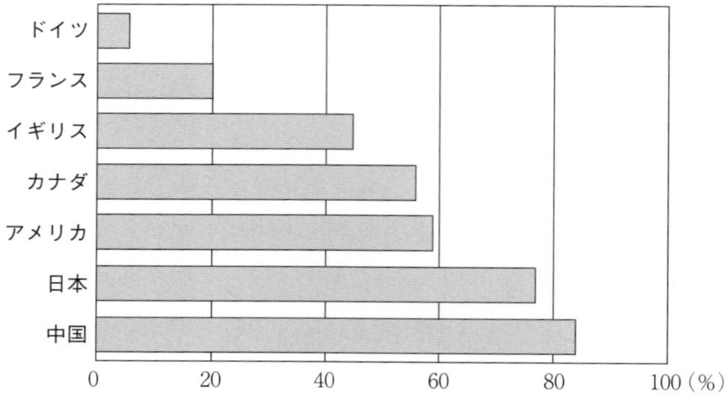

国	割合
ドイツ	
フランス	
イギリス	
カナダ	
アメリカ	
日本	
中国	

(出所) 厚生労働省職業安定局「労働市場からみた産業社会のあり方」(2010年)

　つまり、もともと失業手当を受給できない人がいるうえに、たとえ受給資格があったとしても、失業者の約6割は最短の3か月しか受けられない状況におかれているので、その間に仕事を見付けられなければ、失業手当も無いままで仕事を探し続けることになるからである。安心して「人が動く」ことが出来るためには、そしてまたスムーズな労働移動を支援すると言うのであれば、こうしたところでの「働き方改革」こそが必要なはずであろう。

　失業している人は、これまで身に付けた知識や経験、技能を生かせる仕事に就きたいと考えるはずだが、そうした仕事は簡単には得られない。40代に入ると年齢が壁となって、それだけで新しい仕事に辿り着くことがきわめて難しくなっていくからである。完全失業者のなかには、正社員の仕事を探している人が半数以上いるし、いても当然なのであるが、そうした仕事はなかなか見付からない。そうした厳しさ故か、正社員の仕事を探すこと自体が贅沢だと言われかねない状況さえ生まれている。

　雇用保険を受給できないまま仕事を探さざるを得ない状況に陥れば、ともかくも早く仕事に就くために、正社員の仕事を諦めて非正社員として働かざるを得なくなる。製造業派遣や清掃、警備、倉庫業務などの非正社員の仕

第8章 「働き方改革」と「企業社会」

図表Ⅲ-11　潜在失業者の位置

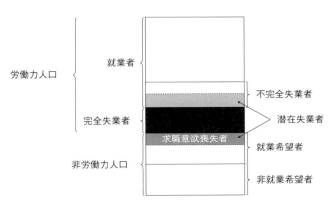

（出所）笹島芳雄『現代の労働問題』、中央経済社，1991年

事、更に言えば「年齢、学歴、経験」不問の仕事であれば、すぐにでも見付かるからである。しかしながら、こうした非正社員の雇用が増えたとしても、雇用と所得の停滞を起点とした悪循環の構造を打開する力は、きわめて弱いと言わざるを得ない。いったん職を失うとそう簡単にはまともな職に就けない社会を、転職社会などと美化することはできないだろう。

　正社員の仕事が得られない場合は、ワーキングプアになることを覚悟して非正社員の仕事に就くか、さまざまな事情でそれさえ難しければ、職探しを諦めることになる。不本意ながら非正社員で働く人は、統計上は就業者となるので完全失業者からは除外され、職探しを諦めた人は、求職意欲喪失者ということで非労働力人口に区分されるので、こちらは失業者からも労働力人口からも除外されることになる。そうなると、いずれの場合においても失業率は下がる。しかしながら、［図表Ⅲ-11］に図示したように、不本意な非正社員も求職意欲喪失者も、ともに半ば失業者（あるいは潜在失業者）と見做されるべき存在なのではなかろうか。公表された失業率は、失業の実態を十分に反映していない可能性がある。

　完全失業者を少なくして完全雇用を目指すことは、経済政策の重要な目標

263

第Ⅲ部　「企業社会」と新自由主義の改革

図表Ⅲ-12　完全失業率と有効求人倍率の推移

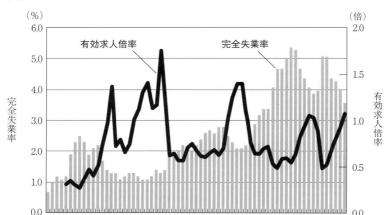

（注）1962年以前の有効求人倍率には学卒（中卒、高卒）の求人と求職が含まれている。
（出所）総務省統計局「労働力調査」、厚生労働省「職業安定業務統計」

でもある。そのために、完全失業率の動向には大きな関心が払われる訳だが、この完全失業率とともに、労働力の需給バランスを示すもう一つの大事な指標となっているのが、［図表Ⅲ-12］に示した有効求人倍率である。この数値は、ハローワークを通じて仕事を探している求職者一人に対して、企業側からの求人数がどれだけあるかを示したものである。従って、求人数を求職者数で除した値が、1より大きければ求職者数よりも求人数の方が多く、1より小さければ求職者数よりも求人数の方が少ないということになる。ちなみに、「有効」の意味は、求人や求職の申し込みには通常二カ月の有効期限があるので、その効力があるもののみに限定して倍率を算出しているからである。

　この有効求人倍率も、完全失業率とともに毎月月末に前月の調査結果が公表されているが、この倍率を見る場合にも注意が必要である。何故かと言えば、ここでの求人数には正社員だけではなく非正社員も含まれており、非正社員の求人数の方がかなり多くなっているからである。「正社員有効求人倍

第 8 章　「働き方改革」と「企業社会」

図表Ⅲ-13　一般の労働者と正社員の有効求人倍率の推移

(単位：倍)

	一般の労働者			
	常用的フルタイム		常用的フルタイム以外
		正社員	
2005年度	0.98	0.84	0.59	1.41
2006	1.06	0.92	0.63	1.49
2007	1.02	0.87	0.61	1.44
2008	0.77	0.64	0.48	1.16
2009	0.45	0.34	0.26	0.78
2010	0.56	0.44	0.33	0.89
2011	0.68	0.55	0.41	1.02
2012	0.82	0.66	0.49	1.22
2013	0.97	0.78	0.58	1.43
2014	1.11	0.91	0.68	1.55

(注) 1) 数値は新規学卒者とパートタイムを除く「一般」のもので、「一般」とは常用（雇用契約において雇用期間を定めないか又は4ヵ月以上の雇用期間が定められているもの）と臨時・季節（臨時とは雇用期間において1ヵ月以上4ヵ月未満の雇用期間が定められているもの、季節とは季節的な仕事に就労するか季節的な余暇を利用して一定期間を定めて就労するもの（季節は期間が4ヵ月未満、4ヵ月以上の別を問わない））を合計したもの。
2) 「常用的フルタイム」はパートタイムを除く常用労働者（パートタイムとは、一週間の所定労働時間が同一の事業所に雇用されている通常の労働者の一週間の所定労働時間に比べて短いもの）。
3) 正社員の求人倍率は、常用的フルタイムの内数である正社員の求人数を常用的フルタイムの求職者で除したもの。常用的フルタイムの求人倍率のうち正社員部分の寄与度に当たり、常用的フルタイムの求人倍率より小さい値となる（正社員の求人は2004年11月から集計している）。
4) 常用的フルタイム以外とは、一般から常用的フルタイムを除いたもので、常用的パートタイム及び臨時・季節に当たる。
(出所) 厚生労働省「職業安定業務統計」

率」（正社員の有効求人数をパートタイムを除く常用の有効求職者数で除して算出したもの）に限定してその推移を眺めてみると、[図表Ⅲ-13]に示したように、2016年度でも0.86倍で依然として1を下回っており、改善のテンポは遅い。有効求人倍率の改善は、非正社員の求人増によって水増しされていると

第Ⅲ部　「企業社会」と新自由主義の改革

言ってもいいのではなかろうか。

　このような現実を踏まえると、非正社員の増大によって低下した完全失業率や、非正社員の求人増や離職率の上昇などによって高まった有効求人倍率の動向のみでもって、雇用環境の改善やら人手不足やらを喧伝するのは、何とも早計に過ぎよう[6]。このようにして生まれた雇用環境の改善や人手不足は、たとえ事実としていくら喧伝されたとしても、それは雇用と所得の停滞を起点とした悪循環の構造を打破するだけのインパクトを持ちえない。次節で詳しく触れるように、低賃金の非正社員の増大が消費を停滞させており、そのことが景気の回復を難しくしているからである。

第4節　非正社員の「働き方改革」の行方

（1）非正社員の現状をめぐって

　雇われて働く人である雇用者に関する問題は多岐にわたるが、今日もっとも注目されるのは、いわゆる「就業形態の多様化」、すなわち多様な働き方の広がりである。正社員以外に、パート・アルバイト、派遣労働者、契約社員、嘱託などで働く人がこの20年ほどの間に急速に増えてきたからである。「労働力調査」におけるそれぞれの働き方の定義を見ると、派遣で働く人を除けば、それ以外の就業形態の違いは今一つ判然としない。勤め先での呼称によって区分されているだけだからである。そうであれば、正社員とそれ以外の人すなわち非正社員に区分されていると理解した方が話はわかりやすい。では、正社員と非正社員は何を基準に区分されることになるのであろうか。これまでは、正社員は雇用契約の期間に「定めのない」雇用であり、それ以外の非正社員は「定めのある」雇用であるとされてきた。無期雇用と有期雇用の違いである。この違いが大事なことは今でも変わらない。

　しかしながら、もともと雇用というものは、労使間における長期の人的関係の下でフルタイムで働くこととして、歴史的には理解されてきたという経緯がある。そうであれば、これまでの伝統的な雇用からの乖離は、①臨時的

　　　　　　　　　　　　　　　　　第8章　「働き方改革」と「企業社会」

な雇用（無期雇用から有期雇用への変化）を軸にしながらも、これに②短時間の雇用（フルタイム雇用からパートタイム雇用への変化）や③雇用者と使用者が分離した雇用（直接雇用から間接雇用への変化）の登場も加わって、この三つの側面から生じていると見ることができるだろう。

　近年いわゆる人材派遣会社を介して活用されている派遣労働者や請負労働者などは①や③と、直接雇用されていてもパートやアルバイト、契約社員、嘱託などは①や②と深い関わりを持つことになる。しかも先の三つの側面から生じた乖離は、勿論独立しても存在するが、二重、三重に重なり合ってもいる。例えば短時間の日々雇用で働くような人々の場合、①、②、③のすべてが当てはまることになる。言い換えれば、こうした三つの側面からの乖離が進行し、そのことによって逆に正社員という概念が生まれて来るということなのかもしれない。

　このように見てくると、「就業形態の多様化」とは実は非正社員の多様化に過ぎないようにも思われるのであるが、にも拘わらず、非正社員という働き方に対する倫理的な批判を内在させた正規─非正規の枠組みでは、人材活用の実態を見誤るといった見解も依然として存在する。労働法の世界では、非正規雇用は非典型雇用として論じられているが、典型─非典型の枠組みであれば、わが国における人材活用の仕組みが生み出している問題点が誤りなく認識されるという訳でもなかろう。役員を除く雇用者の4割にも達した非正社員の野放図な拡大は、紛れもなく非正社員に対する身分差別によってコストの削減を図ったものであり、非正規雇用が非典型雇用になり得ていない日本的な現実こそが、改めて直視されなければならないはずである。

　非正社員の増大を擁護するもう一つの議論は、非正社員という働き方が、労働者の側の自発的な選択によっても増大しているというものである。「最大の非正社員」であるパートなどは、今でも自発的にパートという働き方を選択して働いている人が多数派である。こうしたパートを込みにすれば、非正社員の多数派は自発的に非正社員を選んでいると言えるのかもしれない。しかしながら、今問題として浮上してきているのは、不本意な非正社員あるいは非自発的な非正社員が増大してきていることである。多数派が自発的な

267

非正社員であることを指摘するだけでは、今何が問題となっているのかは全く見えて来ない。

　また、パート以外の非正社員のなかにも、働くのかそれとも働かないのかを選択できる立場にいて、自発的に非正社員として働くことを選択している人がいることも否定はできない。だが、生きるために仕事を求めている人であれば、例えそれがどのような仕事であったとしても、それしか無ければその仕事に飛び付く。そしていったん働き始めれば、その仕事を失うことに不安を感じることになるだろう。ネットカフェや簡易宿泊所に寝泊まりし、日雇いで生きる人の場合などはまさにそうである。しかしながら、かれらはこうした働き方を自発的に選択し維持したいと考えているのだと解釈するのであれば、それは本末転倒だと言わなければなるまい。

（2）非正社員の急増が示すもの

　2015年の「労働力調査」によれば、役員を除く雇用者総数5,284万人のうち、正社員が3,304万人を占め、残りの1,980万人が非正社員である。雇用者総数に占める非正社員の割合である非正社員比率は、［図表Ⅲ－14］に示したように推移して、今や37.5％と4割近くにも達している。では非正社員の呼称別の内訳はどうなっているのだろうか。人数の多い順に並べてみると、「パート」（961万人、48.5％）、「アルバイト」（405万人、20.5％）、「契約社員」（287万人、14.5％）、「派遣社員」（126万人、6.4％）、「嘱託」（117万人、5.9％）そしてその他（83万人、4.2％）となっている。パートタイム労働者（以下パートと呼ぶ）が非正社員の約半数を占めて依然としてもっとも多いのだが、これを別な角度から見直してみると、今日では半数弱を占めるに過ぎなくなっているとも言える。83万人にも及ぶその他の名称の人々の存在も気にはなるが、名称の選択は企業任せなので、探せば実にいろいろな名称の非正社員が（そしていろいろな正社員も）存在するに違いない。

　次に非正社員を男女別に見てみよう。そうすると、男性が634万人（32.0％）で女性が1,345万人（67.9％、そのうちパートの女性が852万人を占めている）なので、依然として非正社員の中軸は女性ということになる。この事実に変わ

第 8 章 「働き方改革」と「企業社会」

図表Ⅲ-14　非正規雇用労働者の推移と内訳

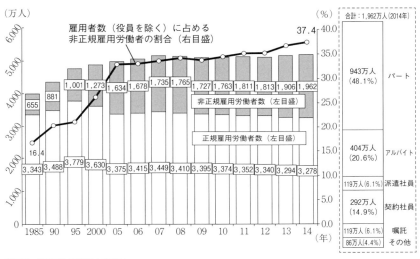

（出所）総務省「労働力調査」

りはないが、この間の変化の大きさということで言えば、注目されるのは、男性の非正社員が増えて来たことであり、パート以外の女性の非正社員が増えて来たことであろう。ついでに、男女を込みにした年代別の内訳も見ておこう。60歳以上の非正社員が近年増加傾向にあるようだが、非正社員がどの年代にも万遍なく分布していることがわかる。2,000万人にもなんなんとする非正社員が、老若男女を問わず存在しているのであるから、現代はまさに非正社員の時代と呼ぶに相応しかろう。

　この非正社員数と非正社員比率は、当時の日経連が「新時代の『日本的経営』」を提唱した1995年には874万人、19％であったから、その後たかだか20年ほどの間に人数にして約1,100万人、率にして18ポイントも増えたことになる。まさに激増と言えようが、当時ここまでの急増を予測し得た人は、きわめて数少なかったのではあるまいか。先の「新時代の『日本的経営』」では、雇用ポートフォリオという考え方が示され、そこでは、「長期蓄積能力活用型」や「高度専門能力活用型」と並んで、「雇用柔軟型」がこれからの

269

第Ⅲ部　「企業社会」と新自由主義の改革

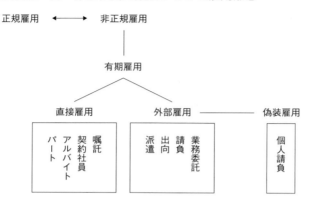

図表Ⅲ-15　非正社員の類型からみた雇用形態

（注）1）契約社員は工場においては期間工を含む。
　　　2）嘱託は定年退職後の再雇用者。
　　　3）出向元の企業に在籍している出向者は派遣に近く、外部雇用に区分した。
（出所）森岡孝二『雇用身分社会』、岩波書店、2015 年。

雇用のあるべき姿の一つとして位置付けられた。ポートフォリオとは、安全性と収益性を考えたもっとも有利な金融資産の組み合わせのことを言うが、そうした考え方が雇用にも適用されたのである。言い換えるならば、「長期蓄積能力活用型」すなわち正社員のあり方を雇用の原則とはしないことが宣言されたのである。

こうして、それぞれの雇用形態に応じて処遇を弾力化し、必要に応じて雇用調整を容易にするなどして、「最適」な人材活用という観点から経営の効率化（＝高コスト体質の是正）が目指された訳である。非正社員の急増は、内部労働市場を狭め外部労働市場を広げた新たなビジネスモデルの下で、使い勝手のいい労働力としてふんだんに活用されてきた結果であると言ってもいいであろう。

そこから浮かび上がってくるのは、以下のような興味深い現実である。まず第一に注目すべきことは、男性の非正社員比率や若年層の非正社員比率が高まってきたことである。年齢別の非正社員比率を見ると、男性の15〜24歳

第 8 章 「働き方改革」と「企業社会」

図表Ⅲ-16 増大した正社員を希望する非正社員

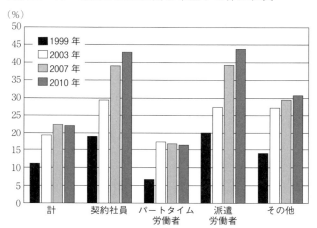

（注） 1）「非正規雇用の労働者のうち正社員になりたい者の割合」は、非正規雇用の労働者のうち「現在の会社又は別の会社で他の就業形態で働きたい」と答えた者の割合×うち「正社員になりたい」と答えた者の割合、により算出したもの。
　　2）1999年のパートタイム労働者は、「短時間のパート」と「その他のパート」（短時間でないパート）の選択肢があり、そのうち「短時間のパート」について集計したもの。
　　3）計には嘱託社員、出向社員が含まれる。
（出所）厚生労働省「就業形態の多様化に関する総合実態調査」

層では先の37％を大きく上回って44％にも達している。こうした現実からもわかるように、中卒や高卒の若者たちの多くは、初めから非正社員として労働市場に参入していくのである。非正社員の急増が深刻な社会問題として受け止められるようになった背景には、まずはこうした現実がある。

　第二に注目すべきことは、［図表Ⅲ-15］からも窺われるように、間接雇用の非正社員や偽装雇用ともいうべき個人請負は勿論のこと、直接雇用の非正社員の内部にも、フルタイム型すなわち家計補助型ではなく「家計自立型」の非正社員が増大してきたことである。「労働力調査」によれば、非正社員の7割弱をパート・アルバイトが占めており、依然として多数派であることに変わりはない。しかし非正社員に占めるパート・アルバイト比率は、1995年には8割を超えていたので、この間パート・アルバイト以外の非正社員が急増したことがわかる。パートは主婦、アルバイトは学業途上の若者の

271

仕事としてイメージされてきたので、それ以外の非正社員の多くは、「家計自立型」の非正社員となる。それどころか、近年ではパート・アルバイトにさえ「家計自立型」と言っていいような非正社員が生まれて来てもいるのである。

そして第三に注目されることは、上記の指摘と深い関わりを持った論点であるが、不本意な選択あるいは非自発的な選択の結果として、非正社員となった人が増えたことである。つまり、正社員として働きたかったにも拘わらず、長期のデフレ不況下でビジネスモデルが大きく変わり、正社員に対する需要が減退したために、やむを得ず非正社員として働かざるを得なくなった人が増えたのである。そのことを示しているのが［図表Ⅲ-16］である。2014年の「労働力調査」によれば、非正社員のうち、非正社員で働いている理由として「正規の職員・従業員の仕事がないから」と答えた不本意型の人は331万人に達し、非正社員の2割を占めている。これだけの人が止むを得ず非正社員で働いており、今だに非正社員の「罠」から抜け出すことができないでいることを忘れてはなるまい。

（3）「同一労働同一賃金」の提唱

これまでも、繰り返し雇用と所得の停滞を起点とした悪循環の構造が問題なのだと強調してきた。デフレからの脱却のベースとなるのは、個人消費を引き上げるような賃金上昇である。安倍政権はそのため財界に賃上げを求め、「好循環」を生み出そうとしてきた。俗に「官製春闘」と呼ばれる程の力の入れようだった訳である。しかしながら、2017年にはそれも不発に終わった。「過去最高」の収益をあげたはずの大企業に限定しても、見るべきような賃上げは実現しなかったからである。

今世紀に入ってからの賃上げを振り返ってみると、ベアゼロが何年も続くほどの低調振りだったので、「今世紀最高」の賃上げを実現したと自画自賛してみても、その効果はもともとそれ程のものではなかったのである（しかもここには、本来賃上げとは呼べないはずの定期昇給による賃上げ額が含まれ、それが8割強にも達していたのである。これでは国内消費が喚起されるはずもな

い)。「好循環」を生み出すだけの力を持たなかったのは、春闘が既に相場形成力を失っており、その結果波及効果も弱まっていたからである。それに加えて、企業別組合の多くは今でも正社員のみを組合メンバーにしているために、非正社員をも対象とした社会的な広がりのある賃上げとはなり得ようがなかったこともあげられる。春闘は既に大きな限界を抱えていたと言えるだろう。

　「働き方改革」において非正社員の処遇の改善が取り上げられるに至ったのは、雇用者の4割近くにも膨らんだ非正社員の処遇が、このままでは一向に進まないという厳しい現実に直面したからなのかもしれない。安倍政権はもともと非正社員の「働き方改革」には冷淡だったが、そのために格差が広がりまたそのことが批判の対象とされてきたこともあって、「同一労働同一賃金」の提唱につながったようにも思われる。更に言えば、正社員の「働き方改革」をスムーズに進めて、「人が動く」状況を広く実現するためにも、たとえ表層ではあったとしても、非正社員の処遇の改善を謳わざるを得なくなったとも考えられる。

　いったん非正社員となった人は、そこからなかなか抜け出すことができないので、「罠」としての非正社員だと言われたりもする。『週刊東洋経済』は「絶望の非正規」(2015年10月17日号) というタイトルを掲げて特集を組んだし、相場英雄の『ガラパゴス』(小学館、2016年) には、派遣労働者を素材にしながら、人間が部品化された社会の闇が全編を通して執拗に描かれている。非正社員の呻きと苦悩を知ることが、非正社員の「働き方改革」を前進させるための第一歩と言うべきであろう。

　非正社員は、知識や経験や技能が評価されない仕事に就くことが多く、そのために勤続年数がほとんど評価の対象とされていない。その結果、[図表Ⅲ-17] に見るようなワーキングプアと呼ばれる年収200万円未満の人の多くを、非正社員が占めることになるのである。ここに登場してきたのが、「同一労働同一賃金」と最低賃金の引き上げの提唱である。その重要度と影響度、そして実現可能性という観点から言えば、あるいはまたこの間の国内外での議論の流れから言えば、まずは最低賃金の引き上げが本格的に論じら

第Ⅲ部　「企業社会」と新自由主義の改革

図表Ⅲ-17　年齢別にみた正社員と非正社員の賃金（月額、2014年）

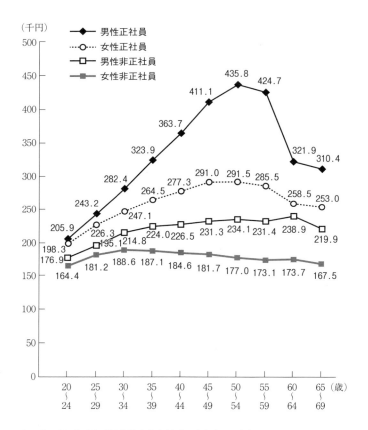

（出所）厚生労働省「賃金構造基本統計調査」（2014年）

れて然るべきであるが、「企業社会」に馴染んだメディアが注目するのは、「同一労働同一賃金」の方である（富裕層への増税や法人税の引き上げがまともに論じられない構図と、よく似ている）。これも日本的な現実なのであろう。そこでまず、「同一労働同一賃金」の方から取り上げてみよう。

　この提唱は、そもそも大量の非正社員を前提としたものなので、ある種の弥縫策として登場したかのように見えなくもない。そうした原則的な批判が

第 8 章 「働き方改革」と「企業社会」

あってもおかしくはないが、ここではそうした批判は脇に置く。この「同一労働同一賃金」ですぐに思い出すのは、労働基準法第4条である。そこには、「使用者は労働者が女性であることを理由として、賃金について、男性と差別的取扱いをしてはならない」と定められている。しかしながら、今もって男女間の賃金格差は解消されてはいない。直接差別というあからさまな差別は無くなっても、間接差別（形式的には性に中立的な慣行や基準であっても、実質的に性差別につながる行為や慣行を指す）が広がっており、更には、性別職務分離による「女性職」の低賃金が根強く存在しているからである。

こうした事態を解決するために登場してきたのが、「同一労働同一賃金」の考え方を発展させた「同一価値労働同一賃金」という考え方である。この考え方は登場してからかなりの年月が経ち、ILO でも条約化されているので、今では世界標準と言ってもいい。そして、「同一価値労働同一賃金」を実現するための手法として多くの国々で採用されてきたのが、それぞれの仕事を、①必要とされる知識・技術、②精神的・肉体的負荷、③責任、④作業条件といった要素ごとに点数化して評価する職務評価という技法である。これによって、男女間の賃金格差を解消していくことが期待されている訳である。非正社員の多数派は今でも女性なので、こうした動きもまた非正社員の「働き方改革」に資することになるはずである。

ところが、日本では賃金制度の設計に職務評価という技法を導入することは、職務給の導入無しには無理であり、勤続年数や職務遂行能力といった要素が大きな比重を占めている日本の賃金制度にはなじまないので、職務評価の活用も「同一価値労働同一賃金」の実現も困難であるかのような受け止め方が、広く存在している。手元にある何冊かの労働法の著作を広げてみても、そうした考えにかなり近いのではないかと思われるような記述が見受けられる[7]。しかしどうもこうした受け止め方は誤解にもとづくようで、兵頭淳史が『労働の論点』（旬報社、2016年）で指摘しているように、世界の標準的な理解では、賃金決定において勤続年数や職務遂行能力を考慮することを排除するものではない。大事なことは、もともと「同一価値労働同一賃金」の考え方は、職務給を導入するためのものではなく、あくまでも男女間の賃

275

金格差を解消するための手段であるということであろう。

　そうであるとするならば、「同一価値労働同一賃金」の考え方は何も男女間の賃金格差の解消だけに限定される必要はないわけで、非正社員の「働き方改革」にも積極的に活用すべきものだということになる。EUの「パートタイム労働指令」では、「パートタイム労働者は、雇用条件について、客観的な理由によって正当化されない限り、パートタイム労働であることを理由に、比較可能なフルタイム労働者より不利益に取り扱われてはならない」とされているし、ほぼ同じ文言が「有期労働契約指令」にもある。であるとするならば、日本においては、非正社員の劣悪な処遇を改善するためには、同じ職場の正社員の賃金の決め方、上がり方に可能な限り近付けていくことが大事なわけで、そこに資する限りで先の職務評価の技法は活用できるはずである。

　そのように考えてくると、非正社員の勤続年数もやはり評価の対象とされるべきであろうし、諸手当や一時金、退職金の取り扱いについても再検討されるべきである。現行のような大幅な不利益取り扱いが、どこまで「客観的な理由によって正当化」されうるものかどうかが問われるべきなのである。もしもそれを非正社員は正社員とは違うということで最初から問わないのだとしたら、非正社員は身分として捉えられていることになり、あからさまな差別が許されていることになる。職務給を導入しなければ「同一価値労働同一賃金」の適用は難しいと考える必要も無いし、勤続年数や職務遂行能力を考慮することが「同一価値労働同一賃金」の考え方と矛盾すると考える必要も無い。更に言えば、「同一価値労働同一賃金」の取り組みが強まるならば、非正社員の急増にも歯止めがかかる可能性がある。

（４）最低賃金と逆転現象「解消」の内実

　非正社員の処遇の改善に関して言えば、より重要なテーマがある。それは最低賃金の引き上げである。というのは、多くの非正社員の時給が、ほぼ最低賃金に張り付いているという現実があるからである。安倍首相は、2015年暮れの経済財政諮問会議の場で、「全国平均798円の最低賃金を毎年３％程度

引き上げて、全国平均1,000円を目指す」と表明したが、企業の内部留保がこれだけ膨らんでいるのに「好循環」を実現するための賃上げが思うように進まない現実を、ようやく認めざるを得なくなってきたということなのかもしれない。3％程度の引き上げでは、加重平均でさえも1,000円に達するまでにはかなりの時間がかかりそうであり、その金額でもワーキングプアすれすれでしかないから、問題は多々ある訳だが、それでも、最低賃金の引き上げに言及したこと自体は評価されるべきであろう。

　ところで、2008年に施行された改正最低賃金法では、9条2項で地域別最低賃金は「地域における労働者の生計費及び賃金並びに通常の事業の賃金支払能力を考慮して定められなければならない」とされ、更に同条3項では、2項で言うところの労働者の生計費を考慮するに当たっては、「労働者が健康で文化的な最低限度の生活を営むことができるよう、生活保護の施策との整合性に配慮するものとする」と定められた。こうした規定があえて設けられることになったのは、わが国の最低賃金額が他の先進諸国と比べて著しく低く、場合によっては生活保護の支給水準よりも低くなるという批判が広く存在したからである。それ故、9条3項の規定は、最低賃金が生活保護費を下回るような事態、すなわち俗にいう「逆転現象」を是正する必要があることを法によって認めたものと言うこともできよう。

　最低賃金の引き上げがどれ程の人々の賃金の引き上げに資するのかは、その影響率を見るとわかる。影響率とは、最低賃金額の引き上げ後にその金額を下回ることになる労働者の割合のことであるが、［図表Ⅲ－18］によってこの影響率を見ると、2014年度の全国平均で3.6％となっている。これを産業別に比較すると、宿泊業、飲食サービス業では9.4％、生活関連サービス業、娯楽業では6.4％、卸・小売業では6.0％となっており、こうした非正社員への依存度の高い産業では、全国平均を大きく超えている。また県別でみると、神奈川などでは影響率は7％を上回っているので、それだけ社会的に大きな意味を持っていることがわかる。最低賃金の引き上げが、「社会的賃上げ」と呼ばれるようになった所以である。

　ところで、生活保護法は第1条において、「この法律は、日本国憲法第25

第Ⅲ部　「企業社会」と新自由主義の改革

図表Ⅲ-18　産業別にみた最低賃金引き上げの影響

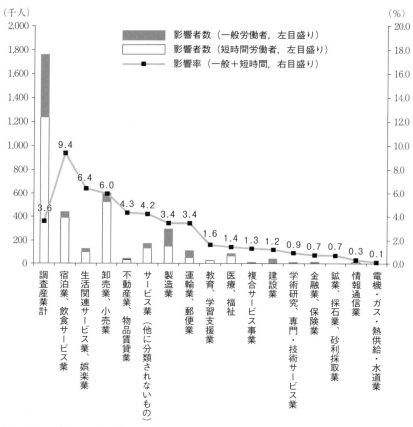

（注）1）影響率とは、改正後の最低賃金額を下回ることになる労働者の割合で、事業所規模5人以上の民営事業所（5～9人の事業所については企業規模が5～9人の事業所に限定）を対象としたもの。
　　　2）影響者数とは、「経済センサス（活動調査）」における常用雇用者数と臨時雇用者数の和に、「賃金構造基本統計調査」を特別集計して算出した影響率を乗じることにより推計したもの。
　　　3）短時間労働者とは、同一事業所の一般の労働者より一日の所定労働時間が短いか、または一日の所定労働時間が同じでも一週の所定労働日数が少ない労働者のこと。
（出所）厚生労働省「賃金構造基本統計調査特別集計」（2014年）

条に規定する理念に基き、国が生活に困窮するすべての国民に対し、その困窮の程度に応じ、必要な保護を行い、その最低限度の生活を保障するとともに、その自立を助長することを目的とする」と定めているので、働く人々を対象とした最低賃金が、「最低限度の生活を保障する」生活保護費を下回るような事態があるとすれば、それは由々しき事態だと言わなければならない。就労に対するインセンティブやモラルハザードの回避という観点からも、「逆転現象」の解消が求められることは言うまでもない。最低賃金の改定に当たって、「逆転現象」が解消されたのかどうかが大きな社会的関心を集めてきたのも、そのためである。

　そうしたなか、2015年の中央最低賃金審議会の小委員会報告において、全国のすべての都道府県において「生活保護水準と最低賃金との比較では、乖離が生じていないことが確認された」と述べられ、「逆転現象」は解消されたと宣言された。一見この問題は既に決着済みででもあるかのように広く報道もされた訳であるが、実はここには大きな問題点が隠されていた。生活保護費と最低賃金の高低を比較するためには、まずは月額の生活保護費がどれだけの金額になるのかを算定し、そのうえで、それを月間の労働時間で割って時給に換算する必要がある。国の計算方式では、生活保護費が低く見積もられ、そして月間労働時間は長く見積もられることによって、生活保護水準から算定された時給はかなり低められていた。その結果、「逆転現象」は解消されたことになったのである。

　神奈川労連が作成したパンフレット『最低賃金裁判！』や『まともな生活ができていますか』、更には冊子の『最賃裁判には夢がある』などにもとづいて、そのあたりのところをもう少し詳しく見てみよう。2011年に始まった神奈川の最賃裁判では、原告側は現行の計算方式の問題点を五点にわたって指摘したが、地裁では原告らの訴えは却下すなわち門前払いされたために、原告側が指摘した計算方式の問題点に国側は反論することはなかった。そのために、国の計算方式の問題点が社会的に明らかにされなかったのである。もしかしたら、そんな細々したことはどうでもいいと思われる読者もいるかもしれないが、それは違う。「神々は細部に宿る」という箴言があるが、細

279

部にこそ問題の本質は現れるからである。

　まず第一点は、生活保護費の基準額が違っていたことである。神奈川の場合、生活保護費を算定するに当たって県内を六つの「級地」に分けて衣食などの生活費に差をつけていた。同じ県内でそこまで分ける必要があるのかという気もするが、都市部とそうでない地域とを区別していた。最低賃金は県内で一律に適用されるので、どの「級地」の基準額を採用するかがまずは問題となる。国は人口加重平均で基準額を算定していたが、これに対して原告側は、これでは都市部に住んでいる人は保護費以下となってしまうので、県内のすべての生活保護受給者が含まれることになる一級地の基準額を採用すべきだと主張した。最低賃金は、住んでいる場所とは無関係に県内のすべての労働者が対象となるのであるから、どこに住んでいても生活保護を下回らないようにしなければならないとの主張である。

　第二点は、住宅扶助費の算定の違いである。国は生活保護の受給者に実際に支給した実績値の平均を採用していたのであるが、原告側はこれでは実績値以下の人が生まれることになるとして、そうならないようにするためには、受給可能な最高限度額を採用すべきだと主張した。

　第三点は、勤労必要経費の取り扱いを巡る問題である。国はこの経費を保護費に算入しなかったのであるが、原告側は、生活保護を受けながら働く人には、勤労必要経費が認められているのであるから、最低賃金で働く人にも認められて然るべきだと主張した。働いて収入を得ている者が生活保護を申請した場合には、通勤費や社会保険料の実費分が収入額から控除されるだけではなく、就労意欲を増進して自立を促すためにも、収入額から一定の金額が勤労控除として控除され、そのうえで生活保護費が算定されることになる。外で働くことになれば、それに伴う諸経費がどうしても必要となってくるからである。この住宅扶助費と勤労必要経費の取り扱いの違いが、金額面での大きな違いを生んでいた。

　第四点は、税と社会保障費をめぐる問題である。周知のように、生活保護の受給者は税と社会保障費の負担を免除されている。最低賃金は税金や社会保険料などの公課負担が差し引かれる前の金額なので、生活保護費と比較す

第8章 「働き方改革」と「企業社会」

図表Ⅲ-19　最賃裁判における生活保護費の算定の違い

費　目	国の主張する金額 (A)	原告の主張する金額 (B)	差　額 (A)−(B)
①第1類費	41,269	42,080	▲811
②第2類費	42,593	43,430	▲837
③冬季加算	1,263	1,288	▲25
④期末一時扶助費	1,159	1,182	▲23
⑤住宅扶助	38,887	69,800	▲30,913
⑥公租公課補正	20,886	26,327	▲5,441
⑦勤労必要経費	0	31,240	▲31,240
計	146,057	215,347	▲69,291

（出所）神奈川労連『最低賃金裁判』(2013年)

る場合には、公課負担を除いた金額で比較しなければならない。その際に国は、全国でもっとも最低賃金が低く公課負担も少ない沖縄県の負担割合をもとにして補正したが、原告側は神奈川県の負担割合をもとに補正すべきだと主張した。

　そして最後の五点目だが、国は国の計算方式で算定した生活保護費を時給に換算するに当たって、月当たりの労働時間を法定労働時間である週40時間を年間通して働いたとみなし、その12分の1である173.8時間で除して、時給額を算定していた。しかしながら、所定労働時間の上限となるこの理論値では、当然ながら年末・年始の休みは勿論夏休みもゴールデンウィークなどの祝日もないことになる。これに対して原告側は、フルタイム労働者が実際に働いた月間の労働時間である155時間で除すべきだと主張した。

　このように見てくると、[図表Ⅲ-19]にまとめて示したように、国の計算方式はデータの取り扱い方がかなり恣意的であると言わざるを得ない。基準額では加重平均値、住宅扶助費では支払額の平均値、公課負担では実態の最低値、勤労必要経費は未算入、労働時間は法定の最大値で算定しており、生活保護費を可能な限り低く見積もり、労働時間を可能な限り長く見積もって、時給額を可能な限り低く算定していることがわかる。こうして算定された時給840円をもとに、「逆転現象」は既に解消していると主張した訳であるが、原告側の主張した生活保護費にもとづく時給換算方式では1,436円とな

281

り、「逆転現象」の解消には程遠いということになる[8]。

　国側と原告側の時給の違いを生み出しているのは、先にも指摘したように、勤労必要経費の算入の有無と住宅扶助額の算定方式の違いと労働時間であるが、中央および地方の最低賃金審議会の委員、とりわけ学識経験者の委員や労働側の委員（そのほとんどは、地方の連合系の組合幹部・役員でもある大企業、フルタイム、男性、正社員が占めている）は、自らの依って立つ計算方式が学者としての良心に恥じることなく正しいと、自信をもって言えるものなのかどうか、労働組合サイドから見ても、真っ当な計算方式だと非正社員にも説明できるものなのかどうかが問われよう。

　勿論、この1,436円という最低賃金額が、今の日本で直ちに実現するとは思えない。中小企業に対する支援も必要になるであろうから、当面は目標値にならざるを得ないだろう。問題は、現行の最低賃金額でフルタイムの労働者の月間の所定労働時間を働いただけでは、生活保護費にはるかに及ばない水準だということ、すなわち、最低限度の生活を営むことが困難であることを自覚することであり、「逆転現象」を解消するためには、依然として最低賃金の大幅な引き上げが必要であることを認識することであろう。しかしながら、恣意的な数字の操作で現実を糊塗し続けている限り、こうした自覚や認識は絶対に生まれようがない。

　年収が200万円未満の人をワーキングプアと呼んでいるが、最低賃金で働く人はまさにワーキングプアそのものである。われわれにとって大事なことは、最低賃金での生活がどのような生活とならざるをえないのかを、できるだけリアルに想像してみることであろう。新自由主義の下では、「自己責任」が肥大化した結果として他者に対する想像力が希薄化しているが、そのこともまた、社会を見えにくくしているようにも思われる。

　安倍政権も、野党の時代には最低賃金の1,000円への引き上げを「アンチ・ビジネス」だなどと公然と批判していたことからもわかるように、もしかしたら、最低賃金の引き上げは企業の成長を妨げ、失業を生むに違いないといった「常識」に、世の中の人は深く囚われているのかもしれない。2016年の地域別最低賃金は全国加重平均で823円となっており、これが日本の最低賃

第 8 章　「働き方改革」と「企業社会」

図表Ⅲ-20　最低賃金の国際比較（2009 年）

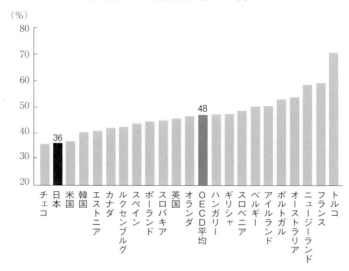

（注）最低賃金の相対水準を比較したもの。各国の最低賃金が、その国の賃金の中央値と較べてどの程度の水準にあるかを示している。
（出所）OECD, *Economic Policy Reforms*, 2011

金額のように表示されているが、最低賃金は文字通り「最低」の賃金なのであるから、沖縄と宮崎の714円が日本の最低賃金と言うべきである（都道府県別に調べてみると、710円台の最低賃金のところが16県もある）。この金額で年に2,000時間働けると仮定して換算してみると、142万 8 千円となる。派遣労働者の場合などは、仕事にあぶれることが珍しくないので、あぶれれば更に低くなっていく。あまりにもミゼラブルな生活と言うしか無かろう。

　[図表Ⅲ-20]に示したOECDによる最低賃金の国際比較のデータによれば、賃金の中央値に対する最低賃金の比率は、日本はなんとチェコとともに36％で最下位である。最低賃金額が先進国のなかで最低という、笑うに笑えない事態が生じているのである。こうした現状にも関わらず、最低賃金の引き上げは雇用の削減や失業、倒産の可能性を強めると宣う経済学もある訳だが、せめてOECD平均の48％程度に引き上げられてから、その可能性を論

283

じてもらっても遅くはなかろう。

　こうした状況を放置しておいては、繰り返し指摘している雇用と所得の停滞を起点とした悪循環の構造から逃れることは難しい。賃金の引き上げを、春闘での大企業の正社員の定期昇給込みの賃上げだけに限定していてはならないのである。それだけでは相当に大きな限界があって、もはや内需を喚起するだけの力を持ち得ていない。ワーキングプアの賃上げに直接結び付く最低賃金の引き上げ、すなわち「社会的賃上げ」は、貯蓄ではなく消費を確実に増やすのであり、だとするならば、それは広義の意味での「成長戦略」になると言うべきであろう。こうした視点で、最低賃金の引き上げに取り組むことが求められているのである。

　以上の指摘から浮かび上がってくるのは、経済のあり方を考える際に、働くという視点が意外にも重要になってきているという事実である。為替相場や株価の動向、企業の業績などからしか経済というものを捉えられないとしたら、それはあまりにも一面的だと言わなければなるまい。働くという人間の営みに広く深い関心が持続的に寄せられるようにならなければ、働く人々の将来に対する不安は解消されず、日本経済の再生は引き続き困難をきわめることになるであろう。人間らしい働き方を軽視する社会に未来はない。今われわれに求められていることは、「企業社会」の綻びを補完するに過ぎないような「働き方改革」を、未来を取り戻すための「働き方改革」へと転換させていくことではなかろうか。

[注]
(1)　今更言うまでも無いが、その国の経済規模の大きさを示しているGDPは、さまざまある景気指標のなかでもっとも重要なデータである。日本のGDPと言えば、日本国内で1年間に産み出された付加価値の総額、つまり日本国内での消費と投資と政府支出と純輸出の合計ということになる。名目GDPであれば実額であり、実質GDPであれば物価変動の影響を除いた金額となる。実質GDPの変化率が経済成長率を表すことになるので、景気動向や経済政策の成否を論じようとする場合には、実質GDPの動向がきわ

めて重要な判断材料とされることになる。
(2) 消費支出の内訳は、食糧費を始め住居費、光熱費、被服費、教育費、教養娯楽費、交通通信費、保健医療費などの、生活を維持するために必要な支出からなる。
(3) 「国際金融経済分析会合」に関しては、ほとんどのメディアが消費税の増税を巡る議論に関してしか報道しなかったが、『東京新聞』だけはより詳しく会合の中身を紹介していた。それによると、富裕層への増税や法人税の引き上げ（引き下げではない！）も提言されたようであるし、格差の拡大にも憂慮が示されたとのことである。数年前にアメリカで起きたオキュパイ運動は、2016年の大統領選挙に向けた予備選挙において、民主党のバーニー・サンダースへの予想をはるかに超えた支持となって現れたが、かれの主張にも通ずるような大事な論点が、そこでは指摘されていた訳である。当初かれは泡沫候補扱いだったようであるが、富裕層への増税や最低賃金の引き上げといったかれの「社会」主義的な主張が、人々とりわけ若者を引き付けたのである。
(4) 念のために一言触れておけば、一般労働者の雇用保護指標は、個別解雇規制と集団解雇制限に分けられており、個別解雇規制の内容は、①解雇の手続、②予告期間・解雇手当金、③解雇の困難性からなる。きわめて重要な位置を占める③は、不当解雇の定義、訴訟に要する期間、不当解雇の賠償額、不当解雇の際の原職復帰の可能性、出訴できる期間といった要素を考慮して指数化されている。
(5) その後の顛末に関して、ここで簡単に触れておきたい。2017年3月に「働き方改革実行計画」が策定されたが、その内容を見ると、残業時間の上限は原則として月45時間を維持しつつ、業務の繁忙を理由とした特例を認め、その場合は年間720時間（休日労働を含めると960時間）の枠内で、2～6カ月の平均で80時間、1カ月では100時間未満、ただし、月45時間を超える残業は年間6カ月までとされた。

　きわめて複雑であり、労働者には簡単には理解が困難である。日本の残業時間の上限は何時間かと問われたならば、月間100時間、年間960時間だと言うしかない。こうした過労死ラインの「法認」とも言うべき上限規制を、連合会長は「70年の労働基準法の歴史のなかでも最大の節目になり得るもの」であると持ち上げている。それどころか、『日本経済新聞』などは、こうしたものさえ「がんじがらめの時間規制」ででもあるかのように評しているのである。「企業社会」に生息する労働組合とメディアの、あまりにも珍妙な姿が露わになっているとでも言うべきであろうか。

　連合は「高度プロフェッショナル制度」に関しても、政府と財界に摺り寄るかのような姿勢を見せたが、内外からの強い批判もあって撤回した。その際、連合本部が労働者の抗議のデモに見舞われたことは、「企業社会」日本の今日の姿を示すきわめて印象深い一齣ではあったろう。ある労働者は、「労働者に囲まれ、デモまでされる労働組合とは一体何なのか。恥だと思ってほしい」と述べているが、あまりにも真っ当で鋭い指摘である。ここでも『日本経済新聞』は、方針を転換した連合を「誰のための連合か」などと批判したのであるが、ここまでくると、もはや骨絡みの財界御用達のメディアだと

第Ⅲ部　「企業社会」と新自由主義の改革

言うしかない。

(6) このところ、雇用指標の改善とりわけ有効求人倍率の改善が注目され、アベノミクスの成果として評価されたりもしている。正社員、非正社員共に改善しつつあることは間違いないが、その背後には検討してみなければならない問題が潜んでいる。最近の有効求人倍率の改善は、日本経済が人口減少期に入ったことによって求職者数が減ったり、団塊の世代の労働市場からの引退が最終局面を迎えて求人数が増加したり、ハローワークを経由しない非正社員の就職が広がったりしているためだとの指摘もある。そうした指摘も興味深いが、より注目すべきは、建設といった特定の業種や、介護、小売、飲食店といった離職率がかなり高かったり、非正社員比率の高い業種で求人が増えていることであろう。文字通りの人手不足であるならば、経済学の常識からして賃金が上昇して然るべきはずであるが、現状ではそうはなっていない。

(7) 例えば、西谷敏の『労働法』(日本評論社、2008年) では、「日本では、労働の種類や価値よりもむしろ労働者の勤続年数・年齢や生活状態を基準とする賃金制度の伝統があり、それは最近の能力・成果主義の普及にも関わらず、なお重要な役割を果たしている」。こうした状況では、労働基準法第4条を「同一 (価値) 労働・同一賃金原則を厳格な直接的基準と解釈することには無理がある」と述べられている。また、水町勇一郎の『労働法』(有斐閣、2010年) でも、「年功給や生活給の性格が強く職務を基準とする賃金制度が定着していない日本では、同一 (価値) 労働同一賃金原則が成立しているということは困難であり、賃金格差は労使自治や国の労働市場政策に委ねるべきである」とする説が存在することが紹介されている。

　ついでに菅野和夫の『新・雇用社会の法』(有斐閣、2002年) を紐解いてみると、「わが国では、正社員の賃金制度の修正が進んでいるとはいえ、生活給・年功給が未だ根強く存在し、他方では企業は熾烈な大競争を生き抜こうとしている。このような状況の下では、パートタイム労働者の正社員との均等待遇は、正社員の生活給・年功給の大幅引き下げ無しには達成し得ないのが現実である。正社員とパートタイム労働者間の均等待遇原則は、内部労働市場・外部労働市場の全体が、世帯単位の生活給ではなく、個人単位の職務、能力、業績による賃金に再編成されるときに初めて、法原則として樹立できる」とまで述べられている。

(8) しかもきわめて興味深いことは、この1,436円という金額が、アメリカから広がり始めた「時給15ドル」の運動ときわめて近い金額となっていることである。この「時給15ドル」の運動についても一言だけ触れておこう。2015年にニューヨーク州で、ファストフード従業員らの最低賃金が1.7倍の15ドルに引き上げられ、大きな注目を集めたが、ここに至るまでにはかれらの粘り強い運動があった。ファストフード従業員らが初めてストライキを敢行したのは2012年のことであったが、当初は、最低賃金を時給15ドルに引き上げることを要求することなど「クレイジー」だと批判され、失笑を買っていたとのことである。しかし「ファイト・フォー・15 (時給15ドルを勝ち取るために戦う)」運動

は急速に全米に広がり、いつの間にか大きなムーブメントに成長して、先のような大きな成果を生んだと言うのである。

[参考文献]
相場英雄『ガラパゴス』、小学館、2016年。
井上久他『「働き方改革」という名の"劇薬"』、学習の友社、2016年。
川人博『過労自殺（第二版）』、岩波書店、2014年。
工藤昌宏「浮上できない日本経済」（『経済』2016年6月号）
伍賀一道他編『劣化する雇用―ビジネス化する労働市場政策―』、旬報社、2016年。
昆弘見『あなたを狙う「残業代ゼロ」制度』、新日本出版社、2016年。
須田慎一郎『偽装中流』、KKベストセラーズ、2016年。
高橋祐吉、鷲谷徹、赤堀正成、兵頭淳史編『労働の論点』、旬報社、2016年。
高橋祐吉『現代日本における労働政策の構図―もう一つの働き方を展望するために―』、旬報社、2013年。
竹信三恵子『ルポ 雇用劣化不況』、岩波書店、2009年。
友寄英隆『「アベノミクス」の陥穽』、かもがわ出版、2013年。
西谷敏『労働法』、日本評論社、2008年
増田明利『ホープレス労働』、労働開発研究会、2016年。
松尾匡『この経済政策が民主主義を救う』、大月書店、2016年。
水町勇一郎『労働法』、有斐閣、2010年
森岡孝二『雇用身分社会』、岩波書店、2015年。
森永卓郎『雇用破壊―三本の毒矢は放たれた―』、角川書店、2016年。
ジークムント・バウマン（森田典正訳）『リキッド・モダニティ』、大月書店、2001年。
リチャード・セネット（森田典正訳）『不安の経済／漂流する個人』、大月書店、2008年。
ロベール・カステル（北垣徹訳）『社会喪失の時代―プレカリテの社会学―』、明石書店、2015年。

［補論3］ 非正社員問題と「企業社会」

第1節 非正社員問題はなぜ生まれたのか

　ここでは、第8章での議論を補足するために、改めて非正社員問題に焦点を当てて、その行方を論じてみたい。今日の日本が格差・貧困社会と呼ばれるようになってから、だいぶ時間が経過した。今では、所得格差、学歴格差、健康格差、情報格差、希望格差、恋愛格差などと、あらゆるものに格差という言葉が貼り付けられて、格差社会が縦横無尽に論じられているようなのだが、こうした格差の諸相を深層で規定しているのが、正社員と非正社員との間に横たわる格差なのではなかろうか。格差の諸相は、雇用形態間の格差に集約されているようにも見えるし、また雇用形態間の格差こそが、先のようなさまざまな格差を生み出しているようにも思われるからである。

　もっとも、この間の所得格差の推移をジニ係数から眺めてみると、格差が大きく拡大したとは言えないという指摘もある。にも拘わらず、では何故われわれは格差というものをこれほどまでに強く意識するようになり、そこにリアリティーを感じているのであろうか。著者には、そのリアリティーを生じせしめているものこそが、非正社員という存在のようにも思われるのである。そうした理由から、ここでは改めて非正社員に焦点を当てて、「身分化された雇用」の実像に迫ってみたい。非正社員を「身分化された雇用」として論じてみたいと思ったのは、言うまでもなく森岡孝二の『雇用身分社会』（岩波書店、2015年）に触発されたからである。

　ここでは、「非正社員とは何者か」を論じてみたいのであるが、こう書くと、伊井直行の著作（『会社員とは何者か？－会社員小説をめぐって－』講談社、2012年）が思い出される。この著作は、作家が興味を抱いた働くことをめぐるさまざまな文献に加えて、主に会社員小説を素材としながら、「会社員」の実像に迫ったものであり、それだけでも面白い作品に仕上がってい

る。しかし不思議なことに、最後まで読み通してみても、「会社員」が「何者」であるのかが今一つ判然とはしない。主題を巡るさまざまな変奏曲が、いつまでも続いていくだけだからなのかもしれない。

　作家は論文を書いているわけではないから、それはそれでかまわないのであるが、それはともかくとして、伊井は「サラリーマン」と「会社員」の違いを論じて、俸給生活者としての「『サラリーマン』という言葉には、正社員として会社に守られている存在という含意がある」と述べている。確かにそうした指摘は当たっている。では「会社員」であればどうであろうか。「サラリーマン」より弱いとはいうものの、やはり似たような含意はあるのではなかろうか。非正社員の多くは、自らを「会社員」であると自称することに、何処か躊躇いを覚えるのではないかと思われるからである。「企業社会」に生息し「サラリーマン」や「会社員」と自称できる人々と、そうはできにくい人々との間にある違いとは何だろうか。この補論では、それを「身分化された雇用」という視点から検討してみたいのである。

　ところで、伊井は今日論じられている格差に関しても、次のように指摘している。「勤労者の間における待遇や給料など様々な『差』は、現在よりかつての方が大きかった。しかし、それが『格差』の問題として取り上げられることはなかった。第二次世界大戦後当分のあいだ、国全体が貧しく、その後、高度成長期には『現在より未来の方が豊かになる』という希望が国民に（漠然とではあるが）共有された結果、現に『差』があったとしても、それはいつか解決が可能な問題であるとして、固定的な格差であるとは認識されなかった」ためであろうと言うのである。つまり、客観としての「差」の存在だけが問題なのではなく、その「差」に向けられた人々の眼差し、すなわち主観としての「差」の変化によって、「差」は「格差」となったのではないかと指摘しているのである。

　高度成長期を経て、わが国は「一億総中流」と言われるような時代を迎えることになるが、その時代には、伊井も指摘しているように「『日本は階級のない社会』と発言する『識者』」が跋扈した。かくいう著者にしても、正直に言えばそんな時代の影響を何処か受けなくもなかった。階級といった概

289

念は時代遅れのものとなり、その結果として、格差も貧困も社会の後景に退けられていったのである。時代を観るに敏な、お先っ走りの当時の「識者」が、今だったら一体何を語るのかきわめて興味深いものがあるが、しばらく前にはそんな途方もない議論までもが横行していたのである。

　個人的な感懐を述べるならば、いつでもどこにでも当てはまりそうな体制還元的な議論にも違和感はあるが、時流に乗ろうとした状況追随的な議論には嫌悪感さえある。今となってみれば、何ともバブリーで不思議な現象だったとしか言いようがない。ところが、バブル経済崩壊後時代の様相は一変した。階級や格差や貧困が社会の前景に迫り上がって来たからである。その結果、「過剰富裕化」ではなく「絶対的貧困」が、一億総中流の「平等社会」ではなく「格差社会」が、「無階級社会」ではなく「階級社会」が論じられるようになった。そうした時代認識がリアリティーを持ち得ているように感じられるのは、先にも触れたように非正社員の時代と言ってもいいような時代が到来したからであろう。

（１）非正社員の時代の到来

　勤め先での呼称が「パート」、「アルバイト」、「労働者派遣事業所の派遣社員」、「契約社員」、「嘱託」、およびその他の名称で呼ばれている非正社員が急増していることについては、先に［図表Ⅲ-14］で確認したところなので、改めて触れる必要はない。興味深いのは、正社員が勤め先での呼称によって区分されているのと同様に、非正社員もまた勤め先での呼称によって区別されていることである。厳密とまでは言わないにしても、両者にはそれなりの定義があるのかと思いきや、ともに勤め先での呼称に過ぎないとはいささか驚く。こと雇用に関しては（あるいは「も」か）、わが社会はあまりにも融通無碍で、何でも有りだと言わざるを得ないような気がしなくもない。だから、「名ばかり正社員」などが話題となったりもするのであろう。

　こうした勤め先での呼称による区分は、総務省の「労働力調査」だけではなく、5年ごとに実施されている同じ総務省の「就業構造基本調査」でも踏襲されている。これに対して、不定期に実施されている厚生労働省の「就業

第8章 「働き方改革」と「企業社会」

形態の多様化に関する総合実態調査」では、それなりの定義が与えられてはいる。ではそこでは、非正社員はどんなふうに定義されているのであろうか。例えば、パートタイム労働者は「常用労働者のうち、フルタイム正社員より一日の所定労働時間が短いか、一週間の所定労働日数が少ない者」、契約社員（専門職）は「特定職種に従事し、専門的能力の発揮を目的として雇用期間を定めて契約する者」、そして嘱託社員（再雇用者）は「定年退職者等を一定期間再雇用する目的で契約し、雇用する者」といった具合である。

　パートの場合はそれなりに明らかであるが、契約社員の「専門的能力」だとか嘱託社員の「定年退職者等」といった文言が、雇用形態の違いを意味するとはとても思われない。重要なことは、両者ともに雇用期間が定められている点であろう。後に触れるように、身分化された雇用としてのパートとは違うことを敢えて示そうとして、企業の（そしてまた労働者の）都合によってさまざまな名称の非正社員が生まれて来たのであろう。

　ところで、非正社員の時代の到来が広く注目されているのは、かれらの数が増えてきたことに伴って、これまでの典型的な非正社員像が明らかに揺いで来たからではないかと思われる。これまでであれば、非正社員と言えば家計の補助を目的として働く既婚女性か、フリーターの若者、あるいは高齢の日雇い労働者であり、しかもかれらの多くは、非正社員としての働き方を自発的に選択しているかのように捉えられてきたのであるが、そうしたステレオタイプ化された非正社員像が、今日疑いようもなく崩れて来ているのである。

　わかりやすく言えば、家計の主たる担い手となるべき、あるいは担い手となっている男性が、正社員の仕事を求めているにも拘わらずそれが叶えられないために、非正社員として働いているといった事態が広がって来たからである。非正社員の時代の特徴をキーワードで示すならば、「男性」、「家計自立型」、「不本意」非正社員の増大ということになるだろう。先に示した［図表Ⅲ-15］を見れば、偽装雇用としての個人請負なども含めて、非正社員の広がりがよくわかるし、「男性」、「家計自立型」、「不本意」非正社員の増大という事態が生まれていることが理解できよう。

第Ⅲ部 「企業社会」と新自由主義の改革

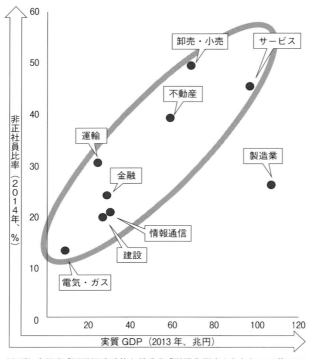

図表Ⅲ-21 産業別にみた実質GDPと非正社員比率

（出所）内閣府「国民経済計算」、総務省「労働力調査」をもとに三菱UFJリサーチ＆コンサルティング作成（『週刊東洋経済』2015年10月17日号から引用）

　しかも、[図表Ⅲ-21]に示したように、GDPに占める割合が高いいわゆる成長産業、例えば卸売・小売業やサービス業などにおいて、非正社員比率が高くなっている。この点も注目されるところであろう。ワーキングプア（一般には、年収200万円未満の働く貧困層を指す）の温床としての非正社員の積極的な活用によって、わが国の成長が支えられるような状況が生まれているのであるが、その歪みこそが成長の困難を生み出しているようにも思われる。非正社員が増えるならば、失業率は下がりそしてまた有効求人倍率は上がる。昨今の雇用環境の改善は、こうした犠牲を伴ってもたらされている側

面があることを忘れてはならないだろう。

(2) 伝統的な雇用概念からの乖離

　ところで、事典風に紹介してみれば、雇用とは、当事者の一方である労務者が相手方に対して労務に服することを約し、相手方である使用者がこれに報酬を与えることを約することによって成立する契約のことである。雇用は、請負や委任とともに労務供給契約に属する訳だが、雇用の場合は、労務者はもっぱら使用者の指揮・命令・監督の下で労務を提供しなければならないので、この点では、使用者に対する従属的関係がもっとも強い労務供給契約だということになる。

　経済学の教えるところによれば、自由な市場経済の下では労働力の商品化が進み、その商品化された労働力が市場で売買され、需要と供給の関係の下で労働力商品の価格としての賃金が決まることになる。しかしながら、労働力はもともと人間としての労働者と一体なって存在しているものであって、分離できないものを分離したと擬制して売買することになるので、そこにはある種の「無理」が生ずることになる。何故なら、労働力を販売することによって、人間としての労働者の生活が維持できることが必ずしもいつでも保障されているわけではないからである。雇用においては使用者に対する従属的関係が強いのであるから、その不安定性はより大きなものになるはずである（このあたりのことに関しては、宮嵜晃臣・兵頭淳史編の『ワークフェアの日本的展開』（専修大学出版局、2015年）に収録された兵頭の「雇用労働という困難」からも示唆を受けている）。

　こうした「無理」があるからこそ、雇用一般ではなく雇用の具体的なあり方が問題となってくるわけであって、そのあり方をめぐる労使の抗争のなかから、伝統的なあるいは理念としてのあるべき雇用概念というものが登場してきたのではなかろうか。伝統的な雇用概念は、［図表Ⅲ-22］に示したような三つの側面から成り立っている。まずは「無期雇用」ということである。雇用期間に定めがないという働き方によって、労働者の生活が長期にわたって安定するであろうことが期待されるからである。次に「フルタイム雇

293

図表Ⅲ-22 伝統的な雇用概念からの乖離

パートタイム	臨　時	使用者の分離	
×	×	×	伝統的雇用
×	×	○	常用フルタイムの派遣・リース，請負企業のフルタイム
×	○	×	臨時の直用フルタイム
○	×	×	常用の直用パート
×	○	○	フルタイムの派遣
○	×	○	恒常的なパートの派遣やリース、請負企業のパート
○	○	×	臨時の直用パート
○	○	○	パートの派遣

（出所）『アメリカの非典型雇用－コンティンジェント労働者をめぐる諸問題－』
（海外調査シリーズ No.49)、日本労働研究機構、2001年。

用」ということである。これによって、一人前の労働者としての生活が確保されることが期待されるからである。そしてもう一つは「直接雇用」ということである。これによって、使用者としての雇用者に課せられるべき責任や義務といった観念が成立することが期待されるからである。

　こうした三つの側面から浮かび上がってくるのは、「生活者」としての労働者像であり、労働力ではなく労働力の担い手としての労働者の方であるということになるだろう。勿論、伝統的な雇用概念が広く世の中に定着したわけではないから、雇用概念というよりも雇用理念という方が正確なのかもしれないが、それはともかくとして、雇用というものは、その成り立ちや性格からして、「無期雇用」であり、「フルタイム雇用」であり、「直接雇用」でなければならず、それ無しには労働力が商品化された社会は安定的に再生産されえないという認識が、定着してきたと言うことができるだろう。伝統的な雇用概念が成立することによって、資本主義社会を支える労働の土台が徐々に安定してきたのではないかと思われる。

　このようにして、戦後の資本主義世界の高度成長は伝統的な雇用を生み出

し広げていったのであるが、しかし他方では、その成長の持続のためにも、こうした伝統的な雇用からの乖離も徐々に広がって行くことになった。資本主義の社会は、体制の安定のために一方では伝統的な雇用を広げ維持しようとするが、他方では逆に、その体制の安定のために雇用の弾力性を求める存在ともなり得るということなのであろう。非正社員とは、端的に言えば伝統的な雇用から乖離した存在であると考えられるが、こうした存在が広がってきた背景として、新自由主義の下での労働市場の規制緩和という弾力化の動きを無視することはできない。

　では、その乖離はどのように広がってきたのであろうか。伝統的な雇用概念の三つの側面と対比して言えば、次のようになる。まずは、「無期雇用」から「有期雇用」への乖離である。「有期雇用」という短期のあるいは期間限定の雇用が、経営環境の変化に即応した自由な企業活動の展開にとって有用だと考えられたからであろう。次に、「フルタイム雇用」から「パートタイム雇用」への乖離である。ここでは、家計補助的な低賃金労働力を生み出し、活用したいと考えられたからであろう（後に触れるように、そのことが供給側のニーズにマッチした側面もあった）。

　そしてもう一つは、「直接雇用」から「間接雇用」への乖離である。典型的には派遣という働き方になる訳であるが、ここでは派遣先からは雇用者責任が、そして派遣元からは使用者責任が失われるので、雇用に伴う責任や義務というものが希薄になって来ざるを得ない。企業が必要とする時に、必要なだけ活用できることになるので、使い勝手はよくなる訳であろう。

　これらの、「有期雇用」、「パートタイム雇用」、「間接雇用」は、それぞれ単独ででも存在できるが、重なり合っても存在できる。伝統的な雇用概念からのこうした乖離によって浮かび上がってくるのは、「労働力」としての労働者像なのではなかろうか。こうなってくると、「生活者」としての労働者像は徐々に曖昧になって来ざるを得ない。セキュリティー（＝生活者）なきフレキシビリティー（＝労働力）の世界が広がってきたと言ってもいいであろう。その有り様は国によって異なっているが、新自由主義が席巻した世界ではどこでも似たような状況が生まれている。

そうした世界では、労働力の使い捨てという誘惑が生じ易くなるし、現に生じている。日本はその典型のように思われなくもない。しかしながら、そのことはまた、先に触れたような「無理」を表面化させることにもなる。その結果として、社会はその統合力を弱めて不安定化せざるを得ない。「労働力」として位置付けられるだけの非正社員が増大すれば、その不満がさまざまな形で表面化するか、あるいは表面化しにくかったとしても、消費が縮小してデフレ不況からの脱却が困難になっていったりもするのである。こうした「罠」が存在していることにも注目すべきではなかろうか。

また、非正社員が労働者ではなく労働力として位置付けられるということは、次のような深刻な問題も産み落とすことになる。紙屋高雪が「『マルクス・ブーム』が生んだもの、生んでいないもの」（『季論21』2011年冬号）で指摘していたように、「格差と貧困の問題は、若い人たちにとって、たんなる『お金がない』という問題に解消できない切実さをもった問題」となったのであるが、それは何故かと言えば、「自分が社会のどこからも必要とされていないという孤立感（承認を得られないという精神的な飢餓感）があり、そこに経済的貧困の問題がまとわりつく形をとっている」からである。社会に漂う閉塞感は、こうしたところにも根を持っているのではないかと思われる。格差社会を論ずる際に、所得格差の大小のみに議論を限定することの限界を、われわれは忘れてはならないだろう。

第2節　非正社員問題の位相

（1）臨時工、パートタイム労働者、派遣労働者

非正社員は、先に触れたように有期雇用や短時間雇用、間接雇用で働く人を指している。これらの働き方は重なり合っていることも多いので、そのことを念頭に置いたうえで、有期雇用労働者やパートタイム労働者や派遣労働者の最近の動向を整理しておこう。戦後日本における非正社員を巡る問題は、大きな流れとして見れば、臨時工－パートタイム労働者－派遣労働者と

第 8 章　「働き方改革」と「企業社会」

図表Ⅲ-23　雇用形態別にみた有期雇用労働者

(単位：万人)

	計	男	女
全有期雇用労働者（①+②+③）	1,426	544	882
①常雇の有期雇用労働者（A+B）	892	345	547
A 正規の有期雇用労働者	120	78	42
B 非正規の有期雇用労働者	773	267	506
パート	326	41	285
アルバイト	95	474	51
派遣労働者	65	22	43
契約社員	203	111	92
嘱託	62	39	23
その他	22	10	12
②臨時雇	444	154	290
③日雇	90	45	45

(出所) 総務省統計局「労働力調査」(2013年)

いう順序で登場してきたと言えるだろう。先の伝統的な雇用概念からの乖離で用いた表現によって言い直すならば、有期雇用－短時間雇用－間接雇用の順に現れてきたと言うことになる。

　そこで、まずは有期雇用から取り上げてみよう。有期契約は非正社員の労働契約に多く見られるもので、［図表Ⅲ-23］に示した2013年の「労働力調査」によると、常雇い（雇用契約期間が1年を超える者）の有期雇用労働者は892万人おり、これに臨時雇い（雇用契約期間が1カ月以上1年以下の者）の444万人、日雇い（雇用契約期間が1カ月未満の者）の90万人を加えると1,426万人にも上り、全雇用者の26％にも達している。しかも、有期契約で働く労働者の約3割が、通算5年を超えて有期の契約を反復更新しており、使い勝手のいい労働力として活用されているという実態もある。こうした現実からもわかるように、日本はもはや無期＝長期雇用が一般化した社会なのではない。

　かれらの雇用契約は期間に定めのある契約であるが、その契約は労働基準法第14条では、1年を超えてはならないとされている。そのもともとの趣旨

は、長期の雇用契約が結ばれることによって、労働者が働くことを強制されないようにする為であった。つまり、有期雇用契約とは、雇用契約期間が終了すれば労働者が退職できることを保障したものであって、雇い主が退職させることを義務付けたものではなかったのである。それ故、これまでの判例では、有期雇用労働者が何度も契約を更新した場合には、期間に定めのない契約に転化したものと見做されてきた。

2012年に雇用契約法が改正され、有期雇用契約が反復更新されて通算5年を超えた場合には、労働者の側からの申し出により、期間に定めのない契約に転換できることとなった。一見すると、無期雇用を増やす改正のように見えなくもなかったが、現実には、無期雇用に転換させたくない多くの企業が、5年以内で有期雇用労働者を雇い止めにする動きが広がった。こうした結果となったのは、有期雇用という働き方が労働者にとって殆どメリットがないにも拘わらず、入り口における規制が欠如し、かれらに対する雇用保護が軽視されてきたからである。ヨーロッパの国々のように、有期雇用はもともと例外であって、正当な理由が無ければ有期で雇うことはできないという方向に向かわなければ、有期雇用労働者を5年以内で使い捨てにして行くような現状に歯止めをかけることは難しい。

わが国において有期雇用が問題となったのは、臨時工が登場してからである。臨時工とは、雇用期間に定めのある労働契約で雇用された労働者を言うが、その起源は明治期に遡るほど旧く、戦後も多数の臨時工が存在した。臨時工には、付帯的・補助的作業に従事する者と、本工と同種の作業に従事する者とがいたが、1950年の朝鮮戦争の勃発を契機に後者の臨時工が急速に増え、大きな社会問題となった。その理由は、雇用期間に定めがあるために雇用が不安定であったり、賃金が本工と比べて低かったり、家族手当や退職金などが支給されなかったりまたは別種の取り扱いがなされたりして、本工との間に雇用形態による労働条件上の差別が厳然と存在していたからである。

当時の労働組合のなかには、臨時工の本工化闘争に取り組むところもあって、本工化が進められたりしたし、また、臨時工の一部が社外工に再編されて、1950年代を通じて大きな社会問題となった臨時工問題は、徐々に下火と

なっていった。その背景には、高度成長による労働力の需要の増大があったことは言うまでもない。こうした臨時工問題の推移を眺めてみると、主たる家計の担い手としての男性を、非正社員として雇用し続けることの「無理」が表面化し、労使間の妥協を通じて、その「無理」が調整されたと考えることもできるであろう。

では次に、短時間労働者を取り上げてみよう。典型的な短時間労働者として位置付けられるのはパートであるが、このパートという働き方は、1960年代に登場し1970年代後半以降急増して、それまでは専業主婦だった女性の働き方として定着してきたという経緯がある。いわゆる主婦パートと言われるものである。そして、パートは現在でも増大し続けており、非正社員の半数近くを占めていることは先に触れた通りである。

ところで、パートタイムとはもともとフルタイムの対概念であって、文字通り短時間労働のことなので、「パートタイム労働法」（正式名称は「短時間労働者の雇用管理の改善等に関する法律」）では短時間労働者と表現されている。その意味では、パートという言い方は世俗的な表現に過ぎないのである。そして、言うまでもないことではあろうが、短時間労働者が短時間であるがゆえに身分的に差別されることもない。

法律でいう短時間労働者とは、「一週間の所定労働時間が同一の事業所に雇用される通常の労働者の一週間の所定労働時間に比べて短い労働者」とされている。そのため、勤め先での呼称が例えどのようなものであろうとも、この条件に当てはまる労働者であれば短時間労働者であり、「パートタイム労働法」の適用対象となる。またこの法律では、どれだけ短時間であるかといった時間の長さは問われてはいない。

総務省の「労働力調査」によれば、2014年の週35時間未満の短時間雇用者数は1,439万人で、全雇用者の三分の一を占めている。性別では女性が依然として短時間雇用者の主力を占めているものの、その4人に1人は男性である。また、短時間雇用者の3人に1人は配偶者がいない。こうした現実を反映して、主に自分の収入で暮らしているような短時間雇用者も目立って来ているのである。正社員として働けるところが無かったので短時間雇用者にな

った人が、4人に1人もいるのがその証拠であろう。職場に「同じ仕事を行っている正社員がいる」と答えた人も5割を超え、その半数近くは正社員よりも低い賃金に納得していない。こうした現実から浮かび上がってくるのは、正社員の仕事を短時間雇用者に代替させながら、短時間の勤務を選択したこと理由として、身分差別が行われているという日本的な現実である。

　こうした短時間雇用者が急増し続けたのは、需要側と供給側の双方にメリットがあったからだろう。臨時工との対比で言えば、専業主婦であった既婚女性が「自発的」に短時間で働くことになったので、そこには「無理」ではなく「有理」があったとも言えよう。ここでいう「有理」にどのような問題が孕まれることになったのかということについては、次節で少し詳しく触れたい。

　そして最後に派遣労働者である。厚生労働省の2014年度の「労働者派遣事業報告書」によれば、派遣労働者数は登録者も含めて263万人となっている。労働者派遣法が成立するまでは、雇用者と使用者が異なるような間接雇用は、労働者供給事業として職安法によって禁止されてきた。しかしながら現実には、サービス経済化の進展のなかで、労働者供給事業に当たるような人材派遣が拡大していった。そうした現実を規制するとの名目ではあったが、結果としては現実を追認するかのように、1985年には「労働者派遣法」（正式名称は「労働者派遣事業の適正な運営の確保及び派遣労働者の保護等に関する法律」）が成立し、労働者供給事業の一部が合法化されて、労働者派遣事業として認可されることになった。

　「労働者派遣法」の成立時に例外的に許可された対象業務は、専門的業務や特別の雇用管理を必要とした業務（ソフトウェア開発、事務機器操作、翻訳、速記など）に留まっており、その後対象業務が追加されてはいったものの、それでも1999年までは、対象業務を限定的に許可する「ポジティブリスト方式」の下で、26業務に限定されていたのである。しかし1999年には、それまでの原則禁止で対象業務を例外的に認める「ポジティブリスト方式」から、原則自由で対象業務を例外的に禁止する「ネガティブリスト方式」に変わった。港湾輸送、建設、警備、医療と製造を除き、原則として対象業務を

自由化する大改正が行われたのである。

　この改正では、対象業務を原則自由とする代わりに、新たに自由化された業務については受け入れ期間の上限が１年とされて、「臨時的・一時的な労働力需給システム」の形態だけは一応維持されてはいた。しかしながら、2003年にはこの上限１年が３年とされ、製造業への派遣も解禁されるに至るのである。そして2007年には、製造業への派遣期間の上限が１年から３年へと延長された。「労働者派遣法」が当初想定していた派遣労働者とは、「専門的業務」に「臨時的」に充当される労働力であったはずであるが、今日ではすっかり様変わりして、その多くは不熟練の職種に充当される安上りの労働力となってしまったのである。

　2015年には再び「労働者派遣法」が改正された。その結果、専門26業務以外の派遣労働者の場合は、原則１年、最大３年の使用期間の制限があったので、これまでであれば、その後は同じ業務を派遣労働者に任せることができなくなり、直接雇用に切り替える必要が生じたのであるが、今後は３年ごとに派遣労働者を入れ替えれば、同じ業務を引き続き派遣労働者に任せることができるようになった。すなわち、３年経っても直接雇用に切り替える必要が無くなったのである。また、専門26業務の場合はこれまでは使用期間の制限はなかったのであるが、専門業務という規定が無くなって、すべての派遣労働者が同じように取り扱われることになった。直接雇用への切り替えの義務を無くせば、長期にわたって派遣で働き続けなければならない労働者は確実に増大する。今回の改正に対して、「生涯派遣」を合法化するものであるとの批判が生まれたのも、それ故であろう。

　派遣労働者が専門性の高い労働力に限定されていたならば、比較的良好な労働条件が維持された可能性もある。そうであれば、間接雇用であるが故の「無理」は少しは弱められたかもしれない。しかしながら、相次ぐ規制緩和によって専門性があらかた失われたために、間接雇用であるが故の「無理」は広がることになった。しかし他方では、間接雇用であるが故に、その「無理」が潜在化させられるような状況も生まれた。もっとも「無理」は潜在化されただけで、無くなってしまった訳ではないので、当然ながら状況次第で

は噴出することになる。例のリーマンショック時に突如出現した派遣村は、派遣という働き方の「無理」を象徴的に示すものだったと言うこともできるだろう。

（2）非正社員問題の「原型」としてのパートタイム雇用

　しばらく前まで、非正社員と言えばパートであるという認識が、わが国では広く行き渡っていた。その意味では、パートは、非正社員の「原型」としてシンボライズされていたと言えるのかもしれない。典型的なパートとして思い描かれてきたのは、①正社員とは別立ての雇用管理の下におかれ（非正社員だということである）、②短期の雇用契約を結び、あるいはそれを繰り返しながら（有期雇用の労働者だということである）、③正社員よりも短い労働時間で働く（短時間労働者だということである）ような労働者像である。更に付け加えれば、その多くは自らがパートであることを望んで家計補助的に働く既婚女性であり（自発的な非正社員だということである）、従事する仕事は単純不熟練職種であり、そうしたこともあって、賃金は低く一時金や退職金もないかあってもごくわずかであり、その多くは社会・労働保険にも未加入の労働者、といったことになるであろう。

　しかしながら、そのようにして出来上がった「原型」には、以下のような「原罪」が隠されていたようにも思われる。どういうことかと言えば、まずはパートが主婦の働き方であると見做された、つまり、家計補助的な働き方で一人前の労働者の働き方とは見做されなかったということである。他に主たる家計の担い手である夫がいたからである。パートは当初から、労働者の属性から離れた、性にニュートラルな短時間労働であるとは見做されなかったのである。

　次に、上記のこととも関連するが、パートが二流の働き方として位置付けられたことである。二流の働き方なのだから、「周辺」や「底辺」の業務に固定的に従事させても構わないし、差別的な低処遇で活用しても構わないと見做されたのである。そして最後に、需要側のチープレイバーの確保というニーズは等閑に付されて、パートが供給側の自発的選択の結果として広がっ

たことのみが強調されたことである。その結果、パートに対する処遇のあり方が非正社員に対する処遇のあり方であり、その処遇は「無理」ではなく「有理」なのだとされたのである。

そのあたりのことは、1980年代の労働市場政策の立案に大きな影響力を持った高梨昌の議論によく現れている。かれは、1970年代以降広がってきた、さまざまな雇用形態の大量の労働者群の存在に注目する。俗に不安定雇用労働者と呼ばれたこれらの労働力の供給の主流は、中高年女子労働力と高齢男子労働力であった。そして、その多くとりわけ前者については、「こうした雇用形態の労働を必ずしも『ミゼラブル』だとは観念していないし、また『短時間労働』であるからこそ『労働力化』したと答え、むしろこうした労働を歓迎しているのが大勢」なのだと述べられていたのである。

それどころか、「かれらの賃金・労働条件は、それほど劣悪ではない」とされて、「新たなタイプの低賃金労働者群」として位置付けられることになった（以上の引用は、社会政策学会年報第24集所収の「『不安定雇用労働者』の労働市場と雇用政策」による）。今から振り返って見ると、わが国におけるパートの広がりに特段問題があるとは感じられないような印象ばかりが、振り撒かれていたのである。

では今日のパートタイム雇用の現実とは、一体どのようなものであろうか。その様相を今度は需要の側から眺めてみよう。企業がパートを活用している理由をみると、「人件費が割安なため」がもっとも多く、次いで「一日の忙しい時間帯に対処するため」や「簡単な仕事内容のため」の順となっている。企業がもっぱら労務コストの削減のためにパートを積極的に活用しており、しかもそうした動きがこの間強まっていることが分かるだろう。

ではどこが割安なのであろうか。その中身をみると、賃金、賞与、退職金、法定福利費のすべてにおいて割安となっているのである。正社員と対比したパートの職務内容を見ると、「正社員とほとんど同じ」パートがいる事業所の割合はこの間急増しており、そうしたパートがパート全体に占める割合も高まっている。職務が正社員とほとんど同じパートがいる事業所のうち、一時間当たりの賃金額に差がある事業所がほとんどで、パートの方が低

い理由としては、「勤務時間の自由度が違うから」が他の理由を圧してもっとも多くなっている。ここから浮かび上がってくるのは、短時間の勤務を選択したこと自体が差別的な処遇の理由にされるというきわめて日本的な現実である。そしてまた、そうしたパートに正社員の仕事を代替させるような動きであろう。

　この間の経緯を見ると、パートに対する差別的処遇は、当初ほとんど問題とされてはいなかったように思われる。勿論批判的な言論もあったので、問題とされていなかったと言っては言い過ぎであるが、社会的な問題とまではならなかったのではなかろうか。正社員とパートは最初から別な身分として取り扱われていたために、両者の転換可能性は予め失われていた訳で、その意味ではパートに対する差別は身分的差別として位置付けられていたと言ってもいいであろう。にも拘わらず、差別が差別として意識されてはいなかったのである。身分というのは、差別者が差別するだけではなく、被差別者がその差別を受け入れることによって成り立っている側面もあるように思われるので、その意味では、パートはまさに身分化された雇用となっていたわけである。

　その結果、正社員とパートの間には処遇上の大きな格差が生まれることになった。身分差別によって大きな格差が生まれたのであるが、今度は逆に、その大きな格差が身分差別をより強固なものにし、両者の転換可能性は更に難しくなっていったとも言えよう。言い換えれば、身分化された雇用であるが故に大きな格差が「受容」され、そしてまた、そうした格差に対する「抵抗」も微弱なものに留まったのである。このような状況にあったパートが、非正社員の典型として位置付けられ、非正社員全体の処遇のあり方を規定していったために、正社員とパートの間に形成された分断線は、正社員と非正社員の間の分断線へと広がって行ったように思われる。つまり、非正社員に対する処遇は、パートに対する処遇と同じようなものであっても構わない、そうした認識が定着して行ったのである。

第3節　非正社員問題の行方

(1) 多様化する非正社員とその影響

　これまで述べてきたように、パートは身分化された雇用となったわけであるが、パートが主婦パートの急増という形で広がっていったことが、身分化を強めたとも言えるだろう。勿論そこには、使い勝手のよい低賃金労働力としてのパートを存分に活用したいといった企業の側の思惑もあったはずである。しかしながら、そうした意図にもとづいたパートの活用が広がって行けば行くほど、主婦パート以外のパートがパートの労働市場に流入してくることになり、パートが多様化していった。男性のパート、未婚のパート、長勤続のパート、フルタイムまたはそれに近いパート、そして非自発的なパートが増えてきたのである。今では残業するパートなども珍しくない。ステレオタイプ化されたパート像が、明らかに揺らぎ始めていると言えるのではあるまいか。
　そして、パートの急増と多様化を背景としながら、パート以外の非正社員も急増し多様化していくことになる。一言で言えば、「フルタイム」型の非正社員、「家計自立」型の非正社員、「不本意」型の非正社員が増えていったのである。男性の非正社員の多くは、こうしたタイプの非正社員であろう。そうならざるを得ないのである。2015年の「労働力調査」によれば、不本意の非正社員（正社員として働く機会がなかったので、非正社員として働いている者）は315万人もおり、非正社員全体の16.9％を占めている。こうした非正社員に対してまで、パートと同じような差別的処遇が強制されていったことを考えると、わが国の非正社員を非典型雇用などと総称することはとてもできないであろう。
　もっとも、こうした「フルタイム」型や「家計自立」型、「不本意」型の非正社員を、パートのように処遇することにはもともと「無理」があった。主婦パートにとっては「有理」であったとしても、非正社員のすべてにとっ

て「有理」であるとは限らないからである。非正社員の急増と多様化によって、パート的な処遇の「無理」が表面化し、「生活者」としての労働者像が再浮上してくることになった。そうなったのは、非正社員の野放図な活用の思われざる結果と言うべきなのかもしれない。

(2) 身分化された雇用の行方

　正社員と非正社員との間に横たわる大きな処遇格差は、その大きさ故に、格差の解消に向けた試みに対する企業の側の抵抗をも大きなものにする。非正社員を活用することのメリットを失いたくないという思いがそれだけ強くなるからである。大きな格差であればあるほど、格差の解消が難しくなるという逆説が生まれることになったのである。それとともに、もう一つ大事な点は、非正社員の側がこの格差をどう受け止めているのかという問題であろう。この補論の冒頭で紹介した伊井の指摘とも関連した問題である。「差」のみが問題となっているのであれば、そしてそれが大きなものであれば不満もまた大きなものとなってもおかしくないはずである。しかしながら、身分化された雇用がもたらす格差であれば、その「差」が「企業社会」において受容され、非正社員が「企業社会」に包摂されていく可能性も生まれてくる。

　そうした意識状況を強めているのが、広がる「自己責任」論と「犠牲の累進性」論であろう。まず自己責任から取り上げてみよう。自己責任とは、単純に言えば自分の責任のことであり、またその意味から発展して、自分のとった行動の責任は自分で取るという考え方でもある。自分の意思で決めた行動から生ずる結果に対しては、自分が応答し対処する義務や責任を負うことになるというわけであるが、著者にとって興味深かったのは、「わざわざそれに『自己』を付け強調する極めて日本人らしい言葉」であるとネット上で指摘されていたことである。自己と他者を峻別する社会では、正社員と非正社員が峻別されてもおかしくはない。正社員を選び取らなかった非正社員の方にこそ、問題はあると捉えられてしまうからである。

　宇都宮健児の『自己責任論の嘘』（ベストセラーズ、2014年）を広げていた

ら、次のような指摘が目に留まった。かれは言う。「日本を『自己責任論の呪縛』から解き放つのは、相当に厳しく、長い道のりにならざるをえない」と。何故かと言えば、言葉としての「自己責任」にはそれほどの歴史がないように見えるものの、日本社会そのものは競争社会になってかなりの年月が経っており、「競争社会においては必ず出てくる脱落者を『落ちこぼれ』と蔑み、かれらが脱落した理由を『本人の努力不足』と片付けてしまう考え方にしても、私たちの社会にはずっと以前から根付いていた」ように思われるからだと。

更に興味深いのは、「自己責任論が今これほど浸透してしまっているのも、格差や貧困が余りに広がり過ぎたために、それを自分の責任だと思い込んでいる貧困の当事者が多すぎることの裏返し」なのかもしれないと指摘されていることである。いずれにしても、「自己責任論」を通じて格差が内面化され、受容されていくことになる。

こうした指摘に加えて、龍井葉二が紹介している論点にも興味の湧くものがある（「非正規雇用って？（8）」、『労働情報』832号）。かれが言うには、もともと企業や職場との濃密な関係から排除されている非正社員は、「裏切り」や「憎しみ」を感ずることすらできず、「派遣切り」にしても、たまたま自分が遭遇した「事故」として妙に納得しているというのである。「ある階層に属していても、他の階層との関わりや接点がなければ、その落差は実感されない。端からは格差と見えることでも、本人にとってはその自覚はないという現象」が生まれることになると言うのである。かれは、「対話なき自己了解」が「格差平気社会」を形作っていると述べているが、言い得てなかなか妙である。

では、もう一つの「犠牲の累進性」とはどのようなものなのだろうか。これは、当該の人が「置かれた状況などは、ほかのもっと貧しい人や大変な人に比べたらなんでもない」というような言い分で、当の本人が直面している問題から目を逸らさせ、我慢を強いるような言説や雰囲気のことを言う。例えば、正社員の長時間労働より非正社員の低賃金の方が、非正社員の低賃金よりもホームレスの過酷な生活の方が、日本のホームレスよりも第三世界の

スラムの貧民の方がより貧しくて大変なのだという形で、現在その人が向き合っている困難を受容させようとするのである。多層化した格差社会が出現すれば、より下層の人々を発見することは比較的容易になるので、「犠牲の累進性」論は広がり易くなっていく。

このようにして、非正社員は一方では、「自己責任」論を通じて格差を内面化しながら受容し、他方では、「犠牲の累進性」論を通じて格差を外面化しながら受容しているのかもしれない。この二つの論理によって、身分化された雇用の下におかれた非正社員は、無声化を強制されているようにも思われる。かれらを差別する「企業社会」に対して、声を上げないし上げられないのである。しかしながら、そうした状況への鬱屈した思いは、完全に消去されることはない。非正社員もまた人間としての生活を営まなければならない以上、完全に「了解」できたりまったく「平気」でいるという訳にはいかないからである。屈折した「抵抗」の形として、仕事の「できない」（あるいは「しない」）正社員に対する厳しい「批判」となって現れたりもするのであろう。身分化された雇用への不満は、労々対立へと回収されているとでも言ったらいいのであろうか。

これまで問題としてきた身分化された雇用の現状を、別なデータで確認しておこう。［図表Ⅲ-24］は、「就業構造基本調査」によって2007年から2012年の5年間の間に転職した1,053万人の人々を対象に、雇用形態間の移動状況を見たものであるが、これによると、非正社員だった転職者のうち転職して非正社員から正社員になれた人は24.2％で、残りの75.8％は転職しても非正社員のままだったことになる。4人に1人は正社員になれたのであるから、両者の間が完全に分断されたとまでは言えないが、それでもかなり強い身分化が生じていることがわかる。先にも指摘したように、正社員とパートの間に引かれた分断線が、正社員と非正社員との間にも同じような形で持ち込まれているからである。

身分化された雇用を打ち破るためには、どのようなことが必要とされるのであろうか。先に日本の労働組合が臨時工の本工化闘争に取り組んだことを紹介したが、そのひそみに倣って言えば、まずは非正社員の正社員化が課題

第8章 「働き方改革」と「企業社会」

図表Ⅲ-24 転職者の雇用形態別にみた移動状況（2012年）

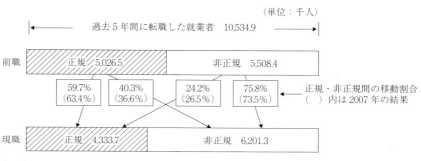

（出所）総務省「就業構造基本調査」（2012年）

とされるべきであろう。そのためには、これまでのステレオタイプ化された非正社員像を転換させることが必要である。つまり、労働力としての非正社員像から、生活者としての非正社員像への転換が図られねばならないのである。それは言い換えれば、「一人前の労働者」としての非正社員像への転換ということでもある。

　現在安倍政権の下で、「働き方改革」なるものが声高に叫ばれているが、身分化された雇用をめぐって重要だと思われることは、一つは均等処遇の実現という課題に取り組むことであろう。敗戦直後のわが国の労働組合は、身分差別の撤廃を掲げて職員（ホワイトカラー）と工員（ブルーカラー）の処遇の一本化を図ったが、その経験に学ぶならば、正社員と非正社員の間にある処遇上の身分差別を、速やかに解消するところから始めなければなるまい。

　もう一つ重要であると思われるのは、最低賃金の改善である。非正社員の多くはワーキングプアとなっているが、最低賃金の引き上げは、ワーキングプアの賃金水準を引き上げるうえできわめて有効な方策となる。ここでも、生活者としての非正社員像が重要になってくるのである。低い最低賃金は、そうした賃金に制約されて働く非正社員を活用することのメリットを大きくもしている。つまり、低い最低賃金が身分化された雇用を維持し固定化しているようにも思われるのである。非正社員を活用することのメリットを小さ

くしていくことが、身分化された雇用の壁を低くしていくのではなかろうか。その意味でも最低賃金の引き上げは急務なのである。

　上述のように、敗戦直後の労働組合は身分差別を撤廃するために尽力したが、それが可能であったのは、両者がともに同じ労働組合に組織されていたからであろう。同じ労働組合のメンバーであれば、差別的な処遇に対する批判が組合内に生まれてきて不思議は無いからである。そうしたことを考えると、均等待遇や「同一労働同一賃金」の実現のためには、非正社員を労働組合に組織することがいかに大事なのかということが改めてわかるだろう。そのような取り組みは、あえて単純化して言うならば、労働組合が独自に、誰に気兼ねすることもなく、自らの意思のみで行える取り組みなのであって、早急に取り組まれるべき課題であることは言うまでもない。自分たちにできることをやらないでおいて、働く人々にとって意味のある「働き方改革」が実現することはないし、身分化された雇用が変化することもない。当然ながら、「企業社会」が揺らぐこともないであろう。

[参考文献]
伊井直行『会社員とは何者か？−会社員小説をめぐって−』、講談社、2012年。
宇都宮健児『自己責任論の嘘』、ベストセラーズ、2014年。
伍賀一道『「非正規大国」日本の雇用と労働』、新日本出版社、2015年。
高橋祐吉・鷲谷徹・赤堀正成・兵頭淳史編『労働の論点』、旬報社、2016年。
竹信三恵子『ルポ　雇用劣化不況』、岩波書店、2009年。
中沢彰吾『中高年ブラック派遣』、講談社、2015年。
中野英夫編『アベノミクスと日本経済のゆくえ』、専修大学出版局、2017年。
本田一成『主婦パート　最大の非正規雇用』、集英社、2010年。
町田俊彦編『雇用と生活の転換』、専修大学出版局、2014年。
宮嵜晃臣・兵頭淳史編『ワークフェアの日本的展開』、専修大学出版局、2015年。
森岡孝二『雇用身分社会』、岩波書店、2015年。

おわりに

　著者は、大学卒業後15年間勤務してきた(財)労働科学研究所を1985年に辞し、38歳で専修大学に職を転じた。もうすぐ定年を迎えるので、その間30年を超える歳月を専修大学で過ごしてきた訳である。退職が間近に迫るような年齢となると、やはり日々是好日、日々是充実とは言い難い状況にもなり、肌にも似て身心の「張り」が失われることになる。そうした「弛み」が、過ぎ去った時の長さを改めて感じさせるようにも思われる。
　この間私が仕事としてきたのは、雇用や賃金や労使関係といった日本の労働問題の現状分析のようなことである。調査屋であり観察屋であり批評屋であったと言い換えても構わないだろう。そんなこともあって、じっくりと腰を落ち着けて一つのテーマを深く掘り下げることもなく、あちこちの求めに応じてさまざまなところにあれこれの文章を書き散らしてきた。それどころか、恥ずかしげもなくそれらの文章を折々に適当に編集して、この間5冊の著作に纏めたりもした。
　今それらを刊行順に並べてみると、①『企業社会と労働組合』（1989年）、②『企業社会と労働者』（1990年）、③『労働者のライフサイクルと企業社会』（1994年）、④『現代日本の労働問題』（1999年）、⑤『現代日本における労働世界の構図―もうひとつの働き方を展望するために―』（2013年）となる。この5冊のうちの①〜④は以前の勤務先でもある（財）労働科学研究所の出版部の、⑤は旬報社の好意によって実現した。テキストとして作成した④以外、すべて以前に書いたものを集めて著作にしただけのものなので、内容は推して知るべしであろう。しかしながら、たとえ内容が貧弱であったとは言え、著者自身にとっては自らの著作が刊行されるということは、何処か心弾む出来事でもあった。そのことを否定するつもりはない。特に、⑤は激職と言っても言い過ぎではなかった仕事を終えてからの著作なので、他のものとは違った特別の感慨が湧く。
　だがこうした個人的な感慨から敢えて離れてみると、一体どうなるであろ

うか。それらの著作が、果たして外の世界にとって少しは意味のあるものとなったのかどうか。改めて問うてみると、答えは宙を舞ってしまっていつまでも判然としない。若い時分には、時代の先端にでもいるかのように錯覚したことさえなくはなかったが、それもごく一時のことで、後は遅れを取らないように流れに付いていくのが精一杯であったから、判然としなくて当然であろう。

　これまで、現代日本の労働問題を「企業社会」批判という視角から論じてきたが、こうした視角そのものが、時代の主流を形成してきた人々からは「時代おくれ」と見えたに違いなかろう。昔から好きになれないのは、常識を疑わない非常識な人物や羞恥心のかけらもない厚顔無恥な人物、あるいはただ明るいだけの能天気な人物であり、そんなことを周りに公言もしてきたので、そんな狷介な人間が書くものは地味で平凡なものに終わる他はない。定年後は研究から足を洗い、閑居の身となるつもりなので、今回のものが最後の著作になるはずである。これまでと同様に、今回もまた今まで書き散らしたものを集めて著作にしただけのものに過ぎない。しかしながら、「企業社会」の形成と成熟と変容のプロセスを追いかけながら、著者なりの「企業社会」論をこうした形で整理することができたので、もはや何も思い残すことはない。

　30年を超える歳月を専修大学で過ごしてきたので、いささか冷めた目を持った私のような人間であっても、専修大学には存外素直に愛着を感じている。在職中には、さまざまな教員や職員や学生との出逢いがあり別れがあったし、そのなかで好悪は勿論悲喜も愛憎も感じてきたが、恐らくそうしたもののすべてが専修大学への愛着というものを生み出しているのであろう。定年を前にして、その愛着を専修大学出版局から刊行された著作という形で著わしたいと願って、2017年度の図書刊行助成に応募することにした。これが最後の機会だったからである。こうした形で本書が刊行される運びとなったことは、著者にとって望外の喜びである。

　本書のもとになった論文は、以下のとおりである。

おわりに

第1章　「『日本型企業社会』と労使関係の現地点」(『労務理論学会研究年報』3号、1993年)

第2章　「戦後日本における『企業社会』の形成に関する覚書」(『専修大学社会科学年報』30号、1996年)

第3章　「労働時間と経済・産業との関連」(労働時間問題研究会編『労働時間短縮への提言』、第一書林、1987年)、「労働時間問題の現代的課題」(『労働総研クォータリー』NO.4、1991年)

第4章　"Changes of Labor Market and a Sketch of Lifetime Employment in Contemporary Japan"(『専修経済学論集』31巻2号、1996年)

補論1　「事務系労働の改編と雇用問題」(『東京研究』4号、2000年)

第5章　「現代日本の企業社会と賃金・昇進管理」(『社会政策学会年報』36集、1992年)

補論2　「現代日本の賃金問題の諸相」(『社会政策叢書』21集、1997年)

第6章　「日本的経営の変貌と労働組合の行方」(『日本労働社会学会年報』9号、1998年)

第7章　「『企業社会』再論―新自由主義の改革と『企業社会』の変容―」(法政大学大原社会問題研究所・鈴木玲編『新自由主義と労働』、御茶の水書房、2010年)

第8章　「『働き方改革』の深層―アベノミクスで浮上した論点をめぐって―」(『専修大学社会科学研究所月報』NO.639、2016年)

補論3　「非正社員とは何者か？―身分化された雇用をめぐって―」(『専修大学社会科学研究所月報』NO.645、2017年)

(付　記)

　今回幸いにも、2017年度の専修大学図書刊行助成を受けることができ、本書が刊行される運びとなった。刊行を認めていただいた専修大学および関係者の皆様方に、深い謝意を表したいと思う。そして、専修大学出版局の笹岡五郎さんには今回もまたいろいろとお世話になった。いつもと変わらぬ丁寧な仕事ぶりに、改めて心からのお礼を述べたい。

高橋 祐吉（たかはし ゆうきち）

略歴
　1947年に埼玉県深谷市に生まれ、その後福島県福島市で育つ。1970年東京大学経済学部卒。(財)労働科学研究所研究員を経て現在専修大学経済学部教員。研究分野は労働経済論、研究テーマは現代日本における労働市場、賃金、労使関係の構造。

主な著作
　『企業社会と労働組合』1989年、『企業社会と労働者』1990年、『労働者のライフサイクルと企業社会』1994年、『現代日本の労働問題』1999年（いずれも(財)労働科学研究所出版部刊）、『現代日本における労働世界の構図―もうひとつの働き方を展望するために―』2013年、共編著『図説 労働の論点』2016年（いずれも旬報社刊）など。

「企業社会」の形成・成熟・変容

2018年2月20日　第1版第1刷

著　者　　高橋　祐吉
発行者　　笹岡　五郎
発行所　　専修大学出版局
　　　　　〒101-0051　東京都千代田区神田神保町3-10-3
　　　　　　　　　　　　　　　　(株)専大センチュリー内
　　　　　電話 03-3263-4230（代）

印　刷
製　本　　藤原印刷株式会社

© Yukichi Takahashi 2018　Printed in Japan
ISBN 978-4-88125-321-2